천안문으로 가는 길

천안문으로 가는 길

찰리 호어 지음 / 김희정 옮김

정치신서 21

천안문으로 가는 길

초판 1쇄 인쇄 ┃ 2002년 8월 29일
초판 1쇄 발행 ┃ 2002년 9월 9일

지은이 찰리 호어
옮긴이 김희정
펴낸이 홍교선
펴낸곳 도서출판 책갈피

표지디자인 작은세상

주소   121-230 서울시 마포구 망원동 485-10
전화   (02) 333-0918 / **팩스** (02) 333-4269
등록   1992년 2월 14일 (제 18-29호)

값 10,000원
파본이나 잘못된 책은 바꾸어 드립니다.
ISBN   89-7966-026-X 03300

홈페이지   www.ibookmarks.org

The Road to Tiananmen

차례 Contents

일러두기

1. 중국 고유명사 표기와 관련해 현행 맞춤법은 신해혁명 이전은 우리 한자 발음대로, 그 이후
   는 중국어 원음대로 표기하도록 규정하고 있지만, 이 책에서는 인명과 지명 모두 원음으로
   표기했다.
2. 서양 인명과 지명 역시 원음 표기를 원칙으로 했다.
3. 후주는 모두 지은이가 단 주이며, 본문의 [   ]는 옮긴이가 독자의 이해를 돕기 위해 단 주
   이다.

옮긴이 서문

이 책이 나온 이래 중국의 지배계급이 당면한 문제들은 줄곧 증대해 왔다. 비록 1989년 6월 이후 중국의 정치 사회가 다른 어떤 대중적 정치 시위도 용납하지 않을 정도로 공포적인 테러를 강요받았지만, 1993년 1월에 발생했던 선전(深川) 증권 거래소 폭동에서 본 것처럼 봉기를 이끌었던 모든 요소들은 여전히 남아 있었다.

주식 배당은 의심할 여지없이 일확천금식 몽상이라고 비난했던 정부의 선전에 고무된 수천 명의 노동자들은 증권거래소로 출입하는 것을 거절당하자 경찰과 관공서를 공격했다. 세계의 언론들은 재미있는 소동으로 다루었지만, 이 사건은 중국의 대중 속에 내재해 있는 긴장들이 얼마나 쉽게 폭발할 수 있는가를 여실히 보여주었다. 이 사건은 덩샤오핑(鄧小平)이 선전(深川)을 이례적으로 방문한 자리에서 "중국의 미래"[1]를 보는 것 같다며 극구 찬양한지 일 년도 못된 시기였기에 그 충격은 더욱 컸다.

중국 지배계급의 중심에 도사리고 있는 문제들은 지속적인 경제 위기에서 찾아진다. 1990년에 내핍 경제가 종식되자마자 또 다른 경제의 확장을 가져왔다. 그리고 이것은 점증하는 정부 재정 적자, 경제의 여러 영역들의 과열, 증대하는 권력 누수 현상, 부자 지역과 빈곤 지역 사이에 벌어진 간극의 확장, 그리고 인플레이션의 극성 등과 결합됐다. 공식 자료에 따르면, 연 평균 인플레이션 비율이 1991년에 2.8퍼센트에서 1992년 중반에 11.7퍼센트로 급등했다.

이것은 1980년 초 이래 중국 경제를 특징지웠던 것과 같은 유형이다. 즉 경제적 붐은 경기 과열과 높은 인플레이션 그리고 경제의 속도와 방향을 통제하는 국가권력의 손실을 이끌었다. 느린 경제에 대한 국가의 신속한 개입은 갑작스런 슬럼프를 가져왔고, 당면한 경제 위기를 노동자들에게 떠넘기려 시키려 했다.

저자가 이 책에서 논의했듯이, 이러한 유형은 1970년 후반에 덩샤오핑에 의해 창안된 시장 개혁에 그 뿌리를 두고 있다. 성(省)정부와 기업 관리인 그리고 농업 및 공업과 관련된 시장의 활성화를 위해 단행했던 경제 권력의 지방 분산은, 경제의 방향을 통제할 수 있는 정부의 능력을 크게 저하시키는 것과 직접적으로 연결됐다.

천안문 광장의 봉기는 지배계급이 안고 있던 딜레마에 더 많은 골칫거리를 제공했다. 즉 봉기의 정치적 결과들은 대중의 불만을 겪을 정도의 엄격한 법령을 자제하는 것이 중요했던 반면에, 경제적 결과들은 이전보다도 더 많은 규제 법령을 만들어야만 했다. 왜냐하면 지난 2년 동안 농민과 노동자의 생활수준은 날로 떨어졌고 그때마다 그에 상응하는 저항이 일어났기 때문이다.

선전(深川)의 사건은 중국의 도시와 농촌 전역에 걸쳐 고립분산적으로 빈발했던 폭동에서 빙산의 일각에 지나지 않는다. 1980년대 후반 이래 세금 징수원과 국가 곡물수매인들에 대한 공격에 때로는 수백 명의 농민이 가담했다는 보고가 잇달았다. 곡물에 대한 국가 고시 가격과 농민이 기대하는 가격 사이의 간격이 지난 2년 동안 큰 폭으로 벌어지자 그와 같은 자연발생적인 저항 역시 증대했다. 도시에서의 경제적 사정은 한층 더 가혹했다. 1992년 한 해 동안 집세와 기본 생필품 가격이 두 배나 뛰었고, 1/4분기 동안 140만 노동자(도시 노동력의 1퍼센트)가 국영기업에서 해고당했다.[2] 농촌에서도 공장과 사무실 등을 중심으로 파업에 대해 논의하고 있다는 당국의 보고가 빈발했다. 중국 지배자들에게 더 나쁜 소식은 독자적인 노동자 조직을 결성하려는 시도가 있다는 보고였다. 예컨대, 1992년 4월에 활동가들이 베이징(北京)에 모여 독립자주노동조합 결성에 대한 호소 문건을 작성해 베이징 시내에 배포한 사건이 있었다.[3]

최근의 연구는 1989년의 봉기 동안 학생 그룹 중에서 파업 행위만이 성공을 결정짓는다고 이해했던 것처럼 독립노동자조직의 확산은 이전에 실재했던 것보다 훨씬 더 광범위하게 퍼졌음을 보여주었다. 한 자료에 따르면[4], 후난(湖南)성의 조그마한 소도시조차 파업이 무기라는 생각이 확산되고 있을 뿐 아니라 선양(深陽), 시안(西安), 충칭(重慶), 그리고 항저우(抗州)에서 독립노동자조직들이 존재하고 있다는 보고를 언급했다.

무엇보다도 이전의 항위 시위와 1989년 반란이 구별되는 특징은 광범한 노동자의 참여와 소수의 활동가 중에서 노동자가 정부에 타격을 가할 수 있는 중요한 경제적 힘을 가지고 있다는 현실에 있었다. 파업과 독립조직 건설 시도에 관한 보고들은 그러한 교훈이 유효함을 보여준다. 만약 그러한 조직들이 확산되고 발전한다면, 그 조직들은 다음의 폭발을 위한 강력한 중추를 제공할 수 있을 것이다.

마오쩌둥(毛澤東)은 중국에서 노동자의 승리를 대표하지 않는다. 그는 1927년에 공산당이 패배한 뒤에 권력을 잡았다. 천안문 광장은 1927년 이래 처음으로 노동자 계급을 중앙 무대로 올려놓았다는 점에서 중국 역사상 근본적인 전환점이 됐다.

저자는 동유럽 혁명과 소련의 붕괴는 진정한 마르크스주의 전통이 중요하다는 진실을 확인할 수 있는 계기를 주었다고 말한다. 공산주의의 죽음은 전 세계의 정치 토론에서 공통적인 주제가 됐다. 우리가 확인했듯이 자본주의는 현대 경제 구조의 유일한 길로 비쳐졌다. 그러나 그러한 사고 체계는 결코 강력한 것처럼 보이지 않았고, 또한 그것의 성과도 좋지 않은 것 같다. 전쟁과 기근은 대다수 아프리카와 아시아에 만연했던 반면, 경기 후퇴와 실업은 소위 '발전된 세계'를 실질적으로 옥죄었다.

고전적 마르크스주의의 관점에서 본다면, (이 책이 서술하고 있는 기조에서) 스탈린주의는 결코 자본주의를 대신할 수 없고 오히려 자본주의의 변종일 뿐이다. 스탈린주의의 죽음은 전 세계적으로 노동자의 투쟁을 약화시키기는커녕, 마르크스가 이해했듯이, 민족적 울타리를 뛰어넘어 진정한 노동자의 해방을 재건할 가능성을 만들어 주었다.

이 책의 한국어판 번역(아시아 언어로는 처음)은 조그마한 일이지만 그러한 이념의 성장과 영향력이라는 측면에서 중요한 표징이다.

한국어판 출간에 부쳐

이 책의 초판이 출간되고 나서 5년이 지나는 동안 중국 사회의 위기는 더 심화되고 더 광범위해졌다. 중국의 지배자들이 1989년의 천안문 반란을 무력으로 잔학하게 진압할 수 있었지만, 여전히 그들은 반란을 촉발시킨 근본적인 문제들 중 어느 것 하나 해결할 수 없는 상태이다.

수백만 노동자들로 하여금 학생들이 주도한 1989년 항의 운동에 가담하도록 몰아간 것은 무엇보다도 다음과 같은 세 가지 상호 연관된 문제들이다. 치솟는 초(超)인플레이션, 지배계급 전체의 노골적인 부패, 더욱더 커져 가는 빈부 격차 등이 그것이다. 1989년 이래, 지배계급은 이 문제들 가운데 어느 것도 해결할 수 없었을 뿐 아니라, 실은 사태를 더 악화시켜 왔다.

어느 정도나마 주민의 지지를 다시 얻기 위해 1989년의 긴축 조치를 완화하자, 곧바로 물가가 다시 상승했고, 그 상승폭도 이전 어느 때보다 더 컸다. 1994년에는 평균 식비가 중국 대도시들에서 50퍼센트 이상 상승했다.

관리들과 기업 경영자들 사이에서 부패는 여전히 풍토병 같은 것으로 존재한다. 1995년에 일련의 주요한 부패 스캔들이 터졌다. 구이저우(貴

13

州)성에서는 지방 공산당 서기의 처와 공안기관의 총수가 대규모 횡령 사건으로 처형됐다. 베이징의 철강공사(베이징 최대의 기업) 총책임자는 그의 아들이 덩샤오핑(鄧小平)의 아들과 조카 그리고 홍콩의 백만장자 리카싱(李嘉誠)이 포함된 금융 스캔들에 연루되어 물러나지 않으면 안 되었다. 베이징에서 부패에 대한 감사가 계속되자 베이징시 부시장이 자살하고 시장이 해임되는 사태가 일어나기도 했다. 그러나 이러한 사건들은 부패를 근절하려는 진지한 시도라기보다는 대부분의 경우 덩샤오핑 사망이 임박함에 따라 지배계급 상층부 내에서 한창 벌어지고 있는 계승 전쟁과 연결된 것들이다. 단순히 이 사건들의 규모만 보더라도 얼마나 쉽게 대부분의 관리들이 아무 탈없이 독직과 횡령을 할 수 있는지 알 수 있다.

끝으로, 더욱더 벌어져 가고 있는 빈부 격차는 지배계급이 농촌에 대한 통제력을 상실하는 사태를 초래할 수도 있는, 지배계급에게는 점점 더 우려의 근원이 되고 있다. 최근의 한 역사 연구서는 다음과 같이 기술하고 있다.

> 정부 통계에 따르면 1993년 1월부터 1994년 4월까지 열여섯 달 동안 총 1,200건의 '커다란' 농촌 소요(매번 500명 이상이 소요에 가담하고 1개 이상의 촌락이 연루된)와 100건의 '매우 커다란' 소요(적어도 1,000명 이상이 가담한), 그리고 30건의 '특히 커다란' 소요(5,000명이 가담한)가 있었다. 이 사태로 인한 사상자 수는 1만 3,200명이 넘고, 재산 손실은 200억 위안을 넘는다.[1]

또 다른 연구서는 다음과 같이 결론 내렸다.

1990년대 초에 이르러 많은 농촌 지역에서는 대약진 운동과 문화 혁명의 재앙을 치르고서도 남아 있던 중국 공산당과 농민 사이의 신뢰가 완전히 깨져 버렸다.[2]

이러한 불안의 이유를 추적하기란 간단하다. 평균 농민 소득이 1991년 이래 하락해 왔는데, 왜냐하면 국가가 농민들의 곡물을 낮은 가격으로 수매하고 있고(많은 경우 현금으로는 전혀 지불되지 않고 무가치한 약속어음을 발행하고 있다), 또 지방 관리들이 농민 가구들에게 믿기 어려울 정도로 각종 명목의 세금과 지방세 — 그 대부분이 곧바로 그들의 호주머니 속으로 들어간다 — 를 부과하고 있기 때문이다.

농민들이 일자리를 찾아 토지를 떠남에 따라 농촌의 불안은 도시로 확산되고 있다. 현재 5,000만에서 1억에 이르는 "유동 인구"가 존재하는데,[3] 그들 중 대다수는 가장 열악한 노동 조건 속에서 최저 임금으로 단지 비정규 일자리를 발견할 뿐이며, 많은 이들이 오직 살아 남기 위한 수단으로 매춘이나 거리의 범죄 속에 빠져들고 있다. 이 '유동 인구'는 도시 실업자 수의 증가로 인해 더욱 늘어나고 있다. 1994년에 상하이(上海)에서만 46만 명 이상의 노동자가 실업 상태에 있거나 무한정 '대기' 상태에 있다.[4]

실업의 증대와 관계 없이 노동자들이 저항은 더욱 커져가고 있다. 세부적인 사실과 수치들은 입수하기 어렵지만, ≪비즈니스 위크 *Business Week*≫지의 보도에 따르면, "[1994년] 3월에 랴오닝(遼寧)성·산시(陝西)성·쓰촨(四川)성에서 270건의 파업이 있었다. 그 중 어떤 것들은 40일 동안이나 지속됐고 1만 명의 노동자들이 참가했다."[5] 국영[즉 어용] '노동조합'들조차 산업 '분규'(파업, 항의 시위, 청원, 태업) 건수의 엄청난 증가에 대해 보고하고 있다.

문제는 지배계급이 덩샤오핑 승계 문제를 놓고 그 어느 때보다도 더 깊이 분열되어 있고 지방 관리들과 기업 경영자들에 대한 정부의 권위가 점점 더 무너져 가고 있는 시점에서 이 모든 것이 일어나고 있었다는 사실이다. 지방(주로 성[省] 관리들)은 1989년 때보다 훨씬 더 큰 경제적 결정 권한을 가지고 있는데, 그들이 결정을 내리는 기준은 전체 지배계급의 우선 순위라기보다는 무엇이 자신들의 소(小)제국에 가장 이득이 되느냐이다.

1980년대에 중국은 자유 시장과 무제약의 자본주의가 성취할 수 있는 바의 빛나는 실례로서 떠받들어졌다. 지금 주요한 학술적 연구들은 한결같이 개혁이 별 효과를 거두지 못하고 있다고 결론 내리고, 지방 관리들의 독자성이 증대함에 따라 중국이 물리적으로 해체되는 결과가 초래될 수도 있다는 가능성을 제기한다.

이것이 전혀 불가능한 것은 아니지만, 개연성은 거의 없는 일이다. 소련과 유고슬라비아의 해체를 야기한 민족적 긴장은 인구의 대다수가 살고 있는 중국의 동부 및 중부 지역에 거의 존재하지 않는다. 또한 성의 성장들이 의존할 지역 분리주의 전통도 존재하지 않는다. 현실은 정반대이다. 사실상의 권력이 경쟁하는 지방 군벌들의 수중에 있었던 1920년대조차 그들 대다수는 중앙 정부의 권위를 정식으로 인정했다. 그리고 1949년에 공산당이 권력을 장악했을 때 중국 민족주의와 강력한 중앙 정부의 중요성은 중국 공산당 이데올로기의 핵심적인 위치를 점했다.

정말이지, 오늘날 그것은 지배계급의 유일한 효과적 이데올로기로 남아 있으며, 그들에게 부닥친 문제가 늘어남에 따라 더욱더 강조될 가능성이 많다. 대만(臺灣) 해협 부근에서 있은 군사 도발을 보라. 그것은 대만이 중국의 뗄 수 없는 일부라는 그들의 권리 주장을 강화하려는 의도 속에서 수행된 것이다.

그러나 중국의 물리적 해체가 거의 개연성 없는 일이라 하더라도 이런 문제가 심각하게 제기될 수 있다는 사실 자체가 지배계급의 힘이 얼마나 크게 약화됐는지를 반증해 준다. 1989년의 폭발을 낳은 모든 요소들이 여전히 그 자리에 있으며, 뒤따른 처형과 대량 체포는 지배계급에 대한 뿌리깊고 영속적인 증오의 유산을 남겨 놓았다. 권위 있는 ≪차이나 브리핑 *China Briefing*≫지는 중국 경제에 대한 최근의 조사 연구를 다음과 같이 요약했다.

　　관(官)의 부패에 대한 대중적 분개는 쉽게 다시 거리로 쏟아져 나올 수 있을 것이다. 특히 또 한 차례의 인플레에 의해 생활 수준이 위협받고 있다는 느낌 때문에 분노가 터져 나올 경우에는 말이다. 덩샤오핑 사후 불확실한 정치 정세와 다루기 힘든 농촌 주민, 이런 요인들이 추가되어 함께 섞인다면, 상상할 수 없는 상황이 올 수 있다.[6]

　1989년은 노동자 계급이 중국의 지배자들에게 도전하고 국가의 기초를 뒤흔들 수 있는 힘을 보여주었다. 1989년 이래 나온 조사 연구는 중국 노동자 계급의 저항이 — 특히 천안문 학살에 뒤이은 나날들 동안에 — 당시에 알려졌던 것보다 훨씬 더 강고 했고 광범위했음을 보여주고 있다.[7] 그럼에도 학생 운동 지도자들은 정부와 평화적으로 협상할 수 있다고 믿어, 노동자들을 멀리하는 잘못을 범했다.

　자본주의 시장의 전제(專制)와 반란, 탄압의 순환을 영원히 끊어 놓으려면, 중국 노동자들이 고전적 마르크스주의 정당을 건설하는 것이 필요하다. 이 당은 노동자 계급의 힘과 창조성을 동원해 내 국가를 분쇄하고 민주적 노동자·농민 평의회에 기초한 진정한 민주주의를 가져올 수 있으며, 시장 개혁이 중국에 가져온 모든 빈곤과 후진성과 불평등을 일소할 것이다.

런던에서
찰리 호어

1장

제1차 중국 혁명

1장
제1차 중국 혁명

마오쩌둥(毛澤東)이 권력에 오른 이야기 — 1927년에 1,000명도 안 되는 누더기를 걸친 게릴라 부대의 지도자로 출발해 1949년에 내전 승리의 주인공이 되기까지 — 는 20세기의 위대한 신화들 중 하나가 됐다. 사람들은 마오쩌둥이 처음부터 중국에서 자본주의와 제국주의를 타도하기 위한 독특한 전략, 즉 농촌에서 강력한 '적색 근거지'를 건설해 그로부터 게릴라 군대가 도시를 정복한다는 전략을 갖고 있었다고 주장한다. 이러한 전략으로 인해 마오쩌둥은 세계 공산주의에 대한 스탈린의 지배와 단절을 이루었고, 마르크스주의를 제3세계의 현실에 맞게 근본적으로 개조해 냈다고 한다.

그러나 진실은 이와는 딴판이다. 마오쩌둥이 권력에 오른 길은 첫 번째 혁명인 1925~27년의 노동계급 혁명의 패배와 함께 시작됐다. 스탈린이 신생 중국 공산당에게 강요했던 파멸적인 전략 — 마오쩌둥이 전적으로 찬성했던 전략 — 으로 인해 혁명의 패배는 필연적이었다.

이 제1차 혁명의 기원은 중국이 제국주의의 파괴적인 영향 아래 놓여 있었다는 사실에 있다. 제국주의의 침탈은 대(對)중국 아편 무역권을 놓고 영국과 중국이 벌인 1840년대의 아편 전쟁과 함께 시작됐다. 무제한의 소비재 시장인 중국의 매력에 이끌려 영국을 필두로 서양 제국주의

네메시스호, 아편 전쟁 동안 돛이나 증기 기관으로 움직였다.

국가들이 앞다투어 중국으로 몰려들었다. 19세기에서 20세기로 넘어오면서 모든 주요 제국주의 강대국은 중국 내부로 깊숙이 헤집고 들어왔다.

> 강대국은 내륙보다 더 쉽게 접근할 수 있고 더 쉽게 착취할 수 있는 해안지대의 많은 부분, 즉 서남쪽(프랑스)으로부터 양쯔강 계곡(영국)과 산둥(山東) 반도(영국과 독일)를 거쳐 동북부(러시아와 일본)에 이르는 영토를 점유하거나 영유권을 주장했다. …… 영국은 카이핑(開平) 탄전에 대한 통제권을, 일본은 푸순(撫順) 탄광과 안산(鞍山) 철광에 대한 통제권을 거머쥐었다. 철도가 새로 부설될 때마다 거의 언제나 유럽과 일본의 자본가들은 직접 투자나 금융 이익의 획득 기회를 얻었다."[1]

중국이 세계 경제 속으로 깊게 빨려들어 가면서, 외국인이라고는 본적이 없었던 많은 농촌 지역에서 엄청난 변화가 일어났다. 값싼 대량 생산 수입품으로 예전부터 내려온 수공업이 파산했고, 교역 패턴의 변동으로 그 동안 단일 작물에 의존해 온 많은 지역이 황폐화됐다.

그러나 가장 큰 변화는 도시와 그 인근에서 일어났다. 외국인 '조계지' [租界地 : 19세기 후반에 중국의 개항 도시에 있었던 외국인의 거주 지역. 열강의 중국 진출의 근거지가 되었던 곳으로, 외국의 행정·경찰권이 행사되었다] 혹은 '거류지'가 대부분의 주요 도시에 세워졌는데, 여기서는 강대국이 배타적으로 경찰권을 행사했다. 상하이(上海)의 한 해안 공원의 정문에는 "개와 중국인은 들어올 수 없다"는 표지판이 붙어 있었다. 조계지 부근에는 새로운 공장, 제작소, 조선소, 광산 그리고 철도가 우후죽순처럼 생겨나, 토지에서 내몰린 농민들을 끌어들였다. 여기서 그들은 섬뜩한 환경에서 장시간 노동으로 혹사당했다.

베이징(北京)의 청조 정부는 제국주의의 확장을 저지하는 데 철저히 무능력했을 뿐만 아니라, 자신의 조세권조차도 상실해 갔다. 1911년의 유산된 민족주의 봉기[신해 혁명으로 이어진 우창(武昌)봉기]는 노쇠한 제정(帝政)의 몰락을 가져왔다. 명목상의 공화국 정부가 제정을 대체했지만, 나라 전역에 걸쳐 실질적인 권력은 지방 군벌들의 수중으로 넘어갔다. 기근과 내전 그리고 비적단의 약탈이 만성화됐고 다른 한편에서는 군벌의 혹독한 과세로 농민 대중을 상상할 수 없을 정도의 궁핍으로 내몰았다. 도시로 몰려드는 수백만 농민들의 물결이 대홍수를 이루었다.

1차세계대전은 중국 도시의 성장을 가속화시켰다. 식량과 피복에 대한 교전국의 수요 증대로 1913~19년 시기 동안 무려 40퍼센트나 수출이 증가했는데, 전쟁으로 인해 서방측 경쟁이 부재한 가운데 중국과 일본의 자본가들은 전례 없이 번창했다. 공업 기계류의 수입이 1915~21년 동안에 무려 13배나 증가했고, 산업 노동자 계급도 이에 비례해서 증

베이징 천안문에서 일어난 학생시위, 1919년 여름

가했다. 전쟁이 끝날 무렵에는 약 150만 명의 산업 노동자들이 중국의 주요 도시에 몰려 있었다. 이들은 가족이나 같은 촌락 출신 등과 같은 끈에 의해 수백만 명의 수공업 노동자와 운송 노동자 그리고 실업자들과 연결되어 있었다.

1차세계대전의 종전은 1925~27년 혁명으로 이어지게 될 최초의 항의 시위[1919년 5·4운동]에 불을 붙였다. 지식인들은 19세기 말 이래 '어떻게 중국을 구할 것인가'라는 문제를 놓고 논쟁해 왔으며, 청조의 몰락 이후 무정부 상태가 만연하면서 그들의 모색은 훨씬 더 절박해졌다. 더 젊고 더 전투적인 지식인들은 점점 더 서구에서 영감을 찾았다. 그들은 중국의 옛 전통들이 진보의 주된 장애물이며 오직 '과학'과 '민주주의'만이 중국을 구할 수 있다고 주장했다. 20세기 초에 몇 년 동안 수적으로 크게 늘어난 대학생들이 이 운동의 전면에 서 있었다. 그들 중 많은 이들이 해외에서 공부하고 돌아온 유학생들이었으며, 이들은 다양한 서구의 영향과 교육에 노출되어 있었다. 이런 이유로 그들은 중국이 직면한 위기의 심각성을 더 잘 이해할 수 있었고, 근대화가 제공할 여러 가능성을 더 잘 감지할 수 있었다.

1915년에 일본은 산둥(山東)성에 있던 독일 조계지를 강제로 병합해 중국 민족주의자들의 분노를 불러일으켰다. 중국인들은 전쟁의 종결을 기쁨으로 맞이했다. 왜냐하면 1919년 베르사유 강화 조약으로 중국이 전쟁 전에 제국주의가 무력으로 점거한 영토를 되돌려 받을 수 있을 것이라는 희망을 품었었기 때문이다. 한 역사가가 언급했듯이, 학생들과 선생들은 "연합군의 승리는 전제주의와 군국주의에 대한 민주주의의 진정한 승리이며, 또한 압제자에 대한 노동자와 민중의 진정한 승리라고 믿었다."[2]

그러나 베르사유 회담에서 일본이 그 지역의 지배를 유지해야 한다는 결정이 내려졌고, 중국 대표단은 항의 한 번 하지 못한 채 회담의 결정에 동의하고 말았다. 자유와 민족 자결에 대한 그간의 약속과는 정반대로 이 서구 열강들이 실제로 한 일은 제국주의적 영토 재분할이었다. 이것은 중국의 구원을 곧 '서구화'로 보았던 중국인들 사이에 깊은 배신감을 불러일으켰다. 1919년 5월 4일, 3,000여 명의 학생들은 베이징의 중심부에 있는 천안문 광장에서 집회를 열고, 서구 열강뿐 아니라 중국의 이익을 팔아먹는 베이징 정부를 겨냥해 중국 역사상 최초의 민족주의 시위를 벌였다. 이 5 · 4 운동은 전국적 규모의 항의 운동으로 이어졌다.

6월 중순까지 대학생과 중고등 학생들이 적어도 200개 이상의 도시와 읍에서 동맹 휴업을 조직했다. 그 운동의 존재 자체가 중국 사회의 뿌리깊은 관행과 관습에 대한 근본적인 도전이었다. 젊은 세대들이 그들의 연장자들의 결정에 공개적으로 도전한다는 것은 부모에 대한 전통적 복종에 대해 공공연한 공격을 가하는 것을 뜻하는 것이었다. 또한 이 운동에서 여학생들이 중심적인 역할을 수행함으로써 여성의 남성에 대한 복종이라는 낡은 관념이 타격을 받았다.

무엇보다도 중요한 것은, 출발부터 학생들이 이제까지 자신들의 목소리를 가지지 못한 도시의 대중을 운동 속으로 끌어들이는 작업을 수행했다는 사실이다. 그들의 거리 선동은 상인과 공무원뿐 아니라 노동자와 실업자까지 행동으로 끌어들여, 일본 상품 전면 불매 요구를 중심으로 이들을 하나로 묶는 데 성공했다. 그리고 베이징 정부가 무력진압에 나서 수백 명의 학생들을 체포하면서 이들의 격렬한 반발을 불러일으켰다.

중국의 주요 공업 중심지인 상하이에서는 하루 동안 모든 상점이 문을 닫았다. 즉각적으로 6만에서 9만 명에 이르는 노동자들이 학생들의 석방을 요구하면서 파업에 돌입했다. 한 역사가는 다음과 같이 기술했다.

> 그 운동은 심지어 거지·도둑·창녀들 그리고 소녀 가수들조차도 파업에 들어갈 정도로 사회의 기층 저변에 심대한 영향을 미쳤다. 나중에는 집배원·경찰관·소방수들도 만약 정부가 학생들에 대한 기존의 태도를 고수한다면 업무를 멈출 것이라고 위협했다.[3]

단지 일일 파업만으로 1918년의 전체 파업 참가자의 약 다섯 배나 되는 인원을 기록했다. 또한 파업에는 상하이 노동자들만 참가한 것이 아니었다. 철도 노동자·부두 노동자·선원·인력거꾼·광원·인쇄공들 모두가 그 운동에 가담해, 정부가 뒤로 물러서지 않을 수 없게 했다. 체포된 학생들은 석방됐고 세 명의 친일 장관들은 해임됐다.

5·4 운동은 무엇보다도 민족주의적인 운동으로서, 제국주의에 대한

반대뿐 아니라 중국의 이익을 수호하기를 거부한 정부에 대한 반대 속에서 도시의 모든 계급을 단결시켰다. 그러나 그 운동은 중국 민족주의 정치에서 근본적인 전환, 즉 음모가들의 소집단으로부터 공개적인 대중 조직으로의 전환을 이루는 분수령이 됐다. 무엇보다도, 5 · 4 운동은 중국 노동자 계급을 조직된 세력으로서 투쟁에 참여하게 해, 그들에게 처음으로 자신들의 힘을 자각하게 했다.

노동자 운동의 출현

노동자들의 성공은 학생 운동이 노동자 계급을 강력한 동맹 세력으로 바라보게 했다. 또한 그것은 노동조합의 조직화와 일련의 성공적인 임금 인상 요구 파업을 촉진시켰다. 1919년과 1921년 사이에 상하이의 면방직 공장에서 임금은 10~15퍼센트 올랐고, 광저우(廣州)의 금속 산업 가운데는 10~40퍼센트까지 임금이 오른 곳도 있었다. 상하이의 한 담배 회사는 파업을 진정시키기 위해 중국 남부로부터의 쌀 수입을 위한 비용을 지불해야 했다![4] 새로운 노동조합들이 미조직 노동자들 사이에서 솟아 나왔고, 기존 조합들은 급속히 성장했다.

1917년 러시아 혁명은 운동의 발전에 훨씬 더 중요한 영향을 미쳤다. 처음에는 러시아의 10월 혁명을 단순히 제국주의에 대항하는 민족 혁명의 성공적인 사례로 보는 경향이 있었다. 그리고 신생 소비에트 정부가 과거 차르 정부가 획득했던 중국 내의 영토권을 단호하게 포기했을 때 신생 소비에트 정부의 명성은 크게 높아졌다. 그러나 1920년대 초에 이르러 레닌의 많은 저작들이 중국어로 번역되고, 운동 지도자들 가운데 소수가 자본주의와 제국주의 사이의 관련을 보기 시작하면서 노동자 운동의 중심적인 의의를 이해하기 시작했다. 이것이 1921년에 중국 공산당[이하 '공산당'은 모두 중국 공산당을 가리킨다]의 창건을 가져왔다.

공산당의 창당 멤버들은 모두 지식인들이었지만, 몇 달 안에 공산당은 노동자 계급 속에서 영향력을 확대하고 있었다. 당원들은 노동조합의 조직화에 투신했고, 12개 도시에서 약 30만의 노동자를 대표해 파견된 대표자들이 모인 1922년 5월의 제1차 전중국노동자대회를 조직하는 데 중요한 역할을 담당했다.

노동자들의 파업이 외국인 소유의 회사에서 중국인 자본가가 운영하는 회사로까지 확대되어 감에 따라 노동자들은 군벌의 적대에 부딪혔다. 1923년 2월에 남북 간선 철도에서 전개되고 있던 파업을 분쇄하기 위해 군대가 파견되면서 군벌의 적대는 살인 탄압으로 변했다. 군대는 세 군데 역사(驛舍)를 공격하면서 35명의 파업 노동자를 살해하고 수많은 사람들에게 중상을 입혔다. 우한(武漢)의 바로 북쪽에 위치한 장안에서 노동조합 지부 서기(공산당원)는 작업장 복귀 명령을 거부했다는 이유로 파업 참가자들 앞에서 참수당했다.[5]

동조 파업과 항의 시위가 화난(華南) 전역으로 확산됐지만, 1923년 내내 탄압은 더욱 강화됐다. 같은 시기에 경제 불황이 수십만 명의 노동자를 일터에서 내몰았다. 파업 횟수가 1922년의 절반 수준으로 격감했고, 1923년 말에는 대부분의 지역에서 노동 운동과 공산당이 사실상 불법화됐다. 1923년에 민족주의 정부가 들어섰던 광저우(廣州) 인근 지역이 유일한 예외였다.

1911년의 유산된 혁명을 이끌었던 국민당(민족주의 정당)은 얼마 안 있어 깨져 버렸다. 1919년 이래 국민당은 광저우(廣州)를 지배한 군소 군벌들과의 동맹에 힘입어 재조직되기 시작했다. 국민당은 일차적으로 수동적인 대중 기반을 가진 지식인들의 결사체였지만, 당시 중국에서는 가장 활기 찬 민족주의 세력이었다.

공산당 제2차 대회는 공동의 목표를 위해 국민당과의 합작을 결의했지만 다음과 같은 단서를 붙였다.

> 프롤레타리아트는 민주주의적 혁명을 촉진하기 위해 손을 뻗지만, 이것이 프롤레타리아트가 부르주아지에게 투항해야 함을 의미하지는 않는다. …… 민주주의 동맹 내에서 노동자들은 쁘띠부르주아지의 보족물이 되는 것이 아니라, 그들 자신의 이익을 위해 계속해서 싸워야 한다.[6]

이러한 입장 — 민족주의 투쟁을 지지하지만, 그러나 노동자 계급이 부르주아 민족주의자들에 대항해 자신의 이익을 위해 투쟁하기 위해서는 독자적인 당을 필요로 함을 인정하는 입장 — 은 1920년에 공산주의 인터내셔널(코민테른)이 채택한 다음과 같은 총노선을 따른 것이었다.

> 후진국에서의 부르주아 민주주의적 해방 조류들에 공산주의적 색채를 부여하려는 시도에 대해서는 단호히 투쟁해야 한다. …… 공산주의 인터내셔널은 식민지 · 후진국에서 부르주아 민주주의 세력과 일시적인 동맹을 맺어야 하겠지만, 그러나 그 세력과 합병해서는 안 되며, 아무리 맹아적 형태일지라도 프롤레타리아 운동의 독자성을 어떤 상황에서도 유지해야 한다.[7]

그러나 일찍이 1922년에 코민테른 대표부는 중국 공산당으로 하여금 국민당에 '공산주의적' 색채를 부여하도록 강요했다. 1922년 8월에 공산당 지도자들은 코민테른의 압력 하에 개인 자격으로 국민당에 입당하는 것에 동의했다. 공산당 소속의 한 역사가는 1930년대에 자신의 저술 속에서 이에 대해 다음과 같이 언급했다.

> 당 중앙위원회는 인터내셔널의 제안을 존중했지만, 대부분의 동지들은
> 단지 민주혁명 통일전선에 찬성했을 뿐이고 국민당 입당에 대해서는 많
> 은 의문을 가졌다.[8]

1924년에 러시아인 고문은 국민당을 대중 정당으로 재조직하고 국민
당 군대를 훈련시키는 것을 돕고 있었다. 공산당원들은 하나의 독자적
세력으로서가 아니라 국민당의 가장 활동적인 분자들로서 작업하면서
당의 현장 기반을 구축해 나갔다. 어떻게 그와 같은 변신 — 독자적인 노
동자 당에서 민족주의에 종속적인 한 분파로의 전환 — 이 그토록 급속
히 이루어질 수 있었을까?

답은 코민테른 내부에서 일어나고 있던 변화들에 있다. 이러한 변화
는 바로 소련 내부에서 발생한 변화들을 반영하는 것이었다. 1917~21
년의 내전에서 혁명이 승리했지만, 그러나 그 대가는 무시무시한 것이었
다. 기근과 질병이 도시와 농촌에 만연했고 산업 생산은 전쟁 전의 수준
에도 크게 못 미쳤다. 혁명을 만든 노동자 계급은 1920년대 초에 이르러
서는 거의 해체됐다. 가장 헌신적인 노동자 혁명가들의 대부분이 내전에
서 사망했고, 그보다 더 많은 노동자들이 기아가 휩쓴 도시를 버리고 고
향 마을로 떠나갔다. 다른 일부 노동자들은 아래로부터의 어떠한 민주적
통제도 받지 않고 작동하는, 점점 더 성장하는 관료제의 대열 속으로 들
어갔다.

이 관료 집단은 급속히 그들 자신의 생존을 혁명의 생존과 동일한 것
으로 보게 됐고, 그리하여 소비에트 국가의 생존을 세계 혁명의 이익으
로 둔갑시키게 됐다. 이로부터 소련의 대외 정책에 기반해 코민테른의

전략이 세워지기까지는 아주 잠깐이었다. 중국에서 민족주의 혁명이 일어난다면 그것은 소비에트 국가를 위협하는 제국주의 열강을 크게 약화시킬 것이다. 공산당은 너무 작아서 사회주의를 위한 투쟁을 성공적으로 벌일 수 없었다. 그래서 국민당이 중국에서의 혁명적 세력으로 간주되게 됐다.

공산당의 대열 속에서 이 전략에 대한 의혹이 어떠했든 간에 — 그 전략의 결과에 대한 항의가 끊이지 않았다 — 두 가지 결합된 요인이 이 전략의 실행을 확실히 보장했다. 첫 번째는 코민테른의 소련 지도자들이 누리고 있던 절대적인 신망이었다. 두 번째 요인은 1924년 중반부터 이 전략이 거대한 결과를 달성하고 있는 것처럼 비쳐졌다는 점이었다.

1923년의 탄압은 중국 노동자 운동을 후퇴시켰지만, 완전히 짓누르지는 못했다. 1924년의 메이데이에는 광저우(廣州)에서 20만 명의 노동자가, 그리고 상하이에서 10만 명의 노동자가 8시간 노동제를 요구하는 행진을 벌였고, 다른 도시들에서도 수많은 시위가 있었다. 시위에서 나온 전단은 운동이 자신감을 되찾았음을 보여주었다.

> 8시간 노동, 8시간 교육과 휴양, 8시간 수면, 이 얼마나 합리적인 프로그램인가! 40년 동안 노동자 계급은 그것을 실현하기 위해 피를 흘려 왔다. 노동자가 단지 사장들의 밥이었던 시절은 지나갔다. 그러나 그들이 혁명을 받아들이려 하지 않는다고? 그렇다면 우리가 그들에게 혁명을 받아들이게 하자![9]

그 해 여름에 영국의 후원을 받는 지방 군벌들이 국민당을 토벌하려고 시도했지만, 군벌들은 소련으로부터 훈련받은 국민당 군대와 노동자 민병대에 의해 패배했다. 1925년 초에 군벌들이 다시 공격했으나 주변 농촌에서 농민들이 봉기해 군벌 군대를 패퇴시켰다. 처음으로 국민당은 광저우(廣州)와 인근 지역을 완전히 통제하게 됐다.

다시 한 번 경제적 요구와 반제국주의적 요구가 뒤섞여 등장했고, 이 요구들을 중심으로 파업과 노동조합 조직화의 물결이 솟구쳤다. 이 새물결은 처음으로 많은 노동자 집단과 도시들을 투쟁 속으로 끌어들였다. 파업이 절정에 달한 것은 상하이에서였다. 상하이에서 시위 노동자들에 대한 학살이 자행되자 파업 물결은 혁명의 시작으로 바뀌었다.

혁명이 터지다

1925년 5월에 임금 인상 파업이 일본인 직물 공장들을 거쳐 상하이 전역으로 확산됐다. 파업 사수를 위한 싸움(picket-line fighting)에서 공안 부대가 한 젊은 노동자를 살해한 사건이 발발하자, 5월 30일에 수천 명의 노동자와 학생들이 항의 행진을 전개했다. 국제 거류지에 있는 경찰서 밖에서 영국 경찰이 시위대를 향해 발포해 12명이 숨지고 수십 명이 중경상을 입었다. 이틀 후, 공산당이 이끄는 상하이 노동조합총연맹에 의해 조직된 총파업이 모든 외국인 소유 공장과 부두에서 시작됐다.

6월 13일에는 거의 16만 명에 달하는 노동자들이 거리로 뛰쳐나왔다. 비록 공산당이 중국 부르주아지의 지지를 잃지 않기 위해 파업을 외국인 소유 공장에 한정하려고 했지만, 최초의 파업에 참가한 노동자들 중에는,

중국인 소유의 홍풍 면방직 공장 소속의 약 2,900명의 남녀 직공이 있었다. 공산당의 정책과는 반대로, 여타 중국인 소유 업체에서 일하는 노동

자들도 자생적으로 파업을 일으켰다. 그러나 6월 11일에 이르러서는 파업 투쟁이 미쳤던 중국인 기업과 산업들은 일부를 제외하고는 다시 정상 조업에 들어갔다.[10]

중국인 소유 공장 가운데 노동자들이 작업장을 이탈하지 않은 경우에 조차 노동자들은 잠자코 있었던 것이 아니라 외국산 기계들을 철거할 것을 요구하면서 투쟁했다. 학살에 뒤이어 몇 주 동안 폭발한 항의 운동은 전에 없이 많은 노동자를 행동으로 끌어들였다. 5 · 30 운동(나중에 그 시위는 이런 이름으로 알려졌다)은 제국주의에 반대하는 투쟁에서 결정적인 전환점이 됐다. 노동자 계급은 더 이상 운동의 단지 일부분이 아니었다. 노동자 계급은 이제 운동을 이끌고 있었고, 다른 계급들은 당장은 노동자 계급의 뒤를 따라가지 않을 수 없었다. 이 점은 또 다른 학살이 자행되어 16개월 동안 총파업을 벌였던 광저우(廣州)와 홍콩에서 가장 명백하게 나타났다.

6월 23일에 영국과 프랑스 군대가 광저우의 시위대에게 발포하여 52명을 죽이고 100명 이상에게 부상을 입혔다. 홍콩에서 총파업이 촉구됐고, 6월 말에 이르러 5만 명 이상의 노동자가 식민지[홍콩]를 떠나버렸다. 파업의 진행은 노동자들의 조직화가 어느 정도로 발전했는지를 보여주었다.

13명으로 구성된 파업위원회뿐 아니라 일종의 노동자 의회인 800여 명의 대표자(파업 노동자 50명 당 1인)로 구성된 '파업노동자대표자회의'에 의해 중앙 통제가 유지됐다. …… 이 회의는 일주일에 세 번 열렸고, 따라서 평조합원과의 끊임없는 접촉이 확보됐다. …… 파업위원회의 책임은 작업 중지 같은 일상적인 활동 영역을 훨씬 넘어섰다. 1925년 여름

내내 위원회는 사실상 일종의 '노동자 정부'가 됐다. 그리고 정말이지 위원회의 벗과 적 모두 그것을 '제2의 정부'라고 불렀다. …… 위원회의 수중에는 수천 명의 무장 정방대가 있었다. …… 규칙을 어길 경우에는 누구라도 파업위원회가 설립한 법정에 서야 했다. 재판관들은 파업위원회가 임명했다. 그리고 이 법정은 벌금을 부과하거나 위원회에 속한 감옥에서 복역해야 하는 금고형을 선도했다.[11]

파업이 계속됨에 따라 파업위원회는 자신의 권력을 광둥(廣東)의 해안을 따라 광저우(廣州)시로 확대해 나갔다. 중국 내 영국 지배의 중심지가 위험에 처하게 됐다. 영국의 상무성에 따르면, 1924년 8월부터 12월까지 월 평균 160~240척의 영국 증기선이 광저우(廣州)항에 드나들었는데, 1925년 같은 기간에 그 수는 22~27척으로 급감했다![12]

총파업은 국민당에게 광둥(廣東)성에 인접한 성(省)들에까지 통제권을 뻗칠 수 있게 해 주었고 국민당 자신이 유일한 중국 정부라고 선언할 수 있게 해 주었다. 그러나 동시에 국민당은 근본적인 딜레마에 빠졌다. 국민당이 자신의 권력을 지키고 확대하기 위해서는, 또한 제국주의로부터 어떠한 양보라도 얻어내려면 대중 운동이 필요했다. 그러나 노동자들의 조직화와 자신감의 증대는 제국주의에 대한 위협이었을 뿐만 아니라 국민당의 지배와 이윤에 대해서도 위협이었다.

민족주의적 부르주아지는 중국에 대한 제국주의 지배의 종식을 진정으로 원했다. 그러나 그들은 그들 자신이 지배계급이 되기 위해, 그리고 공업과 농업에서 나오는 가능한 한 최대의 이윤을 자신의 것으로 하기 위해 그것을 원했다. 그들은 그들이 차지할 이윤 몫을 놓고 제국주의와 타협할 수 있었다. 도시를 휩쓰는 민족주의적 열기가 외국 열강으로 하여금 국민당과 협상하지 않을 수 없도록 강제하고 있었을 때는 특히 그랬다. 봉기한 노동자들과는 이런 식의 그 어떤 타협도 가능하지 않았다.

1927년에 레온 트로츠키는 다음과 같이 주장했다.

> 제국주의에 대한 투쟁은, 바로 제국주의의 경제력과 군사력 때문에 중국
> 인민의 바로 깊은 곳에서 우러난 힘을 강력히 행사할 것을 요구한다. 실
> 제로 노동자와 농민을 제국주의에 반대하는 봉기로 나아가게 하는 것은,
> 그들의 기본적이고 가장 근원적인 생존 이익을 민족 해방의 대의와 연결
> 시킴으로써만 비로소 가능하다.
>
> 고리대금업자와 지역 군벌들에 대항하는 노동자들의 파업, 농민 반란, 도
> 시와 농촌의 피억압 계층들의 봉기, 수많은 대중을 일으켜 세우고 결속
> 시키고 교육시키고 단련시키는 이 모든 것은 진정한 일보 전진이다.
> …… 그러나 피억압·피착취 근로자 대중을 벼랑으로 몰고 가는 모든 것
> 들이 불가피하게 민족 부르주아지를 제국주의자들과의 공공연한 동맹으
> 로 나아가도록 밀어붙인다. 부르주아지와 노동자·농민 대중 사이의 계
> 급 투쟁은 약화되는 것이 아니라, 반대로 제국주의적 억압에 의해 첨예
> 화되어 중대한 갈등이 일어날 때마다 항상 유혈 내전의 지점으로까지 나
> 아간다.[13]

1925~26년의 겨울 동안 부르주아지는 여전히 대중 운동을 등에 업
고 나아갈 필요가 있었다. 그들은 어떻게 하면 그들의 딜레마에 가장 잘
대처할 수 있는가를 놓고 분열했고, 이러한 분열은 국민당 내부의 점증
하는 분파적 분열 속에서 반영됐다. 표면적으로는 "모든 계급의 단결"이
유지됐고, 심지어 광저우(廣州) 상업회의소는 자신의 선언문을 "세계 혁
명 만세"로 끝맺기까지 했다.[14] 그러나 은밀하게 국민당 지도자들과 기업
가들과 서방 외교관들은 서로를 찾아 나섰고 공동의 이익을 확인하기 시

작했다.

1927년 3월에 국민당 우익의 지도자 장제스(蔣介石)는 광저우(廣州)에서 무혈 쿠데타를 일으켰다. 많은 수의 공산당원들이 체포됐고, 홍콩의 파업위원회 본부가 습격받았다. 하급 관리들의 '과도함' 때문이었다는 장제스 측의 변명과 함께 체포된 사람들은 금새 석방됐지만, 장제스의 이러한 힘의 과시는 효력이 있었다. 그는 논란의 여지없이 국민당의 지도자가 되어 경쟁 분파와 공산당 둘 다로 하여금 자신의 권력 장악을 지지하도록 강제했다. 그는 재빨리 우위를 이용해 공산당의 행동의 자유에 심각한 제재를 가하고, 국민당 군대를 자신의 명령 아래 움직이도록 만들어 놓았다.

7월에 그는 화난(華南) 지역 전체를 민족주의 지배 하에 두는 것을 목표로 북벌에 착수했다. 이것은 혁명을 농촌 속으로 파급시켰고 민족주의 운동 내부의 계급 간 긴장을 파열 지점으로까지 끌어올렸다.

극소수의 예외를 제외하면 농민은 1920년대의 선동으로부터 격리된 채 예전의 상태로 남아 있었다. 농민의 적들은 농민이 수세대 동안 마주해 온 예의 그들, 즉 고리대금업자와 지주와 군벌들로서, 도시에서의 선동은 농민들에게 아무런 실질적 변화도 약속해 주지 못했다. 그러나 1926년 여름에 민족주의 군대가 화난(華南) 전역을 휩쓸자 촌락들은 마침내 폭발해 반란으로 나아갔다.

국민당은 말했다. "불평등 조약 타도"라고. 그러나 후난(湖南)성 농민들이 알고 있는 유일한 불평등 조약은 농민들이 수확한 곡물의 무려 70퍼센트를 지주에게 바쳐야만 하는 소작 계약이었다. …… 후난성 농민에게 "불평등 조약의 폐지"라는 말은 토지에 대한 속박의 폐지를 의미했다. …… 국민당 좌파가 자신의 강령을 실행할 의사도 능력도 없음을 드러내

보였을 때 농민들은 신속하고 직접적인 논리로 들고 일어나 자신들이 경작하는 토지를 스스로 접수했다.[15]

많은 촌락에서 농민들이 토지를 장악하고 나서는 촌락 사회에 혁명을 가져왔다. 그들은 자신들을 유린했던 수많은 옛 관습들을 분쇄했다. 여자와 아이들은 더 이상 인신매매되지 않았다. 아편 흡입과 비용이 많이 드는 종교적 의식은 금지됐다. 그리고 여러 세기 동안 내려온, 여자의 발을 붙들어 매어 놓는 전족의 악습도 폐지됐다. 고리대금업자가 지주와 함께 마을에서 추방당했고, 많은 농민들이 단호히 지대와 토지세 납부를 중단했다.

농촌의 봉기는 국민당 지도자들과 부르주아지를 완전히 분노하게 했다. 그들 중 많은 자들이 부재 지주였고, 가족이든 가문이든 어떤 끈으로든 지주와 연결되지 않은 자는 없었다. 토지를 빼앗긴 지주들이 도시로 몰려와 으시으시하고 마구잡이로 과장된 대량 살육의 이야기를 꺼내자 국민당은 농민 혁명에 대한 즉각적인 탄압을 요구했다.

민족 혁명인가 노동자 혁명인가?

이제 코민테른의 통제권을 사실상 거머쥔 스탈린은 국민당의 요구에 화답을 보냈다. 1926년 10월에 그는 농민의 자제를 명하는 전보를 중국 공산당에게 보냈다.[16] 그 전보는 '실수'라며 철회됐지만, 농민 반란은 국민당 — 사실상 농민 반란의 표적인 바로 그 국민당! — 의 지도를 따라야 한다는 훈령이 그것을 대신했다. 공산당 지도부는 성심껏 이 모순된 훈령을 수행하고자, 토지 몰수는 '악덕' 지주에 한정하고 국민당원의 토지는 그냥 둘 것을 호소했다.

이것은 불가능한 것이었다. 지주들은 위협을 느끼자마자 바로 국민당에 가입했다. 그러나 농민들은 '선량한' 지주와 '악덕' 지주의 구별이라는 것을 이해할 수 없었다. 농민들이 한 유일한 구별은 그저 토지만 몰수할 대상으로서의 악덕 지주와 죽여야 할 대상으로서의 최악질 지주 사이의 구별이었다.

이 양면적인 입장에 내재된 모순은 1927년 초에 공산당과 국민당 지도부 사이에 토지 접수의 합법화 여부를 놓고 논쟁했을 때 생생하게 표출됐다.

> 공산주의자들을 대표해 탄핑산(譚平山)은 소심하게 '반혁명적' 지주들의 토지만을 몰수해야 한다고 주장했다. 왕징웨이[汪精衛 : 국민당 정부의 지도자]는 갑자기 일어나 반박했다. …… "만약 어느 한 지역에서 농민들의 힘이 충분히 강력하다면 그들은 토지를 빼앗기 위해 모든 지주를 반혁명적 지주로 몰아 버릴 것이다. 정치적 몰수 아래서 기준이라는 것은 존재하지 않는다. 농민들의 힘이 강한 곳에서는 그들은 곧장 경제적 몰수로 나아간다. 농민들의 힘이 약한 곳에서는 …… 그들이 우선적으로 공격하는 대상은 다른 누구보다도 먼저 고통을 받는 소지주들이다. 우리는 소지주들을 우리 편으로 잡아 놓기를 원한다."[17]

토지 문제는 민족주의 혁명 내부의 계급 분열을 적나라하게 드러냈다. 승리는 오직 노동자·농민을 최대한으로 동원할 때에만 가능했다. 하지만 이것은 자신들의 권력과 특권을 상실하느니 차라리 제국주의와 타협하기를 원하는 국민당과 공개적인 단절을 수반해야 했다. 그러나 국민당이 오른쪽으로 움직이면 움직일수록 공산당이 장제스에게 복종해야 한다는 코민테른의 지시는 더욱더 심해졌다.

스탈린은 국민당을 '4계급 혁명 블록'으로 정의해, 그 안에서 노동자와 공산당의 임무는 "국민당을 왼쪽으로 밀어붙이는 것"이라고 규정했다. 1926년 3월에 국민당은 심지어 코민테른의 우호적인 구성원으로 받아들여졌으며, 장제스는 상임 간부 회의에 선출되기까지 했다. 여기에 트로츠키만이 반대표를 던졌다. 같은 달, 중국 주재 코민테른 대표부는 항의하는 중국 공산당원들에게 "현 시기는 공산주의자들이 국민당을 위해 쿨리[날품팔이 막일꾼]처럼 봉사해야 하는 시기이다"[18]고 말했다.

공산당은 혁명 기간 동안 엄청나게 성장했다. 1926년 초에 1,000명도 안 되던 당원 수가 1927년 초에는 3만 명 이상으로 증가했다. 농민 반란을 고무한 사람들은 다름 아닌 공산당원들로서, 그들은 북벌 시기에 선발 정찰대 역할을 했다. 그러나 그들의 영향력이 가장 강했던 것은 노동자 계급 사이에서였고, 이러한 영향력은 혁명이 화베이(華北) 지방으로 옮아감에 따라 급속하게 퍼져 나갔다. 국민당 군대가 1926년 가을과 겨울에 화중(華中)의 여러 도시에 주둔하고 있었을 때, 그 도시들의 노동자 운동은 그 규모와 영향력 모두에서 성장했다.

1927년 초, 후베이(湖北)성에는 약 39만 3,000명의 노동조합원이 있었고, 후난(湖南)성에서는 그 수가 40만 이상이었다. 국민당 군대가 총 한발 쏘지 않고 도시로 입성할 수 있게 해 준 것은 다름 아닌 이들의 전투성이었다. 국민당은 1926년 11월에 광저우(廣州)에서 우한(武漢)으로 근거지를 옮겼다. 1927년 1월에 있었던 노동자들의 행동은 영국으로 하여금 항저우(우한 근방의 도시)와 주장(九江 : 장시성 북단의 양쯔강 연변에 있는 도시)의 조계지를 포기하게 만들었다. 이것은 1840년대의 아편 전쟁 이래 처음 있는 일이었다. 한 역사가는 이렇게 기록했다.

후베이(湖北)성과 후난(湖南)성의 노동조합은 사실상 '노동자 정부'가 돼 가고 있었는데, 이것은 홍콩의 파업과 보이코트 동안 광저우(廣州)의 노동조합이 그랬던 것보다 정도가 훨씬 더 컸다. 노동조합은 …… 조합비뿐 아니라 임금 분규를 성공적으로 타결시킨 후 받았던 기부금까지 확보함으로써 막대한 자금을 관리했다. …… 조합은 또한 파업 정방대를 무장시키고 주의 깊게 훈련시켰다. …… 1927년 4월에 우한 직물 노조는 500명의 민병단을 보유했는데, 그 중 60명씩 한 조가 되어 3개월 교대로 항상 비번을 섰다. 그들은 조합의 중개로 공장에서 임금을 지급 받았다. 민병대는 지역의 특히 외국인 소유 기업들에서 파업의 성공을 보장하기 위해 개입했다.[19]

아주 인상적으로, 이 역사가는 또 이렇게 언급했다.

[1926년] 가을부터 노동조합은 하나의 계급으로서 프롤레타리아트의 이익을 위해 행동했는데, 이것은 해방된 지역의 중국인 기업이나 외국인 기업 모두 동일한 취급을 받는다는 것을 의미했다.[20]

이에 대한 보복으로 중국인 및 외국인 자본가들 모두 우한(武漢)으로부터 자본의 도피를 조직하기 시작했고, 장제스에게 노동 운동을 분쇄해 주길 요구했다. 1927년 봄에 장제스는 그들의 요구에 응답할 준비가 되어 있었다. 화중(華中)의 각 점령 지역으로부터 북벌군은 상하이로 모이기 시작했다. 2월 중순에 상하이 노동조합은, 상하이시로부터 약 45마일 지점까지 접근한 장제스 군대를 환영하기 위해 대중 파업과 무장 봉기를 호소했다. 군벌이 수백 명의 노동자를 학살하고 파업을 분쇄하면서 극히 광포하게 봉기를 진압하고 있는 동안, 국민당 군대는 상하이에서 약 25

마일 떨어진 지점에서 진군을 멈추었다. 이것으로 상하이 노동자들을 분쇄하기에 충분할 것이라는 장제스의 희망은 3월 21일의 봉기가 보여주듯이 가당치도 않은 것이었다.

국민당 군대가 상하이 외곽으로 들어서던 그 날 60~80만 명의 노동자들이 파업을 계속했고, 잘 훈련된 노동자 민병대가 도시 전역의 전략적 요충지를 장악했다. 경찰과 외국 군대가 한 지구에서 계속 저항했지만, 이튿날 노동자 민병대에게 점령당했다. 비록 시 정부가 세워져 있었지만, 실질적인 권력은 거리의 노동자 민병대가 장악하고 있었다. 봉기에 뒤이은 며칠 동안 약 75개의 새로운 노동조합이 솟아났고, 사실상 도시의 모든 고용주들이 임금 인상과 노조 인정 그리고 노동 조건 개선 요구에 직면했다.

5일 후 장제스는 공산당이 조직한 환영 시위가 벌어지고 있는 상하이에 입성했다. 그는 즉각적으로 상하이의 자본가들과 지하갱단의 지도자들과 일련의 회합을 갖고서 노동자들에 대항할 수 있는 확실한 세력을 규합해 나갔다. 이 회합은 공공연히 알려졌다. 마찬가지로, 국민당 군대가 양쯔강 하류로 진격했을 때 점령한 도시에서 그들이 노동자들을 학살하고 노동조합을 파괴했다는 것도 널리 알려져 있었다. 양쯔강 하류까지 장제스 군대를 따라간 코민테른의 고위급 대표들은 그 테러를 직접 목격했다. 그 가운데 한 사람은 "우리가 방문해서 양측 지도자와 대화를 나누고 있는 동안 실제 거리 투쟁이 잠시 중지되는 것을 경험했다"고 나중에 인정했다.[21]

그러나 느즈막이 4월 5일에 스탈린은 냉소적으로 다음과 같이 주장할 수 있었다.

장제스, 1935년

진이 빠진 늙은 말이 농민에게 아직 필요하다면 농민은 말을 내쫓지 않는다. 우리의 경우가 바로 그렇다. 우익이 우리에게 더 이상 필요하지 않을 때 우리는 우익을 몰아낼 것이다. …… 우익은 여전히 군대를 지휘하고 제국주의자들에 대항해 투쟁을 이끌고 있는 능력 있는 사람들을 보유하고 있다. …… 또한 그들은 부유한 상인들과 연결돼 있어 그들로부터 자금을 끌어 모을 수 있다. 따라서 그들은 일이 끝날 때까지 활용되어야 하며, 레몬처럼 다 쥐어짜고 그리고나서 내던져 버리면 된다.[22]

그 연설은 공식적으로는 결코 발표되지 않았다. 왜냐하면 바로 일주일 뒤에 국민당이 상하이 노동자들을 "쥐어짜고 그리고나서 내던져 버렸"기 때문이다. 암흑가의 암살단이 도시 전역에서 새벽에 노동조합 사무실을 습격했고 그 날 하루 동안 400~700명이 살해당했다. 노동조합은 공산당의 훈령에 따라 거의 모든 무기를 땅에 파묻거나 장제스 군대에게 넘겨주었기 때문에 저항다운 저항을 제대로 하지 못했다.

테러 통치는 장제스의 통제 하에 있던 모든 읍과 도시들로 급속히 퍼져 갔고, 뒤이은 몇 달간 수만 명이 목숨을 잃었다. 노동조합과 농민 단체와 공산당은 분쇄됐다. 장제스는 노동자 운동을 업고서 권력에 오르고는, 이제 민족주의적 부르주아지의 권력을 보위하기 위해 노동자 운동을 파괴했다. 그리고 이러한 패배가 초래될 수 있었던 것은 다름 아니라 스탈린이 노동자 계급의 이익을 '민족주의적 단결'이라는 신화에 종속시켰기 때문이다. 트로츠키가 나중에 주장한 것처럼,

민족 부르주아지는 자신의 장제스들과 왕징웨이(汪精衛)들을 모스크바에 사절로 보냈고, 후한민(胡漢民)들을 통해 코민테른의 문을 두드렸는데, 그 이유는 다름 아니라 민족 부르주아지가 혁명적 대중에 직면해 무

기력하게 허약했기 때문이다. 그들은 자신들의 취약함을 깨달았고 자신
들의 안전 보장을 모색했다. 만약 우리들 자신이 노동자와 농민들을 밧
줄로 끌고 가지 않았다면, 노동자도 농민도 민족 부르주아지를 추종하지
는 않았을 것이다.[23]

2장

권력으로 가는 길

2장
권력으로 가는 길

상하이 대학살은 중국 동부 전역의 노동자 운동을 철저히 파괴했고, 결코 회복될 수 없을 정도로 혁명에 괴멸적인 타격을 가했다. 그것이 그토록 치명적인 타격이었던 것은 스탈린과 중국 공산당이 혁명의 지도자로 떠받들어 온 바로 그자, 장제스에 의해 그 학살이 조직됐기 때문이었다. 공산당은 손발이 묶인 채 노동자 운동을 장제스에게 갖다 바쳤다. 국민당이 그들의 테러를 그토록 효과적으로 자행할 수 있었던 것은 공산당이 노동자 조직들을 물리적으로 정치적으로 모두 무장 해제시켰기 때문이었다.

그럼에도 다른 곳에서 혁명은 아직 상승하는 기세에 있었다. 후베이(湖北)성, 후난(湖南)성 그리고 장시(江西)성 등의 중심 성들에서 농민 단체들은 여전히 성장하고 있었고, 우한(武漢)의 노동자 운동도 여전히 강력했다. 우한 정부는 학살 이후 장제스와 단절하지 않을 수 없었지만, 그 지역의 지주들과 자본가들은 학살에서 용기를 얻었다. 우한에서 대대적인 공장 폐쇄와 자본 도피가 있었고, 한편 농촌에서는 지주들이 특히 광포한 탄압을 시작했다.

모스크바에서 트로츠키는, 단호한 노선 전환만이 혁명을 구할 수 있고 특히 국민당에게 공개적으로 도전하기 위해서는 노동자와 농민의 소비에트(평의회)를 조직하는 것이 이제 필요하다고 주장하면서 스탈린의 범죄적인 정책을 공격했다.

> 제국주의에 대한 승리는 도시와 농촌의 근로 인민들이 제국주의를 중국으로부터 내모는 것을 통해서만 오직 획득할 수 있다. 이를 위해서는 수백만 대중이 실제로 봉기에 나서야 한다. 그들은 민족 해방이라는 속이 빈 구호 아래서는 봉기에 나설 수 없으며, 오직 대지주, 군벌, 고리대금업자에 대항하는 직접적인 투쟁 속에서만 봉기에 나설 수 있다. …… 오직 이 길만이, 즉 더 철저한 대대적 일소, 강령의 더 큰 사회적 급진성, 노동자·농민 소비에트 기치의 전면화만이 외부로부터의 군사적 패배로부터 혁명을 진정으로 보존할 수 있다.[1]

트로츠키의 주장은 러시아 혁명의 경험에 뿌리를 둔 것이었고, 그 경험으로부터 '영구혁명'론을 끌어냈다. 1905년 혁명이 유산된 후, 트로츠키는 러시아의 후진적인 조건으로 인해 부르주아지가 차르 전제정에 대한 혁명을 이끌 것이라고 믿을 수 없으며 오직 노동자 계급만이 투쟁을 끝까지 완수할 수 있다고 주장했다. 그와 같은 상황에서 노동자 계급의 고유한 이익과 요구들이 전면에 나서며, 그 요구는 차르 전제정과 자본주의 둘 다를 타도하는 것이었다. 성공적인 혁명은 오직 노동자들이 권력을 장악할 때에만 비로소 가능했다. 그러나 혁명은 거기서 멈출 수 없었다. 혁명이 앞으로 나아가 노동자 권력을 확대하고 사회주의 건설을 시작하든지 아니면 사악한 유혈 반혁명이 일어나든지 둘 중 하나였다.

1917년의 혁명은 트로츠키가 옳았음을 증명했다. 레닌과 볼셰비키당은 2월 혁명 이후 혁명을 전진시켜 사회주의로 나아갈 필요성을 받아들였다. 중국에 관한 자신의 저술에서 트로츠키는 중국에서 일어나고 있는 일에 대해 러시아의 경험이 갖는 적실성을 거듭거듭 강조했다.

스탈린의 응답은 정반대였다. 그는 우한(武漢) 정부가 이제는 진정으로 혁명적인 국민당을 대표하고 있으며, 공산당의 임무는 우한 정부를 강화하는 것이라고 주장했다. 두 명의 공산당원이, 국공합작을 보존하기 위해 운동의 '과도함'을 제지하라는 명령을 받고서 우한 정부의 노동부 장관과 농업부 장관으로 입각했다.

그 두 장관이 취임한 다음 날 화중(華中)에서 반혁명이 본격화되기 시작했다. 창사(長沙)를 지배하던 군벌은 노조와 농민 조직들을 파괴하고, 최종적으로 2만 명 이상의 희생자를 낸 대규모 처형을 시작했다. 농민 혁명의 마지막 잔재까지 쓸어버리기 위해 마을마다 잇달아 수천 명을 살해하면서 학살은 창사로부터 후난(湖南)성 전역으로 번져 갔다. 며칠만에 탄압은 장시(江西)성과 후베이(湖北)성으로까지 번졌다.

지방의 지도자들은 창사로 진군시키기 위해 수천 명의 농민 군대를 동원했다. 공산당은 5월 27일 퇴각을 명하는 전보를 보내 그들을 중지시켰다.

> 성(省)의 농민조합과 노동조합, 샹탄(湘潭)과 샹시앙 노동조합 귀하 : 중앙 정부는 창사 사건의 해결을 위해 5명의 위원을 임명했고 이들은 오늘 아침 이곳을 출발했다. 성의 모든 노동자와 농민 동지들은 인내해 주기 바라며, 더 이상의 마찰을 피하기 위해 정부 관리들을 기다려 주기 바란다.[2]

6월 중순에 학살은 우한의 외곽에까지 다다랐다. 한 농민조합 간부는 다음과 같이 썼다.

심지어 한양(漢陽)에서 10리 떨어진 데서 뚜하오[지주들]가 농민을 포위 살해하고 있다. 54개 현(縣)에 농민조합이 활동하고 있었다. 그러나 지난 주에는 불과 23개만이 남았다. 우리들이 보건대, 그저께 23개 현 가운데 농민들에 의해 유지되고 있는 것은 불과 4개뿐이었다. 오늘은 한 개도 남아 있지 않다.[3]

고립된 농민 활동가 집단들이 여기저기서 최선을 다해 맞서 싸웠다. 그러나 공산당은 저항을 조직하지 못함으로써 운동을 사기 저하시켰고, 총반격을 불가능하게 만들었다. 우한 자체에서는 공산당이 노동조합을 설득해 정부에 무기를 넘기도록 하는 지경으로까지 나아갔다. 그러나 공산당이 후퇴하면 후퇴할수록 반동은 더욱더 강력해졌다. 7월에 우한 정부가 공격에 가담했다. 그 달 말에 모든 노동조합과 농민조합이 불법화되고 수천 명 이상이 죽었다.

이제 반혁명이 도시와 농촌을 완전히 지배하게 됐고 공산당이 예전 역량을 거의 모두 잃고 소규모 분파의 지위로 축소되자, 스탈린은 "새로운 혁명적 고조!"를 선언하는 것으로 이에 응답했다. 그는 전국적 공세에 착수하기 위해 농민 군대가 전략적 도시들을 공격한다는 계획 아래, '추수 봉기'로 알려진 일련의 폭동을 명령했다. 그것은 자멸적인 미친 짓이었고 공산당의 남은 역량을 거의 전멸시켜 버리는 결과를 가져왔다.

마오쩌둥은 그러한 군대 가운데 하나를 이끌었다. 이 시점에까지 그는 국민당과의 동맹에 대한 무비판적 지지자였고, 좌충우돌하는 스탈린의 정책에 모두 충실히 따랐다. 그가 이제 살아 남게 된 것은 스탈린의 명령에 불복했기 때문이었다. 그의 2,000명 짜리 군대는 창사(長沙)시 공격을 명령받았지만, 한 차례의 전투에서 절반이 죽은 후에 그는 후난(湖南)성과 장시(江西)성 접경의 황량한 후진 지역인 징강산(井綱山)으로

1927년 12월 11~13일 광저우 무장 폭동이 실패한 후
거리에 널려 있는 노동자와 공산주의자의 시체.

도주했다. 일부 다른 부대들도 겨우 탈출했지만, 대부분의 군대는 금새 몰살당했다. 그들이 거쳐간 지역에서 그들은 아무런 지지도 얻지 못했고, 오히려 현지 농민들은 종종 정부와 군벌 군대에게 그들에 관한 정보를 제공했다.

스탈린은 믿을 수 없을 정도로 냉소적인 마지막 한 장의 카드를 남겨두고 있었다. 중국에서의 재앙은 도처에서 그의 대외 정책의 후퇴와 함께 소련에서의 그의 권위를 크게 약화시켰으며, 그의 전략에 대한 트로츠키와 좌익반대파의 비판이 옳았음으로 확인시켜 주었다. 최근의 한 역사가에 따르면,

> 고조되고 있는 반대파 활동에 관한 보고들이 여러 도시와 전체 주(州) ─ 레닌그라드, 우크라이나, 트란스코카시아, 시베리아, 우랄, 그리고 물론 모스크바 ─ 로부터 잇달아 들어왔다. …… 산업 노동자와 청년들이 참가한 비합법, 반합법 집회의 수가 꾸준히 증가하고 있었다. 다수의 대규모 당내 단위들에서 반대파의 영향력은 상당한 세를 형성했다. …… 군대 또한 반대파 활동에 강한 영향을 받고 있었다.[4]

스탈린은 자신의 비판자들을 침묵시키기 위해서라도 중국에서의 승리가 필요했고, 그리하여 승리를 하나 만들어 내려고 했다. 러시아 공산당 제15차 대회가 1927년 12월에 개최됐다. 대회가 개막되던 날, 중국 공산당이 중국에서 얼마간이나마 실제 세력을 가지고 있었던 마지막 도시인 광저우(廣州)에서 '광둥 코뮌'의 봉기가 터졌다. 수천 명의 공산당원들은 시 중심부에 대한 공격을 개시해 일반 주민들을 깜짝 놀라게 했다. 이 공격은 광저우 시의 노동자 계급으로부터 완전히 고립돼 수행된, 성공의 가능성이라고는 어디에도 없는 절망적인 모험이었다. 이틀도 안

되어 광둥 코뮌은 분쇄됐고 또 한 차례의 테러 통치가 도시에서 시작됐다.

이러한, "분쇄된 혁명에서 방향감을 잃은 소규모 생존자 집단에게 위로부터, 그리고 외부로부터 강요된 피의 혁명"[5]은 스탈린이 설정한 그 희생의 목적에 봉사했다. 스탈린은 "자생적인 봉기"라는 거짓말로 반대파를 패배시키고 축출해 소련 공산당 내부에서 절대 권력을 거머쥘 수 있게 된 것이다. 중국에서의 패배의 결과는 곧 전 세계에 영향을 미쳤다. 그것은 러시아 혁명으로 불붙은 혁명적 격변들 중 마지막 격변이었으며, 전 세계 수백만의 공산주의자들에게 '일국사회주의'만이 전진할 수 있는 유일한 길이라는 확신을 심어주는 결과를 가져왔다. 헤아릴 수 없이 많은 중국 노동자와 농민들의 시체더미 위에서 스탈린은 러시아와 코민테른 모두에서 그의 절대 권력을 확고히 했다.

황야에서

'광둥 코뮌'은 최종적으로 중국 공산당과 중국 노동자 계급 사이의 연결 고리를 영원히 파괴해 버렸다. 1928년 11월의 당내 회람은 사정이 다음과 같음을 인정했다.

> 불행하게도 우리의 노동조합 조직들은 최소 규모로 축소됐고, 도시에 있는 당 조직들도 분쇄당하거나 고립당했다. 중국 어디에서도 견고한 산업 세포를 전혀 찾아볼 수가 없는 실정이다.[6]

비록 도시에 잔존한 몇 안 되는 지도자들이 도시 노동자들 속에서 공산당의 재건을 계속해서 호소했지만, 남아 있는 유일한 세력은 농촌의 마오쩌둥을 중심으로 한 부대였다. 1928년에 살아 남은 다른 두 집단이 마오쩌둥 부대에 결합해 약 1만 명의 부대(그 가운데 무장한 숫자는 2,000명도 안 됐다)를 이루게 됐다. 그들이 세운 '적색 근거지'는 다음 6년 동안 위태로운 생존을 해 나가면서 여러 차례 옮겨 다녔지만, 점차 통제 영역을 확대해 나갔다. 그 정부는 소비에트라 불렸으나 그 이름말고는 노동자평의회와 아무런 공통점도 없었다. 1930년대 초에 비슷한 기지들이 안후이(安徽)성과 후난(湖南)성 그리고 북서 지방의 산시(陝西)성과 간쑤(甘肅)성에서 확립됐다.

마오쩌둥 부대는 1930년대 중국에 만연한 완전한 대혼란 때문에 겨우 살아 남을 수 있었다. 비록 국민당이 전국적 정부를 구성한다는 그들의 목표를 달성했지만, 그것은 막대한 희생을 치르고서야 얻은 승리였다. 그들의 공문서는 단지 주요 도시들을 중심으로 한 주변 지역과 그들의 군대가 점령한 영역에서만 통용됐다. 중국의 나머지 지역은 경쟁하는 군벌들이 지배하고 있었는데, 그들 영토의 많은 수가 겨우 몇 십 평방 마일에 불과했다. 지방 군벌들의 힘이 약한 지역, 혹은 토지가 너무 척박해 거두어들일 소득이 없는 지역들은 오래 전부터 '비적 영토'가 되어 지방 관리나 군벌로부터 벗어날 수 있었다.

징강산(井綱山)과 마오쩌둥의 '홍군'이 나중에 이동한 지역들은 모두 이러한 기준에 부합하는 곳이었다. 최초의 근거지들은 세 명의 군벌들 간의 각축 속에 있던 영토에서 세워졌고, 이러한 조건으로 인해 초기의 농민들의 적대에도 불구하고 살아 남을 수 있었다. 마오쩌둥이 1928년에 인정했듯이,

백색 체제 내에서 장기간 지속된 분열과 전쟁이 백색 체제의 포위망 한

마오쩌둥과 주더의 사진

가운데에서 하나 또는 그 이상의 조그만 적색 지역들이 출현하고 존속할 수 있는 조건들을 제공해 주었다.[7]

본질적으로 홍군은 얼마간의 정치적 동기를 가진 비적단이었다. 비적은 중국에 흔히 있는 것이었다. 1925년에 허난(河南)성에만 50만 명이 있었고, 1930년에 산둥(山東)성에서는 100만 명이나 됐다.[8] 이 시기 마오쩌둥의 저작들은 "산꼭대기 정신", "지역주의" 그리고 "유랑하는 협

공비토벌작전 기간 동안의 국민당군. 공산당을 장시 소비에트에서 내몰아 대장정에 오르게 했다.

객 집단"에 대한 공격으로 점철되어 있는데, 이런 것들은 당시 홍군이 순수 비적 집단으로 빠져드는 끊임없는 경향을 보였음을 반증하는 것이다. 공산당에 의해 통제되는 지역들이 늘어남에 따라, 농민들은 그들을 새로운 지방 권력으로 받아들이고 환영하게 됐는데 왜냐하면 홍군이 현지 지주의 권력에 어느 정도 제약을 가했기 때문이었다.

1932년에 그들은 국민당에게 심각한 위협이 될 정도로 성장했다. 1932년부터 1934년까지 다섯 차례에 걸쳐 장시(江西)성의 홍군 중심 근거지에 대한 공세가 있었고, 많은 소규모 기지들이 점령당했다. 처음 네 차례의 공격은 격퇴했지만, 1934년 10월에는 '해방구'의 중심부가 심각한 위협에 놓이게 됐다. 이러한 위협에 대한 대응으로 그 유명한 '대장정'이 착수된 것이다.

흔히 이야기되는 신화와는 반대로, 마오쩌둥은 의식적인 전략의 일환으로 대장정을 계획한 것이 아니다. 그는 공산당 내부의 일체의 실질적인 권력에서 벗어나 있었고, 그 대장정 계획이 정해질 때까지도 그것에 관해 이야기조차 한 바 없었다.[9] 또한 어느 누구도 일어날 일에 대해 의식적으로 계획을 세운 바 없었다. 가장 최근에 대장정에 대해 연구한 한 역사가는 다음과 같이 밝혔다.

> 매우 조심스런 중국 공산당 역사학자 중의 한 사람은 다음과 같이 고백했다. "대장정을 시작하기로 한 결정이 언제, 어디서 내려졌는지 우리로서는 알 수가 없다."[10]

대장정은 절망적인 문제에 대한 절망적인 해결책이었다. 근거지가 국민당에 의해 점령되기 직전에 있었고, 유일한 생존 기회는 탈출을 기도해 좀더 안전한 곳에 재정착하는 것이었다. 정해진 목적지는 없었다. 국민당과 군벌의 군대가 계속해서 홍군을 압박해 들어오자, 중국 서부의 오지로 점점 더 깊숙하게 들어가지 않을 수 없었고, 결국엔 산시(陝西)성에 있는 '소비에트 구(區)들'을 향해 나아가는 것만이 홍군에게 남겨진 유일한 선택이 됐다. 마오쩌둥은 이 전략을 집요하게 주장함으로써 중국 공산당의 확고부동한 지도자로 자리를 굳히게 됐다.

대장정에서 살아 남은 사람들에게 대장정은 인간 인내심의 대서사시였다. 1934년 10월에 8~9만 명이 출발했는데, 일 년 뒤에 대장정을 완수하고 살아 남은 사람은 겨우 4,000명 정도였다. 새로운 게릴라 근거지를 구축하기 위해 중간에 일부 사람들이 거쳐가는 지역들에 남았지만,

다쉐산을 넘어 쓰촨 북부로 향하고 있다. 1935년 5~6월

대장정 도중에 죽은 사람은 5만 명이 넘었다. 생존자들은 평균 이틀에 한 번 꼴로 전투를 치르면서 6,000~7,000마일을 이동했다.

무엇이 사람들로 하여금 그와 같은 고통을 참고 견딜 수 있도록 영감을 불어넣었을까? 그 해답은 1930년대 중국 농촌이 처한 상황에서 찾을 수 있다. 굶주림 · 가뭄 · 홍수 · 전염병 · 전쟁이 일상 생활 그 자체였다. 1926년에서 1931년 사이에 간쑤(甘肅)성에서만 주민의 3분의 1이 죽었다. 수천만의 농민들이 먹을 것을 찾아 또는 황폐화를 피해 고향을 떠나 온 나라를 헤매는 가운데, 노인들은 길가에 버려져 죽어 갔고 아이들은 종으로 팔려 가거나 심지어 어떤 경우는 잡아먹히기도 했다.

그와 같은 재난을 겪지 않은 경우에도 대부분의 농민들은 지주와 고리대금업자, 징세 관리들의 가혹한 세금으로 해마다 더욱더 깊은 빈곤 속으로 빠져들어 가는 절망적인 빈곤의 삶을 살아가야 했다. 심지어 부모가 죽으면 채무는 자식이 져야 했다. 농촌의 부호들은 또한 지역의 행정관이었으므로 그들의 말은 곧 법이었다. 1930년대 농민 생활을 연구한 몇 안 되는 권위 있는 저작들 중의 하나는 이에 대해 다음과 같이 평가했다.

중국 농민 가족의 40~50퍼센트의 경우 그들 가족이 보유한 토지는 …… 다른 필수품은 고사하고 식량 공급도 제대로 할 수 없는 불충분한 면적이었다.[11]

그 저자는 다음과 같이 결론지었다.

많은 지역에서 농촌 주민이 처한 처지는 목까지 차 오르는 물 속에 영구히 서 있는 처지로서, 잔물결조차 그들을 익사시키기에 충분한 상황이었다. 대형 재난들이 야기하는 인명 살상은 그것이 보통 때에조차 꽤 많은 지방에 퍼져 있는 실상을 밝혀 주는 역할에 비하면 별로 중요치 않다. …… 한 마디로 기근은 질병의 마지막 단계이며, 질병은 항상 두드러지지는 않지만 항상 존재한다.[12]

홍군은 농민들에게 지주와 고리대금업자, 징세 관리들의 권력을 종식시키고 토지를 주겠다고 약속했다. 중국의 다른 군대가 농민들을 마구 잡이로 학대하는 것과는 대조적으로 홍군이 농민들에게 인간 대접을 한다는 사실만으로도 농민들에게 홍군에 대한 신뢰를 줄 수 있었다. 한편 지주들의 토지는 '소비에트 구'에서 몰수당하지 않았다. 홍군은 다만 이전보다 낮은 지대를 받게 했을 뿐이다.

항일 전쟁

홍군의 나머지 세력이 서북부에 도착했을 때, 일본 제국주의로부터의 해방이라는 또 하나의 투쟁 대의가 추가됐다. 일본은 1931년에 중국을 침략해 만주에 괴뢰 왕국 — 즉 '만주국' — 을 세웠다. 그 이후 일본은 화베이(華北) 지역을 꾸준히 잠식해 들어왔고, 선전 포고도 없이 남쪽으로 상하이까지 침략해 들어왔다. 국민당은 홍군을 소탕하는 데 집중하느라 일본군과는 전혀 싸우지 않았다. 일본이 부딪힌 유일한 무장 저항 세력은 산시(陝西)성에 있던 게릴라들이었다. 그러나 베이징에서는 5·4 운동 때보다 더 많은 학생들이 참여한 강력한 민족주의 운동이 분출했고, 이 운동은 중국 동부의 대학들로 급속하게 번져 갔다.

마오쩌둥은 양 군대가 싸우는 것을 중단하고 일본에 대항한 공동 작전을 펼칠 것을 요구하며 '국민당과의 통일전선' 선동 작업을 시작했다. 이것은 학생들과 국민당 군대의 하급 장교들 사이에 커다란 반향을 불러일으켰다. 중국인들이 힘을 합쳐 외국 침략 세력에 맞서 싸우자는 이야기는 그들에게 국민당 같은 민족주의 정당이 무엇을 해야 할지를 올바로 규정하는 것처럼 들렸다.

1936년 12월에 장제스는 그의 휘하 장교들에게 납치, 감금되어 공산

일본군이 만주에서 이동하고 있다. 1932년

일본군이 난징에 입성하고 있다. 1937년 12월

당과의 강화 조약에 어쩔 수 없이 서명해야 했다(장교들은 그를 죽이려고 했으나 마오쩌둥이 협상 사절로 보낸 저우언라이(周恩來)의 개입으로 겨우 목숨을 구했다). 1927년 상하이 노동자들을 도살한 주범 장제스는 이제 '민족 항일 연합의 지도자'가 됐다. 강화 조약에 대한 보답으로 "공산당은 노동자·농민의 민주주의 독재의 폐지를 선언했다."[13] 지주 토지 몰수에 관한 이야기는 자취를 감추었고, 투쟁의 유일한 초점은 '항일 애국 연합'이 됐다.

이듬해 일본은 본격적인 공격을 개시해 1938년에 중국 동부의 사실상 모든 지역을 점령했다. 비록 개별 부대들이 맞서 싸웠지만, 전체로서 국민당 군대는 어떠한 실제적인 저항도 할 수 없을 만큼 무기력했으며, 정부도 쓰촨(四川)성으로 도망가야만 했다. 일본군의 진격을 저지하기 위해 국민당이 한 유일한 시도는 또 한 차례의 학살이었는데, 이것은 역사상 가장 악독한 전쟁 범죄 중의 하나였다. 국민당은 허난(河南)성에서 황허(黃河)의 둑을 폭파해 금세기 최대의 파괴적인 홍수를 일으켰다. 거의 100만의 농민들이 죽었고 약 400만 명이 집을 잃었다. 물줄기가 남쪽으로 이동하면서 한 성에서만도 300만 에이커 이상의 농경지가 유실됐다.[14]

홍군 및 그들과 연합한 게릴라 부대만이 일본에 대한 효과적인 저항을 하고 있었다. 항일 전쟁으로 인해 공산당은 이제 권력에 도전할 수 있는 세력으로 탈바꿈했다. 1937년에 그들은 약 3만 명의 당원과 4만 명의 홍군을 보유했는데, 1940년에 이르러 이 수치는 각각 80만 명과 50만 명으로 늘어났다. 게다가 수십만 명의 농민들이 소규모 지역 게릴라 부대로 조직됐다. 대장정 과정에서 고통스럽게 체득한 게릴라전의 교훈들은 화베이(華北) 평원과 구릉 지대에서 눈부시게 적용됐다. 일본군은 도시와 주요 철도 간선을 통제했고, 홍군은 그 중간에 있는 농촌을 지배했다.

공산당은 대중적 농민 민족주의 위에서 자신의 권력 기반을 다졌다. 이 민족주의는 그 자체가 전쟁이 낳은 산물이었다. 학생들로 하여금 홍군의 장교가 되기 위해 산시(陝西)성의 산악 지대로 몰려들게 한 것은 기존의 민족주의 전통이었다. 농민들 사이에서는 그 같은 전통이 존재하지 않았다. 한 역사가는 다음과 같이 주장했다.

> 1937년 이전에 화베이(華北)의 주민들은 다른 지역의 주민들보다 더 기꺼이 일본군의 괴뢰 정부를 지지했다. 실제로 일본군은 …… 만약 자신의 장교 이삼백 명을 사살하는 용단을 취하기만 했어도 성공할 수 있었을 정도로 농촌 지역에서 인민의 지지를 받을 잠재력을 지니고 있었다.[15]

이 역사가는 나아가, "전쟁 전야에 농민은 다른 권력 당국에 비해 특별히 일본에 더 반대한 것도 아니었다"[16]고 말하기까지 한다. 심지어 음식과 선물 그리고 폭죽으로 일본군을 환영하는 마을도 있었다. 부분적으로는 식량을 약탈당하는 것보다는 식량을 주는 편이 낫다는 실용적인 가정 하에 그렇게 하기도 했지만, 설마 국민당 군대보다 더 악독하지는 않을 거라는 가정도 부분적으로는 있었다.

두 가지 요인이 결합해 이러한 상황을 변화시켰고, 나아가 대중적 민족주의를 창출했다. 첫 번째는 일본 군대의 행동이었다. 다른 여느 제국주의 침략군처럼 그들도 주민 전체를 실제적 혹은 잠재적인 적으로 취급했다. 농촌으로 일본군이 들이닥칠 때면 매번 마을 사람들이 깨닫는 것은, 중립이란 불가능하며 침략자들과는 맞서 싸워야 한다는 것이었다. 농촌 엘리트들은 거의 모두가 도시로 도망가 버렸기 때문에 마을의 방위를 조직할 수 있는 유일한 세력은 홍군이었다.

마오쩌둥, 산/간/닝 변구의 대중 운동에서 농민들에게 '노동영웅'을 본받으라고 외치고 있다. 1943년

두 번째는, 홍군이 마을에서 옛 지주 향신의 절대 권력을 꺾어버렸다는 사실이었다. 마오쩌둥은 "지주들에게 지대와 이자를 낮출 것을 요청하는, 그리고 이에 대해 농민들이 이 인하된 지대와 이자를 지불할 것을 명문화하는 이중 정책"에 대해 언급했다.[17] 이것은 어떤 의미에서도 빈농의 이해에 바탕을 둔 정책이 아니었다. 허용된 최대한의 지대는 여전히 수확물의 4분의 1이었다! 그렇다고 이것이 지주들의 이해에 바탕을 둔 것도 아니었다. 홍군이 지대와 부채를 지불하라고 명했을 때조차 이것은 전통적으로 옛 향신들이 고용한 자객단의 잔학한 행위를 다시 겪을 필요 없이 이루어졌다. 공산당은 농촌의 모든 계급들의 이해를 뛰어넘어 그 위에 있는 세력으로서, 공산당 자신의 이익을 위해 미래의 지배계급으로서 행동했다. 그 과정에서 그들은 부농과 빈농을 똑같이 취급했다.

국민당과의 '통일전선'은 유럽에서의 인민전선 전략 — 스탈린의 명령으로 서구 공산당이 파시즘에 반대하는 '진보적 부르주아지'와 연합한 것 — 과 일치했다. 그러나 마오쩌둥의 정책은 모스크바에 대한 맹목적 복종에 바탕을 둔 것이 결코 아니었다. 중국 공산당은 그 자신의 길을 갈 수 있는 독자적인 민족주의 세력이었고, 모스크바는 중국에서 무엇이 일어나고 있는지 거의 모르거나 아무것도 몰랐다. 코민테른의 문서에서 마오쩌둥에 관해 최초로 언급한 것 중 하나는, 그가 폐병으로 죽었다고 단정내린 1930년 3월에 발표된 긴 사망 기사였다.[18] 대장정 동안에는 모스크바와의 모든 접촉이 끊어졌다. 마오쩌둥이 공산당 지도자로 부상한 1934년의 회합은 다음과 같은 사실로 특징지어졌다.

이 당시 마오쩌둥은 모스크바와의 어떤 정치적 충돌도 원치 않았고 코민테른의 지령에 순응해 일을 진행시킨다는 허구적 모습을 계속 유지시키기를 희망했다. …… 회의가 끝난 후에 마오쩌둥은 모스크바에 특사를 보내 일의 신행에 대해 보고했다. 그러나 그 특사는 [1935년] 8월 코민 테른 제7차 대회가 끝날 때까지 자신의 목적지에 도착하지 못했고, 적지를 통과해서 여행해야 했기 때문에 어떠한 문서도 지니고 있지 않았다. 그 내용은 …… 1939년에 가서야 [코민테른에] 전달된 것으로 알려지고 있다.[19]

따라서 이 시기 동안 마오쩌둥의 저작에는 인민전선주의의 수사(修辭)가 울려 퍼지고 있었던 반면 실제로는 아주 다른 전략 — 유럽의 경우처럼 현존 지배자들에게 순응하기보다는 공산당 스스로가 지배계급이 되는 것을 내포하는 전략 — 을 수행하고 있었다. '통일전선 전략'은 중국 공산당을 약화시키기보다는 오히려 강화시켰다. 이 전략은 1927년부터 마오쩌둥이 배운 경험적 교훈, 즉 '권력은 총구에서 나온다'는 교훈에 기초를 두고 있었던 것이다. 이 시기를 연구한 한 역사가는 다음과 같이 언급했다.

아마도 이 혁명 운동에서 가장 중요한 것은 그 운동이 어떤 교의와 전략으로 무장된 것이 아니라 무장 운동 자체였다는 것이다.[20]

그러나 더 중요한 이유는, '통일전선'이 공산당으로 하여금 그 자신의 기반 위에서 국민당과 싸울 수 있게 — 그리고 이길 수 있게 — 했다는 것이다. 만약 한 정부가 자국의 영토를 보전하지 못한다면, 그 정부는 모든 적법성을 상실한다. 속속들이 썩었고 파벌주의로 갈기갈기 찢긴 국민당으로서는 일본 제국주의에 대항해 중국의 '민족적 이해'를 방어할 수 없었다. 오직 공산당만이 이 과제를 수행할 수 있었다. 그래서 그들은 스스로 전후 중국의 지배자가 될 것이라고 공언했다. 국민당의 부패와 파벌주의는 단지 개인들의 잘못이 아니었다. 국민당은 중국의 근본적인 문제들, 즉 제국주의 · 군벌 지배 · 토지 문제 등 그 어떤 문제도 해결할 수 없는 낡은 지배계급의 무능력을 반영했다. 국민당은 그들 자신의 미래에 대해 어떠한 자신감도 상실한 계급들을 대표했다.

1945년에는 중국의 10퍼센트 이상이 홍군의 수중에 있었으며, 공산당 소속의 게릴라들은 훨씬 더 넓은 지역에 걸쳐 활동하고 있었다. 일본에게 승리하자마자 즉각 발발한 내전은 처음부터 전혀 대등하지 않은 세력 간의 전쟁이었다. 미국이 국민당 군대에게 막대한 양의 무기를 쏟아 부었지만, 전투가 계속될수록 국민당 군대는 수십만 명의 병사가 홍군에게 투항함으로써 계속해서 기반을 잃어 갔다.

그 내전은 게릴라전이 아니라, 주민 대중을 한갓 구경꾼으로 하는 두 정규군 사이의 일반적인 전쟁이었다. 그러나 양 군대 사이에는 근본적인 차이점이 있었다. 홍군은 자신들이 더 나은 삶을 위해 싸우고 있다는 신념으로 움직였지만, 국민당 군대는 오직 테러로만 대열을 유지시킬 수 있었으며 반쯤은 아사 상태의 강제 징집병으로 구성되어 있었고, 승리는 고사하고 살아 남을 수 있을지에 대해 어떠한 자신감도 없는 타락하고 겁 많은 장교들에 의해 이끌리고 있었다. 종종 군대는 서류상으로만 존재했는데, 지휘관들은 이런 날조된 부대 전원의 급료와 식량을 쉽사리 착복했다. 거듭거듭 국민당은 이런 존재하지 않는 군대가 나타나지 않으면서 결정적인 전투들에서 패배했다.

도시에서의 물자 결핍과 인플레이션 — 1948년에 상하이에서는 최고 5만퍼센트까지 달했다 — 은 극소수를 제외한 대부분의 사람들에게 일상 생활을 견딜 수 없는 것으로 만들었다. 가난한 자와 부자 사이의 간극은 과거에 볼 수 없을 정도로 벌어졌고, 방대한 중간계급의 대다수는 절망적인 빈곤 속으로 내던져졌다. 그들 대부분은 홍군이 승리하는 것

상하이 시민들. 평가절하된 화폐를 바꾸기 위해 필사적으로 은행에 들어가려 하고 있다. 1948년 12월

만이 그들이 곤경으로부터 빠져나올 수 있는 유일한 길이라고 기대하게 됐다.

전쟁은 4년간 계속됐는데, 왜냐하면 주로 홍군이 이동해야 하는 거리가 엄청난 거리였기 때문이다. 그러나 결과는 의심의 여지가 없었다. 1949년에 장제스는 마침내 패배를 인정하고 대만으로 도망쳤다. 공산당이 중국의 주인이 됐다.

1949년 : 과연

3장

사회주의 혁명이었나?

3장
1949년: 과연 사회주의 혁명이었나?

1949년 혁명은 100만을 헤아리는 농민 군대가 옛 지배계급을 타도하고, 서방 제국주의 권력을 축출하고 새로운 사회 질서의 토대를 놓은 진정한 혁명이었다. 그러나 이 혁명은 어떤 의미에서도 사회주의 혁명이 아니었다.

마르크스와 레닌은 사회주의는 노동자 계급의 자기 해방이어야 한다고 했다. 그런데 1949년에는,

> 프롤레타리아트는 혁명의 마지막 결정적인 국면에서 미미한 역할을 수행했다. 상하이에서 20년 전에 장제스에게 그랬던 것처럼 어떤 주요한 파업이나 도시 봉기도 홍군에게 길을 닦아준 바 없었다. 개선하는 홍군 속에 노동자는 거의 없었다. 홍군은 본질적으로 농민들로 구성되고 농민 일부와 지식인들이 장교를 맡았다.[1]

홍군이 중국 동부의 주요 도시들에 입성할 즈음에 이미 결정적인 전투들에서 홍군은 승리를 거둔 상태였다. 홍군이 도시로 들어왔을 때, 노동자들은 단순히 수동적인 방관자였다. 그들에게 '해방'은 외부로부터 주어졌다. 이러한 결과는 중국 노동자들이 싸울 능력이 없었기 때문은

인민해방군 부대. 쌀자루를 짊어지고 난징으로 들어서고 있다. 1949년

아니었다. 1945년에서 1949년 사이에 파업 건수가 꾸준히 늘어나고 있었는데, 이는 노동자들이 천문학적 인플레이션에 대항해 스스로를 지키기 위해 투쟁했기 때문이었다. 그러나 1949년에 도시들은 공산당이 내린 지령에 따라 침묵을 지켰다. 홍군이 도시 가까이에 진격하자 공산당은 미리 다음과 같은 명령을 보냈다.

　모든 생업에 종사하는 노동자들과 종업원들은 일을 계속하고 영업은 평

인민해방군 탱크. 난징으로 몰려들고 있다. 1949년 4월

상시처럼 돌아가게 하라. …… 국민당 관리들과 경찰관들은 자기 직무에 그대로 남아, 인민해방군과 인민 정부의 명령을 따라야 한다.[2]

동조적인 한 미국인 기자는 이것을 다음과 같이 믿었다.

주목할 만한 것은 공산주의자들이 도시 노동자들에게 과도하게 높은 임금을 지불하여 환심을 사려 하지 않는다는 것, 그리고 사유(私有) 공장에서 생산에 대한 최고 권위를 경영자에게 부여했다는 것이다.[3]

이러한 정책들은 우연이 아니었다. 그것은 중국 공산당이 수행한 투쟁의 필연적인 결과였다. 왜냐하면 중국 공산당에게는 혁명이 무엇보다도 민족주의적 혁명이어야 했기 때문이다. 그리고 그들에게 혁명의 목표는 강력한 자립적 민족 경제를 건설하는 것이었다. 옛 지배계급을 타도하는 데 무장 혁명이 필요했지만, 그러나 엄격히 위로부터 통제된 혁명이어야 했다.

레온 트로츠키는 그의 '영구혁명' 이론을 발전시키는 가운데, 중국과 같은 나라들에서 민족 부르주아지는 제국주의와 지주 권력에 대한 성공적인 투쟁을 수행하여 유럽의 부르주아 혁명들이 했던 바에 상응하는 것을 해낼 수가 없다고 주장했다. 이것은 하나의 계급으로서 그들이 지주들과 세계 자본주의에 무수히 많은 사회적·경제적 끈들로 매여 있기 때문일 뿐만 아니라, 더 중요하게는 노동자와 농민들의 투쟁으로 인해 자신들의 권력이 위협받는 정도가 제국주의의 위협보다 더 컸기 때문이었다. 1927년의 경험은 트로츠키의 주장이 올바름을 결정적으로 확인시켜 주었다.

이 이론에 반대하여 가장 끈질기게 제시되는 스탈린주의적 논거들 중의 하나는 트로츠키가 농민의 혁명적 잠재력을 '과소 평가'했다는 것이다. 이것은 완전한 왜곡이다. 트로츠키에게 농민의 참가는 승리에 필수적인 것이었다. 그러나 농민이 혁명을 주도할 수는 없다는 것이 그의 주장이었다.

> 사회 전체의 생활에 농업 문제가 갖는 결정적인 의의가 없다면, 그리고 농민 혁명의 심대한 깊이와 거대한 파도가 없다면, 프롤레타리아 독재에 관해서는 이야기조차 할 수 없을 것이다. …… 그러나 농업 혁명이 프롤레타리아 독재를 위한 조건을 창출한다는 사실은 농민이 농민 스스로의 힘과 지도 하에서 농민 자신의 역사적 문제를 해결하지 못한다는 점에서

중화인민공화국 수립을 선포하고 있는 마오쩌둥. 베이징, 1949년 10월 1일

비롯한 것이었다.[4]

그러므로 민족 혁명은 오직 도시 노동자 계급에 의해 지도될 때에야 비로소 성공할 수 있다고 그는 주장했다. 이것은 민족 혁명과 사회주의 혁명이 단일하고 '중단 없는' 혹은 '영구적' 과정으로 융합된다는 것을 의미하는 것이었다.

민주주의 혁명의 지도자로서 권력에 오른 프롤레타리아트의 독재는 불가피하게 매우 빠른 속도로 여러 과제에 직면하게 되는데, 그 과제의 완수는 부르주아적 소유의 제권리를 깊숙이 침해하는 것과 결부돼 있다. 민주주의 혁명은 직접 사회주의 혁명으로 성장 전화하고, 그리하여 영구 혁명이 된다.[5]

    1949년의 사건은 마지막 두 가지 사항 — 트로츠키의 분석에서 가장 중요한 부분 — 만 제외하고 모든 점에서 그의 주장이 옳았음을 입증했다. 왜냐하면 그 두 가지 사항은 노동자 계급이 그러한 지도력을 제공할 수 있다는 가정에 근거한 것이었기 때문이다. 1927년의 학살은 중국의 도시들에서 혁명적 기풍을 분쇄했고, 중국 공산당이 도시로부터 의식적으로 철수한 일은 도시에 정치적 공백을 남겨 놓는 결과를 빚었다(소규모 트로츠키주의 그룹들이 1930년대 초반부터 도시에서 용기 있게 투쟁했지만, 그들은 너무나 작고 너무나 자주 국민당의 탄압을 받아 정치적 공백을 메울 수가 없었다).[6]

    그러나 혁명적 노동자 계급의 부재 속에서도 혁명의 잠재력은 남아 있었다. 옛 지배계급과 완전히 단절할 수 있는 도시 인텔리겐치아의 한 부분이 그러한 지도력의 공백을 채워 줄 수 있고, 그들의 엄격한 통제하에 농민의 대중적 무장 운동을 건설해 낼 수 있었음을 증명했던 것이다. 트로츠키가 전망했던 '영구 혁명'은 이제 순수한 민족주의적인 방향으로 빗나가게 됐다.

    이 과정은 중국에 독특한 것이 아니었다. 다른 많은 저발전 나라들 — 두 가지 예만 든다면, 1945년의 베트남과 1959년의 쿠바 — 에서 유사한 혁명들이 일어났다. 이들 나라에서는 모두 예전부터 내려오던 부패한 지배계급 혹은 크게 약화된 식민지 권력이 도시 중간계급으로부터 배출된 민족주의 세력이 이끈 농민군에 의해 타도됐다. 이 중간계급은 구체제의 억압을 가장 첨예하게 느끼고 있었다. 구체제는 그들에게 주민 대중에 비해 우월한 지위를 부여했지만, 어떠한 발전의 희망도 그들에게서 박탈했다. 그들은 또한 그들이 받은 교육에 힘입어 그들 민족의 낙후함을 뼈저리게 인식했으며 이것을 극복할 수 있는 가능성에 눈을 뜨게 됐다. 그들의 민족주의는 서방 제국주의의 거부이자 동시에 서방 제국주의

75

당 간부가 허난성의 농민집회에서 토지개혁에 대해 설명을 하고 있다. 1950년대 초

토지개혁기에 한 지주를 인민재판에 고발하는 농민.
약 100만 명 이상의 지주가 이 혁명의 와중에 처형되었을 것으로 추정하고 있다.

의 경제 발전을 따라잡으려는 욕구였다.[7]

중국 공산당의 승리는 이와 같이 자립적 경제 발전 과정을 시작할 수 있는 강력한 독립 국가 건설을 위한 중국 민족주의의 오랜 숙원을 달성했다. 그러나 변화의 결정적인 동력은 옛 부르주아지가 아니라 새로운 국가였다. 중국 공산당은 그 자신의 독자적인 세력으로 권력에 도달해 구사회의 모든 계급들 위에 군림했다. 그러나 그들은 그들이 마음먹은 대로 행동할 자유를 가질 수 없었다. 경쟁적이고 적대적인 세계 경제의 존재가 강력한 민족 경제의 필요성을 명령했고, 그리하여 이 세계 경제와 경쟁을 시작해야 한다는 지상 과제가 새로운 국가의 경제적 우선 순위를 지시했다.

국가자본주의

중국 인민의 대다수는 ─ 심지어는 많은 수의 자본가들도 ─ 혁명을 환영했다. 마오쩌둥의 승리는 수백 년 동안 중국의 운명이었던 후진성과 곤궁의 종식을 약속했다. 1952년에 신정부가 전국적으로 지배권을 공고이할 즈음에 신정부는 공언한 약속을 상당 정도로 실행에 옮겼다. 농촌에서 지주들은 토지를 몰수당했고, 몰수된 토지는 농민들에게 분배됐다. 도시에서는 치솟는 인플레이션, 대량 실업 그리고 끊임없는 물자 부족이 진정되어 갔다. 또한 연이은 몇 년간은 문자 해독률 · 교육 · 보건 · 생활 수준 등에서 두드러진 향상이 이루어졌다. 1952년에 제정된 새로운 혼인법은 여성의 삶에 대한 가부장권을 폐지시켰다. 유아 사망률이 크게 줄었고 초보적인 식량 배급제로 인해 이제 굶주림은 과거의 일인 것처럼 여겨졌다.

그러나 중국 공산당의 경제 전략은 생활 수준을 개선하는 데 초점이 놓여진 것이기보다는 오히려 중국의 빈약한 자원을 가지고 공업 기반을 건설하기 위한 자본의 축적에 놓여 있었다. 지주, 고리대금업자, 군벌 그리고 여타 구질서의 모든 기생(寄生) 계층이 제거됨으로써 노동자와 농민을 더 효율적으로 착취하는 것이 가능해졌고, 이를 위해서는 생활 수준의 향상이 필수적인 것이었다. 경제의 중심 동력으로서 자본 축적의 과제와 이것이 낳는 사회적 노동 분업은, 경제가 개별 자본가들이 아니라 집권 국가 관료에 의해 운영되는 자본주의의 한 형태 — 관료적 국가자본주의 — 를 창출했다. 이러한 축적 과정은 그 대다수가 중국 공산당의 상층부로부터 나온 고위 관료들, 공장 경영자들, 군부 지도자들 등으로 이루어진 하나의 계급을 창출하고 결집시키는 과정이기도 했다. 그들이 하나의 계급으로 묶여지게 되는 배경은 그들이 경제의 우선 순위에 대한 통제권을 거머쥐고 있다는 점, 그리고 그들이 노동자·농민 대중과 불가피하게 적대적인 관계를 맺을 수밖에 없었다는 점이었다. 왜냐하면 자본의 축적이 중심 목표라고 한다면, 기초적인 인간 욕구의 충족은 자본 축적에 명백하게 종속되어야 하기 때문이다.

중국에서 그러한 모순은 산업의 극단적인 낙후함 때문에 특히 첨예했다. 1949~50년 시기의 인도(어떤 의미에서도 선진 공업 경제가 아닌)와 비교해 보면, 중국은 전력 생산에서 인도의 절반 이하였고, 방추수는 2분의 1, 직기는 4분의 1, 철도 수송망은 3분의 1 이하 수준이었다. 모든 주요 산업 분야에서 생산량은 1913년 러시아의 수준에도 못 미쳤다.[8]

그리하여 중국 공산당은 극히 높은 비율의 축적을 필요로 했고, 실제로 1950년대에 축적률은 높아졌다. 마오쩌둥에 따르면,

우리나라에서는 국민 소득에 대한 축적 자본의 비율은 1957년에 27퍼

센트였고, 1958년에는 36퍼센트 그리고 1959년에는 42퍼센트였다.[9]

이 축적 자본의 압도적 비율이 중공업과 무기 생산에 투입됐다. 예를 들면, 제1차 5개년 계획(1953~8년) 기간 동안 계획된 투자의 58퍼센트가 공업에 투하됐으며, 나머지의 대부분은 방위와 수송과 통신 분야에 투하됐다. 이 기간에 농업 분야는 겨우 8퍼센트를 점했다.[10] 한편 생활 수준은 1950년대 초반 동안 단지 연 2퍼센트씩 상승했을 뿐이다(1959년과 1961년 사이에는 심하게 하락했다).

축적과 인간의 생활상의 필요 사이의 모순은 또한 비밀 경찰로부터 촌락의 하급 관리들에 이르는 강력한 국가 통제 체계의 확립으로 이어졌고, 이것은 아래로부터의 어떠한 저항도 봉쇄할 수 있었다. 그러한 저항의 잠재력은 일찍이 1957년의 '백화' 운동에서 보여졌다. 마오쩌둥은 지식인들을 공산당에 좀더 긴밀하게 매어 놓기 위해 지식인들이 더 많은 언론의 자유를 누리도록 하라고 지시했다. 그럼으로써 지식인들이 새 체제에 이해관계를 갖게 만들려고 했다. 그러나 뜻하지 않게 정부는 비판과 비난의 홍수에 압도당했고, 그 가운데 많은 것이 마오쩌둥 자신에 대한 공격이었다. 더욱 심각한 것은,

불평분자층의 범위가 급속히 광범해졌다. 도시 노동자들은 파업과 노동 조건 개선 요구와 태업과 꾀병 결근 등을 통해 불만을 표출하기 시작했다. 농민들은 정부가 예전에 지주들이 착취했던 것보다 더 많이 짜내고 있다고 주장하면서 집단 농장으로부터의 이탈 혹은 납세 거부를 시도했다.[11]

중국 공산당은 재빨리 운동을 중단시켰다. 뒤이은 탄압 속에서(이 탄압은 당시 공산당 총서기 덩샤오핑이 조직했다) 수천 명의 지식인들이 투옥됐고 20만 명 이상이 농촌으로 추방당했다.

애초에 중국의 공업화 패턴은 스탈린의 러시아 — 특히 경제 발전의 모든 측면들을 통제한 포괄적인 5개년 계획 — 를 모델로 해 짜여진 것이다. 그러나 중국의 제1차 5개년 계획이 공업 기반을 발전시키기는 했지만, 지배계급이 기대했던 만큼의 급속한 진전은 이루어 내지 못했다. 1950년대 초에 중국 경제는 20세기에서 그 이전 어느 시기보다도 더 빠른 속도로 성장했다. 그러나 당시 자본주의의 역사에서 가장 지속적인 호황이 일었던 시기에 세계 경제의 여타 부분과 비교해 보면 훨씬 뒤처지는 것이었다.

군사적 경쟁의 요구들이 그러한 전략에 대한 또 하나의 압력으로 다가왔다. 동쪽과 남쪽에서 중국은 미국에 의해 중무장된 적대적인 정권들로 둘러싸였다. 특히 국민당 잔당이 세운 대만 정권은 끊임없는 위협이 됐다. 대만 정권이 내세우는 본토 회복이라는 목표는 막대한 액수의 미국 원조와 중국과 대만 사이의 어떠한 전쟁에도 개입하겠다는 미국의 위협으로 뒷받침됐다. 1950년의 한국 전쟁은 그 위협이 말뿐이 아님을 입증했다. 한국 전쟁에서 미국의 직접적인 침략 가능성에 위협을 느껴 전쟁에 끌려든 중국 군대는 100만 명 이상의 희생자를 낸 채 심각한 손실을 입었다.

중공업 방면으로의 엄청난 자본 집중, 그리고 그러한 집중을 운영하는 데 요구되는 극단적인 관료제는 체제 전체에 걸쳐 매우 높은 수준의 낭비와 비효율을 가져왔다. 그러한 낭비는 빈약한 자원을 무기비 지출에 엄청나게 투하함으로써 가중됐다. 한 저자는 관변 수치를 가지고서 평가하기를, 1964년에 원자폭탄의 생산비용이 그 해의 전체 전력 생산량의

북한으로 향하는 중국군. 얼어붙은 압록강을 건너고 있다. 1950년 말

4분의 1에서 2분의 1 사이의 액수였다고 한다.[12]

긴장을 줄이기는커녕, 중국 공산당은 포위됐다는 분위기를 고의로 과장해 노동자와 농민에게 훨씬 더 큰 희생을 강요했다. 국민당의 본토 복귀 위협은 1949년 이전의 상태를 기억하는 사람들에게는 정말로 현실적인 위협으로 다가와, 관료들은 이 위협을 이용해 누구든지 항의하는 사람들을 억누를 수 있었다. 마오쩌둥의 전략은 중국의 빈곤이라는 물질적 장벽과 경쟁 및 축적의 필요, 이 양자 사이의 모순 속으로 급속히 빠져들어 갔다. 일찍이 1956년 초에 성장은 서서히 멈추어져 갔다. 그러나 그는 훨씬 더 빠른 성장 속도를 촉구하면서 밀어붙였다.

[철강] 생산은 올해 400만 톤 이상일 것이다. …… 미국은 1억 톤을 생산할 수 있다. 50년 또는 60년 내에, 우리는 확실히 미국을 따라잡아야 한

다. 이것은 의무이다. 우리는 실로 방대한 인구와 방대한 영토와 풍부한 자원을 가지고 있다. …… 만약에 50년이나 60년 동안 노력하고도 미국을 여전히 따라잡지 못한다면 얼마나 한심하게 보이겠는가! …… 그러므로 미국을 따라잡는 것은 가능할 뿐만 아니라 절대적으로 필요하며 우리의 의무이다.[13]

대약진 운동

마오쩌둥은 이러한 모순을 일련의 '대중 캠페인'으로 극복하려고 했는데, 이것은 결핍된 자본과 자원을 인민 대중에 대한 착취를 더욱더 증가시킴으로써 충당하려는 것이었다. 그 첫 번째 시도가 1958~60년의 '대약진 운동'이었다. 공업과 농업 생산 두 면에서 모두 목표량이 무지막지하게 높게 설정됐고(예를 들면, 철강 생산량은 4년 안에 미국을 따라잡는다는 식의), 새로운 노동 규율이 실시됐다. …… 공장 경영자들은 노동자들을 강압해 식사시간을 폐지하고 18시간 또는 24시간 교대제를 도입하고 모든 안전 근로 관행들을 폐지함으로써 설정된 목표량을 이루어내려고 했다. 이러한 방법들이 실패하면, 공장 경영자들은 생산량 증가 수치를 허위로 작성하여 보고했고, 이것은 다른 공장들에 생산량을 더욱 높이도록 압박을 가하는 계기가 됐다.

도시에서 대약진 운동은 자체 모순의 무게에 짓눌려 이내 파산하고 말았다. 한두 번 정도는 노동자들에게 18시간 교대 근무를 강제로라도 시킬 수 있었다. 그러나 그것이 정상적 노동 시간이 될 수는 없었다. 기계의 속도를 두 배로 늘렸지만, 기계만 두 배 빨리 마모됐을 뿐이다. 그리고 상이한 산업 부문들 사이의 불균형은 생산량 실질 증가분이 대부분 사용될 수 없었기 때문에 단순히 낭비됐음을 의미했다.

도시에서 대약진 운동이 대실패했다면, 농촌에서는 재앙이었다. 1952년에 전면적인 토지 개혁으로 부농과 지주의 토지가 빈농에게 이전되어, 대부분의 농가가 살 수 있는 충분한 땅을 갖게 됐다. 그때부터 중국 공산당은 다양한 형태의 집단 노동을 도입해 투자를 증가시키지 않으면서 생산을 늘리려는 방향으로 조심스럽게 나아갔다. 그러한 과정은 대체로 더디고 신중하게 진행됐다. 왜냐하면 국가가 생산의 붕괴를 피하기 위해 매단계마다 농민의 동의를 얻고자 애썼기 때문이다.

그러나 1958년에 모든 신중함은 바람에 휘날려 갔다. 농민 협동조합은 평균 2만 5,000명 단위로 이루어진 농촌의 새로운 경제 구조인 '인민공사'로 합병됐다. 토지가 강제로 집산화됐고, 농민들은 국가가 지정한 생산 목표를 달성하기 위해 대규모 작업조로 편성됐다. 원시 공동체적 부엌과 탁아소가 설치됐다. 그러나 이것들은 여성을 힘든 가사 노동에서 벗어나게 하기 위해서가 아니라, 여성에게 하루종일 일을 시키기 위해 설치된 것이었다. 수천 개의 소규모 농촌 기업이 설립됐다. 이 농촌 기업들은 인민공사가 그럭저럭 축적할 수 있는 자본을 사용해 농촌에 필요한 국가 투자를 줄이려 했다.

공장들은 불가피하게 농촌 경제를 고갈시켰다. 즉 수천 개의 촌락에 세워진 '뒷마당 용광로'는 이 용광로가 생산한 것보다 더 많은 공업용 강철을 사용했다. 그러나 최악의 결과가 초래된 것은 토지에서였다. 농민들은 토지 상실에 반발해 작업을 거부하거나 가능한 한 일을 하지 않는 것으로 대응했다. 인민공사 책임자들은 모든 수단을 사용해 국가가 지정한 달성 불가능한 목표를 맞추려 했고, 목표를 맞추지 못하면 수치를 실제보다 크게 속이는 것으로 해결했다. 1958년의 곡물 수확은 애초에 3억 7,500만 톤이라고 주장됐으나, 실제로는 2억 5,000만 톤에 불과

한 것으로 판명됐고, 1959년의 목표량은 5억 2,500만 톤에서 2억 7,500만 톤으로 감축됐다.[14]

1958년은 특히 풍작을 거둔 해였다. 그 다음 3년은 그렇지 못했다. 1961년에는 기근 ─ 1949년 혁명으로 소위 사라졌다고 말하는 기근 ─ 이 중국 북부 대부분의 지역에서 다시 찾아들었다. 서방의 인구 통계학자들은 중국의 통계 수치를 가지고서 그 3년 동안 2,700만에서 3,000만 명이 굶어 죽었다고 평가했다.[15] 세부적인 기록들이 보존되어 있는 몇 안 되는 지역 중의 하나인 안후이(安徽)성 북부의 핑양(平陽)현은 농촌 인구의 17퍼센트가 죽었고 3분의 1이 영양실조와 관련된 질병을 앓고 있었다.[16]

안후이성 북부 지역은 전통적으로 중국에서 가장 빈곤한 지역 중의 하나였다. 그러나 베이징의 외곽에서조차 엄청난 고통을 겪었다. 농촌으로 하방됐던 한 지식인은 적나라한 말투로 그것이 무엇을 의미하는지 밝히고 있다.

> 언론은 아주 좋은 상황이라고 보도하고 있었다. 상황이 얼마나 자랑스럽고 영광스러운지 감격조로 보도하고 있었다. "상황은 대단히 좋고 더욱더 좋아지고 있다"가 구호였다. 마을에는 더 이상 먹을 것이 없었다. 농민들은 나뭇잎을 물에 끓여 옥수수 가루 조금과 섞어서 먹고 있었다. …… 우리 지식인들은 그래도 나았다. 우리는 부드러운 감자 잎을 먹었다. 부드러운 감자 잎이 최고의 식사다. 그 다음으로는 자두나무 잎이다. 가장 좋지 않은 것은 버드나무 잎이다. 농민들은 버드나무 잎을 먹고 있었다.[17]

중국 서부 변방에서는 2만 명 이상의 주민들이 신장(新疆)에서 국경을 넘어 소련으로 건너갔고, 적어도 두 성 혹은 아마 다섯 성에서 무장 반란이 일어난 것 같다.

　　허난(河南)성과 산둥(山東)성에서는 방위군들이 무기를 훔쳐 도로상에
　　방책을 치고 곡물 창고를 탈취하고 무장 강도단을 이루어 휩쓸고 다녔
　　다.[18]

　　마오쩌둥의 기대대로 경제가 팽창하기는커녕, 대약진 운동은 근 10년
간의 경제 발전을 희생시키는 대가를 치렀다. 1965년에 이르러서야 비
로소 전체 생산량이(일인당 생산량은 아니지만) 1957년 수준을 되찾았
다.[19] 마오쩌둥의 정책으로 야기된 파국은, 1959~60년에 소련 고문관들
이 사실상 모두 떠나버려 100여 건의 주요 건설 계획이 중단됨에 따라
더욱 악화됐다.

　　1961년에 본격적으로 터진 중소 분쟁은 1960년대 말에 주요한 혁명
적 조류로 마오쩌둥주의가 성장하기 위한 영감으로 작용할 것이었다. 나
중에 마오쩌둥이 소련을 "수정주의"라고 비난하고 자신을 "진정한 마르
크스주의"라고 하면서 중소 분쟁은 이 양자 사이에 일어난 세계적 차원
의 투쟁의 일환이라고 주장했지만, 그러나 중소 분쟁의 진짜 원인은 소
련과 중국 두 지배계급의 각기 다른 야심에 있었다. 소련은 중국이 시급
히 필요로 하는 기술과 기술자를 중국에 공급하는 대신에 매우 높은 대
가를 요구했다. 소련 관료는 중국을 당시 동유럽 위성 국가들을 대하는
방식으로, 즉 자원의 약탈 대상으로 대하려 했다. 동유럽 지배계급은 당
시에 선택의 여지가 거의 없었다. 그들의 권력은 소련의 탱크에 의지한
것이었고, 1956년 [소련의] 헝가리 침공은 이 점을 그들의 뇌리에 남아
있게 했다.

　　반면에, 마오쩌둥은 스탈린의 도움 없이 독자적으로, 그리고 그의 훼

방을 극복하고 권력을 장악했다. 스탈린은 마오쩌둥의 홍군이 권력을 장악할 수 있을 것이라고 결코 믿지 않았다. 1944년에 스탈린은 소련 주재 미국 대사와의 회담에서 홍군을 "마가린 공산주의자들"이라고 무시했다. 마오쩌둥의 승리가 있기 직전까지도 소련은 여전히 국민당을 지지했다. 1949년 1월에 국민당 정부가 그들의 수도 난징(南京)에서 도망가야만 했을 때, 소련 대사는 국민당 정부를 따라간 유일한 대사였다![20]

1945년에 소련 군대는 일본한테서 받는 '전쟁 배상'이라는 명목으로 중국 동북부 지역의 중공업 시설을 많은 부분 뜯어 갔다(스탈린은 전쟁이 끝나기 9일 전에 일본에 선전 포고했다). 양 지배계급 사이의 긴장은 1950년대 초 동안에는 줄어들었다. 왜냐하면 중국이 그 대가를 걱정할 여유가 없을 정도로 소련의 기술과 투자를 절실히 필요로 했기 때문이다. 그러나 흐루시초프가 아시아와 아프리카에서 소련의 영향력을 확대시키려는 행보를 펼친 결과, 소련의 대(對)중국 투자와 원조가 감소하는 한편 소련의 요구는 늘어났을 때 중국 공산당은 소련에 도전할 수 있는 독자적인 권력 기반을 마련했다.

비록 마오쩌둥이 1961년 중소 분쟁을 촉발시킨 으뜸가는 장본인임에는 틀림없었지만, 당시에 그는 중국 경제 운영에 대한 모든 실질적 통제권을 상실한 상태였다. 처음에는 대약진 운동이 가져온 재앙의 책임을 '과도하게 열광적인' 현지 책임자들에게 떠넘겼지만, 그러나 1959년에 중국 공산당 중앙위원회 전원회의에서 마오쩌둥은 책임 추궁을 받고 모든 공식적인 지위에서 물러나야 했다. 지배계급 내에서 고립됐기 때문에, 마오쩌둥은 아마도 공개적 분열을 피하기 위해 공직을 사퇴했던 것 같다. 그러나 그러한 행보는 그의 고립을 한층 더 심화시키는 효과를 가져왔다.

경제 정책은 급격히 반대 방향으로 선회했다. 비록 대부분의 인민공사가 행정 조직으로서 계속 남아 있었지만, 농업 생산에 대한 통제권은 마을 단위로 이양됐다. 목표량은 대폭 하향 조정됐고, 생산을 독려하기 위해 사유 농지들이 농민에게 되돌려졌다. 많은 지역들에서 이러한 현상은 사실상 사적 농업으로의 회귀를 의미했다. 1962년에 이르러,

> 옌안(延安)에서의 사유 농지의 곡물 수확량은 집단 농장 수확량보다 더 많았고, 사유 경지는 전체 농지의 50퍼센트까지 증가했다. 구이저우(貴州)성과 쓰촨(四川)성에서는 1964년에 이르러서도 집단 경작지보다 사유 경작지가 더 많았다.[21]

　도시에서도 이와 유사한 자유화가 일어났다. 공장 내에 생산성 상여금과 성과급제가 재도입됐고, 공장 경영자들이 공장 운영에 대한 재량권을 더욱 많이 부여받았다. 사적 시장이 다시 나타났고 대외 무역 — 특히 곡물 수입 — 이 증대했다. 이것은 사람들이 나중에 주장했던 것처럼, 마오쩌둥이 추구한 전략과 근본적으로 다른 것은 아니었다. 오히려 그것은 대약진 운동으로 야기된 경제적 황폐화에 대한 필연적 대응이었다.

　그러나 새로운 정책은 당면 위기를 완화시켰지만, 지배계급이 부닥친 좀더 뿌리깊은 딜레마를 해결하는 데는 아무 효력이 없었다. 선진국 경제를 따라잡기는커녕 중국 경제는 훨씬 더 뒤처지고 있었다. 한편, 중소 분쟁은 외부의 군사적 위협이 크게 증대됐음을 의미하는 것이었다. 지배계급 내 마오쩌둥의 적들은 그를 명목상의 국가 원수로 만들어 놓는 데 당장은 성공했지만, 그들도 중국 경제를 위한 대안적 전략을 갖고 있지는 못했다.

"반란을 일으키는 것은

4장

정당하다" —문화 혁명

4장
"반란을 일으키는 것은 정당하다"
―문화 혁명

> '문화 혁명'은 …… 인민공화국 창건 이후 당과 국가와 인민이 겪은 가장
> 심한 후퇴이고 가장 커다란 손실의 원인이었다. 문화 혁명은 마오쩌둥
> 동지가 착수했으며 지도했다.[1]

1981년 마오쩌둥의 계승자들이 내렸던 이러한 평가는 1960년대에는
대부분의 좌익에게 이단적 주장이었을 것이다. '프롤레타리아 문화대혁
명'은 1960년대 말에 세계를 휩쓴 저항과 반란의 물결의 본질적 일부였
다. 베이징과 상하이의 학생들은 파리와 베를린 그리고 다른 지역의 학
생들과 마찬가지로 보수주의와 관료에 대항했다. 그들의 반란은 중국이
러시아에서 일어났던 혁명적 이념의 타락을 피할 수 있다는 명백한 증거
로 보였다.

그러나 사실은 이와 달랐다. 문화 혁명은 수백만 중국인들이 박해당
하고 투옥당하고, 수십만이 목숨을 잃은 피비린내 나고 격렬한 지배계급
내부의 권력 투쟁이었다. 마오쩌둥은 단 하나의 이유에서 권력 투쟁을
거리로 연장시켰다. 그 이유란 투쟁이 지배계급에게 국한된다면 그가 패
배할 것이라는 점이었다. 문화 혁명의 유일한 '문화적' 측면은 그것의 명
분뿐이었다.

1961년 베이징에서 16세기 황제의 야만성과 농민의 궁핍에 대한 무관심을 공격했던 후펑(胡風)이라는 관리에 관한 연극이 공연됐는데, 거침없는 발언 때문에 상연이 중지됐다. 마오쩌둥을 빗댄 것이 명백한 이 연극은 지배계급 내에 광범위하게 유포된 정서를 대변하고 있었다. 이 희곡을 쓴 사람은 베이징의 부시장이었다. 1965년 말에 마오쩌둥은 반격을 개시하기로 마음먹었지만, 베이징의 어떤 신문도 자신의 논평을 실어 주지 않을 것임을 알았다. 그 논평은 결국 상하이에서 발행되던 한 무명의 문학 잡지에 실리게 됐다. 이러한 빈약한 기반 위에서 마오쩌둥은 새로운 선동 캠페인의 시작을 명령했다.

그의 적들은 이를 간단히 무시할 수 없었다. 그리하여 그들은 마오쩌둥이 명령한 이 운동을 이어받아 자기들에게 해가 미치지 않게 하려 했다. 그렇게 하는 가운데 그들은 마오쩌둥이 설치한 덫에 걸려들고 말았다. 1966년 5월에 마오쩌둥은 그 캠페인을 지도하는 자신의 적들을 맹렬히 공격하고 "자본주의적 길을 걷는 권력 내부의 사람들"에 대한 전국적 봉기를 호소했다. 중국 전역에 울려 퍼진 구호에서 그는 다음과 같이 선언했다. "반란을 일으키는 것은 정당하다!"(그것의 아이러니 ─ 지배자가 허용하는 반란은 정당한 것으로 취급된다는 사실 ─ 는 당시 대개의 사람들에게 감지되지 못했다).

기본적으로 논쟁은 지배계급 내부의 권력 분배를 둘러싸고 이루어졌다. 마오쩌둥은 지배계급 전체에 대한 독재자였나 아니면 단순히 지배계급 상층부의 일원이었나? 마오쩌둥의 적들은 대약진 이후 그를 사회의 일상적 운영에 대한 실권을 갖지 않는 얼굴 마담에 불과한 존재로 만들어 그의 권위를 떨어뜨리려 했다. 그러나 그렇게 하는 가운데 그들은 혁명 지도자로서 마오쩌둥의 도덕적 권위를 세워 주고 말았다. 그리하여 마오쩌둥은 군대 상층부에서 그에게 충성하는 집단을 건설해 왔는데, 그

'사구'(四舊) — 구문화, 구풍속, 구사상, 구습관 — 에 반대하는 운동에서 홍위병은 건물과 예술품, 또는 이런 사찰을 수없이 파괴했다. 1966년 8월

'정치 소매치기'로 낙인찍힌 사람을 행진시키고 있는 홍위병. 베이징 거리, 1967년 1월

들의 지지는 매우 중요했다.

베이징에서 마오쩌둥은 자기가 바라던 바 — 그의 적들을 권좌에서 몰아내는 것 — 를 대부분 즉시 성취했다. 그러나 지방에서 이러한 목표를 이루기 위해서는 투쟁을 거리로 끌고 나올 필요가 있었다. 그 유명한 '홍위병'이 수행한 진정한 역할은 바로 이것이었다.

1966년 8월부터 전국의 대학생들과 중고생들 사이에서 홍위병 조직이 생겨났다. 베이징에서 먼저 시작되어 나중에는 전국으로 퍼져 나갔다. 형편없는 수준의 숨막힐 듯한 교육 제도에 짓눌려 있던 학생들에게, 반란을 일으키라는 마오쩌둥의 호소는 심금을 울리는 것이었다. 당시 고등학생이었던 한 사람은 어떤 연구자에게 다음과 같이 말했다.

> 사람들이 당신한테 늘 문화 혁명에 반대했다거나 그것을 결코 지지하지 않았다고 말할 때 …… 당신은 그들을 믿어서는 안 된다. 당신은 그들에게 더 많은 것을 물어 봐야만 한다. 왜냐하면, 문화 혁명이 시작됐을 때 모든 사람이 그것을 지지했기 때문이다. 인구의 90퍼센트 아니 99퍼센트가 문화 혁명을 지지했다. 심지어 체포됐거나 공격받던 사람들조차 그랬다.[2]

학생들은 교사에 대한 공격에서 현지 관료에 대한 공격으로 급속히 나아갔다. 대중의 신망을 잃은 관리들(도시에서는 대부분의 관리들이 신망을 얻지 못했다)은 사무실에서 밖으로 끌려 나와 인민 재판에서 자신들의 '죄과'를 고백하도록 강요받았다.

그러한 공포는 급속하게 확대되어 공격 목표가 늘어났다. '부르주아적' 또는 '봉건적' 문화로 간주될 수 있는 것은 전부 파괴됐다. 도서관이 불태워졌고, 절과 박물관은 약탈당했다. 서구식 교육을 받았거나 '부르주아적 영향'임을 드러내는 것 — 번역 소설, 베토벤의 흉상, 피아노 — 을 소유한 사람은 누구나 '투쟁 대상'이 됐다.[3] 티베트(Tibet)에서 이 외국인 증오는 공개적이고 폭력적인 인종주의로 변화했다.

> 사람들은 살해당하거나 자살하도록 내몰렸다. 티베트 옷을 입거나 비(非)한족 머리 모양을 한 사람들은 거리에서 신체적인 공격을 받았다. 극소수 사원을 제외한 모든 사원이 …… 파괴됐고 대부분이 벽돌 하나 하나까지 헐려 흔적조차 남지 않았다.[4]

마오쩌둥에 대한 개인 숭배는 극에 달했다. 그것은 스탈린의 소련에서조차 결코 볼 수 없었던 것이다.

> 경애하는 마오쩌둥 주석, 수만 곡의 찬송가로도 혁명적 투사들이 당신에게 느끼는 끝없는 사랑을 다 노래할 수 없습니다. 수만 자루의 붉은 펜으로도 이 혁명적 전사들이 당신에게 보내는 끝없는 신뢰를 다 묘사할 수 없고, 수만 번의 파도로도 혁명적 전사들이 당신에게 품은 한없는 경외감을 다 칭송하지 못하며, 한없이 광활한 우주 공간으로도 끝없는 충성심을 다 담을 수 없습니다.……[5]

과거에 조상신에 절을 하곤 했던 것처럼 모든 가족이 매일 마오쩌둥의 초상화에 절을 하면서 하루 일과를 시작하는 것이 당연하게 여겨졌다. '마오쩌둥 어록'에서 한 줄도 인용하지 못하면 충성심이 없는 것으로 간주됐다. 마오쩌둥에 대한 숭배는 일상 생활의 아주 사소한 부분에까지 파고들었다. 한 지식인은 이렇게 회상했다.

언젠가 셔츠를 사려고 가게에 갔다. 내가 안으로 들어가자 거기 서 있던 점원이 "마오쩌둥 주석 만세" 하고 말했다. "안녕하세요"가 아니라 마오 쩌둥 주석 만세라고? 그래서 나는 "마오쩌둥 주석 만세, 셔츠를 사려는데 요" 했다. 그러자 그는 셔츠를 팔았다.[6]

수백만의 학생들이 마오쩌둥의 얼굴을 먼발치에서나마 보려고 베이 징으로 떠나거나 '대장정'을 모방해 전국 각지에 있는 '혁명의 성지'를 돌아다녔기 때문에 교육 체제가 완전히 마비됐다. 마오쩌둥이 양쯔강을 헤엄쳐 건넜다고(그것도 같은 거리를 헤엄친 세계 기록보다 네 배나 빠 르게) 공언하자 수백 명의 홍위병들이 그를 흉내내려다 물에 빠져 저세 상으로 갔다. 이 모든 것이 당시에는 흔히 '대중의 광기'로 묘사되곤 했 다. 그러나 거기에는 합리적인 핵심도 있었다. 마오쩌둥과 그의 추종자 들은 홍위병들을 무조건적으로 복종시키기 위해 그들의 열정을 부추길 필요가 있었다. 어떤 이는 드러내 놓고 다음과 같이 서약했다.

우리는 마오쩌둥 주석의 지령 한 문장 한 문장을 한 걸음씩 수행해야 한 다. 심지어 우리가 지령을 이해하지 못하더라도 …… 마오쩌둥 사상은 우리 영혼의 본질을 형성해 줄 것이며 우리의 모든 운동을 통제할 것이 다.[7]

내전

1966년 말에 혼란이 극에 달하자 마오쩌둥은 운동을 제지해야 했다. 상황은 이미 어느 누구도 통제할 수 없는 수준으로 발전해 있었다. 왜냐하면 현지 관료들이 자신에 대한 공격들을 쳐다만 보고 있지 않았기 때문이었다. 1960년대 초의 개혁으로 그들은 전보다 더 강력한 권력을 쥐게 됐다. 그래서 그들은 싸움 한 번 없이 권력을 넘겨주지 않으려 했다. 일부 관료들은 공공연히 홍위병에게 도전했다. 신장(新疆)성의 당 서기 — 또한 지방 장관이자 수비대의 정치 위원인 — 는 시위 학생을 길거리에서 발포했다.[8] 2년 후에 그는 문화 혁명을 끝장내기 위해 세워진 '혁명위원회'의 의장으로 임명됐다.

그러나 대부분의 지방 관리들은 마오쩌둥에 대한 영원한 충성을 선언하고, 자기들 나름대로 홍위병을 조직해 자기들을 '반혁명 분자'라고 공격한 사람들을 고발함으로써 대응했다. 진짜 마오쩌둥주의자는 오직 자기들뿐이라며 수백 또는 때때로 수천으로 이루어진 패거리들 사이의 싸움이 급증하기 시작했다. 우한(武漢)시에서는 그러한 패거리들이 최소한 54개가 있었다. 한 번은 그들 사이의 싸움으로 250명이 죽고 최소한 1,500명이 다쳤다.[9] 베이징의 명문인 칭화(靑華)대학 교정에서는 학생들이 창 및 집에서 만든 소총과 박격포를 갖고 죽을 각오로 전투를 벌였다. 싸움이 긴박해지자 패거리들은 탱크, 대포 같은 무기를 손에 넣기 위해 군대 막사를 급습하기 시작했다. 창사(長沙)시의 중심부에서는 다음과 같은 사태가 벌어지기도 했다.

> 창사 청년단 사람들이 …… 노동자 동맹을 공격하기 위해 시안 자수 공장 건물에 지대공 미사일을 겨눴다. 산산조각 난 그 건물은 화염에 휩싸였다.[10]

1967년 여름에는 중국 대부분의 지역이 전면적인 내전의 소용돌이에 빠져들고 있었다. 쓰촨(四川)성에서는,

누비옷을 입은 열광하는 군대와 홍위병 분대들이 [성] 전역에서 벌어지는 전투에 참가했다. 일부는 게릴라가 되어 산 속에서 전투를 벌였다.[11]

전에 홍위병이었던 어떤 사람은 당시의 창사(長沙)를 다음과 같이 묘사했다.

> 매우 끔찍했다. 거리에는 총탄이 쌩쌩 날아다녔다. 오토바이 소리나 사이렌 소리는 폭력과 비극을 뜻했다. 많은 작업장들의 출입문에는 넓은 흰 선들이 그어져 있었다. 그리고 무장 경비대가 허가 없이 흰 선을 넘는 사람들을 쏘려고 반대편에서 대기하고 있었다. 저녁 9시가 통금 시간이었고, 낮에는 사람들이 반드시 필요한 경우가 아니면 밖에 나다니려 하지 않았다. 야채를 사러 나갔다가 유탄에 맞아 죽은 무고한 사람들에 관한 얘기들이 많이 돌았다. 시내 전체에서 폭발 소리와 총탄 소리가 진동했기 때문에 사람들은 자기 집 창문에 테이프를 발라 창문이 부서지지 않게 했다. 밤이 되면 로켓포탄들이 날아 다녀 하늘이 밝아졌다 어두어졌다 했다.[12]

내전 발발과 함께 또 다른 위협이 지배계급 앞에 나타났다. 노동자 계급이 하나의 정치 세력으로 다시 등장한 것이다. 지방 관료들이 학생들을 공격하기 위해 조직한 홍위병의 대부분은 노동자들이었다. 1966년 말부터 그들 중 일부는 임금 인상, 노동 조건 개선, 노동 시간 단축, 경영자의 특권 폐지 등 자신들의 독자적 요구를 내걸고 파업과 시위를 벌이기 시작했다. 파업은 1966년 11월에 상하이에서 시작되어 이듬해 1월에는 거의 총파업으로 발전했다. 한 외국인 교사는 다음과 같이 기술했다.

이 당시까지만 해도 당은 노동자들의 요구를 …… 들어 주지 않았다. 중심 쟁점 중 하나는 '임시' 고용자가 '상근' 노동자와 동일한 임금과 복지 혜택을 받지 못한다는 점이었다. …… 그런데 당 지도부가 갑자기 요구를 수용했다. 그 결과 막대한 자금이 은행에서 쏟아져 나왔다. 수천 명의 노동자들이 '혁명적 연계'를 위해 상하이를 떠났고, 뒤에 남은 사람들은 이 예기치 않은 떡고물로 가구나 가정용품들을 사들였다.[13]

1967년 봄과 여름에는, 파업 물결이 전국적으로 퍼져 갔다. 가끔은 철도 노동자(파업 초기부터 전위 부대였던)를 통해 퍼져 갔지만, 대개는 악화되는 사정과 권력의 공백에 대한 독자적 대응으로서 확산됐다. 대부분의 파업은 노동자들이 자신의 요구들을 성취하고 공장으로 돌아감에 따라 오래 지속되지 않았고, 어떤 실질적인 협조에 대해서도 거의 보고되지 않았다. 그러나 한 무리의 노동자들이 물러나면, 다른 무리의 노동자들이 앞에 나서곤 했다.

당과 국가 장치들이 거의 마비됐기 때문에 질서를 회복시킬 수 있는 유일한 힘은 군부에 있었다. 그러나 군부가 파업을 분쇄하고(그들이 상하이시 전역에서 했던 것처럼) 시위대에 발포하리라고 생각할 수는 있었지만, 군부가 마오쩌둥의 명령을 따르리라고는 생각할 수 없었다. 지역의 많은 군 지휘관들이 홍위병한테 공격을 당한 현지 관료들과 긴밀하게 유착돼 있었고, 따라서 그들은 자신들이 지난 18개월 동안의 혼란에 책임이 있다고 간주한 사람들의 명령에 따르려 하지 않았다.

이 문제의 심각성은 1967년 7월 우한 군구사령부의 항명 사건으로 극명하게 드러났다. 당 중앙위원회는 특히 경쟁적인 홍위병 부대들 사이의 유혈 낭자한 싸움을 중재하기 위해 2명의 지도적인 문화 혁명 관리를 파견했는데, 이들이 베이징의 관리들과 상반되는 이해를 갖고 있던 현지 군구사령부에게 납치당하는 일이 발생했다. 마오쩌둥은 우한에 공수부대를 파견하고 양쯔(揚子)강에 군함을 보냈지만 쌍방의 교전은 가까스로 면했다. 그러나 지역 사령관들은 직위 해제라는 경미한 처벌을 받은 데 반해 파견됐던 관리 중 한 명은 3개월 후에 자리에서 쫓겨나 공개적인 비난을 받아야 했다.[14]

이런 가벼운 처벌이 내려진 이유는 간단했다. 마오쩌둥은 이제 질서를 회복할 필요를 느끼고 있었다. 그러려면 군부가 필요했다. 지역 군 지휘자들이 자신의 적들과 유착되어 있었는데도 말이다. 1967년 중반부터 군대가 지방 정부와 공장들 그리고 대학에 대한 통제권을 행사하기 시작했고, 전투를 중지시켰다. 군부가 자신의 권위를 확고히 하자, 각 지역에서 '혁명위원회'가 수립되어 문화 혁명의 종식을 알렸다. 이 위원회는 군부의 통제를 받았을 뿐 아니라, 최근까지 비난받던 지역 관리들에게도 크게 의존했다. 홍위병은 명목상 참여하거나 아예 참여하지 않았다.

이러한 사태를 보고 많은 홍위병 조직들은 "자본주의적 길을 걷는 실권파"가 자신들이 추측했던 것보다 더 많아졌고, 따라서 투쟁의 수위를 높여야 한다고 결론 내렸다. 대부분의 홍위병 조직에게 이것은 단순히 더 많은 패싸움을 벌이는 것을 의미했다. 그러나 다른 홍위병 조직들은 급격히 좌경화했고, 최소한 한 홍위병 조직은 중국에 대한 혁명적 사회주의의 분석을 제시하면서 개인들이 아니라 "적색 자본가 계급"이 바로 문제라고 주장했다.

성무련(省無聯)으로 알려진 단체는 1968년 3월에 ≪중국은 어디로? *Whither China?*≫라는 선언문을 발표해 전국적으로 유명해졌다. 그들은 다음과 같이 말했다.

······ 위대한 프롤레타리아 문화 혁명을 낳은 사회의 기본 모순들은 신흥

관료 부르주아지와 인민 대중 사이의 모순들이다. 이러한 모순들의 발전과 격화 때문에 사회는 더욱 철저히 바뀔 필요가 있다. 그것은 관료 부르주아지의 타도, 옛 국가 장치의 철저한 파괴, 사회 혁명의 실현, 자산과 권력의 재분배 실현, 그리고 새로운 사회, 즉 중국 인민 코뮌의 수립이다.[15]

성무련은 최소한 그들의 본거지인 후난(湖南)성 전역에서 중대한 영향력을 행사했고, 새로운 '혁명위원회'들은 속임수에 지나지 않으며 군은 반혁명 지지 세력이 됐으므로 당면한 과제는 노동자들의 무장이라고 주장했다.

지배계급은 탄압의 강도를 높임으로써 대응했다. 1968년 말부터 홍위병을 해체시키기 위해 청년들을 대거 농촌으로 추방하는 작업이 개시됐다. 공식 통계에 따르면, 1970년대 중반에 대략 1,200만 명에서 1,800만 명(도시 인구의 약 10퍼센트) 정도가 농촌으로 추방당했다.[16] 추방보다 더 나쁜 것도 있었다. 중국 남부의 광시(廣西)성에서는 탄압으로 10만 명 정도가 죽고 푸저우(撫州)시 대부분이 파괴됐다.[17] 이와 비슷한 학살이 몇몇 다른 성들, 특히 광둥(廣東)성과 내몽골에서 저질러졌다.

1969년 4월에 개최된 중국 공산당 9차 대회는 문화 혁명의 종식을 공식적으로 선포했다. 바로 한 달 전에 북쪽 국경에서 발생했던 소련군과의 작은 출동이 여러 관료 분파들로 하여금 문화 혁명의 중단을 요구하게 만든 궁극적 요인이었다. 그러나 변방 지역에서는 얼마간 심각한 혼란이 계속됐고, 1971년에야 비로소 지배계급은 완전한 통제권을 다시 확립했다.

이러한 혼란의 심각성은 1969년 7월에 베이징에서 산시(陝西)성에 하달한 명령에서 알 수 있다. 그 명령은 무기의 은폐 · 거래 · 운반, 개인이 사용할 목적으로 국영 작업장을 이용해 무기를 제작하는 행위, 도로와 철도 수송 방해, 은행 약탈, 파업 행동 조직을 금지했다. 파업을 일으킨 사람들에게는 한 달 이내에 작업장으로 복귀하면 아무런 처벌도 받지 않을 것임을 보장하는 조치들이 제시됐다.[18] 확실히, 관료가 모든 파업을 무력으로 진압하는 것은 불가능했다.

또한 지배계급에 대한 폭력적 저항은 "한줌의 불순 분자들"이 주동하여 일어난 사태가 아니라 명백한 대중 행동이었다. 아래로부터의 저항에 대한 두려움이 지배계급 내의 여러 분파들을 일시적으로 단결시킬 수는 있었지만, 문화 혁명이 일으킨 파괴와 문화 혁명이 지배계급 분파들 사이의 갈등을 전혀 해결할 수 없었다는 사실은 분파 투쟁이 단지 뒷날로 미루어졌음을 뜻했다.

누군가 죽기를 기다리면서

문화 혁명의 여파로 지배계급은 두 가지 문제에 직면했다. 그 두 가지 문제는 문화 혁명의 승리자에게 중대한 도전을 제기했다.

첫 번째 문제는 당과 국가 장치를 재건해야 한다는 과제였다. 군부에 대한 하급 관리들의 신뢰를 다시 회복하는 일은 어려운 과제였다. 지속적인 — 그리고 모순적인 — 캠페인 정책을 통해 그들을 계속 바쁘게 만든다는 마오쩌둥의 전략은 이내 역효과를 가져오곤 했다. 이제 원직에 복귀하고 있던 하급 관리들은 평화와 안정을 원했고 베이징에 단호한 지도부가 들어서기를 원했다.

두 번째 문제는 경제였다. 문화 혁명이 농촌에는 거의 악영향을 미치지 않았지만, 산업은 심각한 타격을 받았다. 대약진 운동 이후처럼, 지난 몇 년 동안 입은 손해를 만회하기 위해서는 장기간의 자유주의적 경제 정책이 필요함이 명백했다. 그러나 지배계급 일부 — 처음에는 저우언라이(周恩來) 그리고 나중에는 덩샤오핑이 대표하던 — 에게는 더 근본적인 방향 전환이 필요했다.

중국의 과학과 기술의 발전은 문화 혁명 기간 동안 완전히 정지한 상태였다. 4년 동안 학교를 졸업한 학생이 한 사람도 없었고, 대다수의 과학자들은 돼지우리를 청소하거나 벼농사를 지으며 그 기간을 보냈다. 포위 경제로 다른 나라를 따라잡는다는 마오쩌둥의 꿈은 이제 이루어질 수 없다는 것이 명백해졌다.

그러나 1970년대 초에 세계 경제의 위기가 시작되고, 소련과의 전쟁의 위협이 현실로 닥치자 경쟁 압력은 그 어느 때보다도 더욱 커졌다. 그러자 서방 자본주의, 특히 미국과 일본에 경제를 개방함으로써 경쟁할 수 있다는 주장이 나왔다. 이것은 새로운 주장이 아니었다. 문화 혁명 기간 동안 비난받았던 많은 사람들은 이것을 추진하려 했던 사람들이었다. 이 때문에, 문화 혁명 기간에 권력을 장악한 사람들의 반발을 살 수 밖에 없었다. 문화 혁명의 승리자들은 경쟁하는 많은 분파들로 나뉘게 됐다.

모든 지배계급 분파들 위에 군림하면서 수수께끼처럼 상궤(常軌)를 벗어나곤 하던 마오쩌둥은 점점 늙고 전신마비 증세로 죽어 가고 있었지만 여전히 지배계급 분파들끼리 서로 싸우게 해 자신의 권력을 극대화시킬 수 있었다. 마오쩌둥이 새로운 상황에 대한 실제 전략을 갖고 있지 못했음은 분명했다. 그러나 그가 죽기 전에는 어떤 분파도 자신의 의지를 관철시킬 수 없다는 점 역시 명백했다.

그 뒤 6년 동안은 격렬하고 복잡한 권력 투쟁이 계속 이어졌다. 그 방식들은 '대중 민주주의'에 관한 어떤 마오쩌둥주의적 개념보다는 메디치 가(家)나 금주법 시대의 시카고에서 유래한 것 같았다. 첫 희생자들은

'위대한 조타수'를 경축하는 린뱌오의 인민해방군 행렬, 구이저우성

마오쩌둥이 선정한 후계자 린뱌오(林彪)와 그와 동맹했던 군부의 고위급 지휘관들이었다. 그들은 1970년 말에 공직 생활로부터 사라졌고, 그 뒤 2년 동안 그들의 운명은 비밀에 붙여졌다. 이 비밀은 그들이 마오쩌둥을 암살하고 군사 쿠데타를 감행하려 했다는 발표와 함께 깨졌다. 발표가 있고 나서 린뱌오(林彪)와 그의 가족은 비행기 편으로 러시아로 도망치려다 편리하게도 몽골에 추락해 모두 사망했다.

물론 공식적인 설명은 터무니없는 것이었다. 마오쩌둥이 선정한 후계자이며 1930년대와 1940년대 동안의 홍군 게릴라 전략의 주요 기초자를 "타도된 지주와 자본가 계급의 이익 및 프롤레타리아 독재를 분쇄하고 관료의 독재를 부활시키려는 타도된 반혁명 세력의 열망"[19]을 대표한다고 비난했다. 그것은 지배계급 전체가 40년 동안 발각되지 않고 남아 있던, 그런 반역자를 따르는 믿을 수 없는 우행을 범했다고 고발하는 것이었다. 또한 그것은 다른 모두에게 의심을 보내는 것이기도 했다. 만약 마오쩌둥이 선정한 후계자가 반역자라면 지배계급의 다른 모든 성원들도 그럴 수 있기 때문이다.

린뱌오(林彪)의 정확한 운명은 아직도 알려져 있지 않지만 그가 분파 투쟁에서 제거됐다는 점은 분명했고, 이는 어쨌든 그 정권에게 전혀 명예롭지 못한 것이었다.[20] 그를 죽게 한 쟁점은 필시 미국과 외교 관계를 수립하는 문제 및 외국의 설비와 기술을 소규모로 수입하기 시작한 문제였을 것이다. 이 사건들은 중국이 방글라데시(당시는 동파키스탄)와 스리랑카에서 일어난 인민 반란의 진압을 지원했던 것과 결합되어 1966년 이래 린뱌오(林彪)가 선도해 왔던 국제적 태도를 직접적으로 반전시켰다. 또한 중국이 세계 경제와 더 밀접한 관계를 맺게 한 일련의 움직임 중 처음 취해진 것이었다.

그러나 마오쩌둥은 세계 경제에 대한 제한된 개방을 기꺼이 찬성할

'린뱌오와 공자 비판', 농민화, 1973년
린뱌오와 공자를 비판하기 위한 산시성의 한 지역 대중 집회를 묘사하고 있는 그림.

중화인민공화국의 지도자들로서 오른쪽부터 류사오치, 마오쩌둥, 펑전, 주더, 저우언라이

생각이었지만, 포위 경제 전체를 포기할 생각은 없었다. 마오쩌둥이 개방을 유보하자 '현대화' 분파의 힘은 제약당했고 이제는 문화 혁명의 정통 계승자가 된 '4인방'의 힘을 강화시켰다.[21]

린뱌오의 제거는 남은 사람들 사이에 긴장만 증폭시켰다. 안전하다고 생각되는 인물은 오직 마오쩌둥 자신과 현대화론자들을 옹호하는 저우언라이(周恩來)뿐이었다. 이 둘이 살아 있는 한 양 분파 모두 자신의 정적을 제거할 수 없었다. 그러나 둘 다 죽음이 가까웠기 때문에, 승계는 둘 중 누가 먼저 죽느냐에 따라 결정될 것처럼 보였다.

4인방은 린뱌오 비방 캠페인을 이어받아 "린뱌오를 비판하자, 유교를 비판하자"는 캠페인으로 전환시켰다. 이 있을 법하지 않은 결합에는 실은 저우언라이와 그의 경제 정책에 대한 공격이 감춰져 있었다. 경제적 사건들은 4인방의 힘을 강화시켰다. 경기 후퇴가 죄어 오기 시작할 때 중국이 세계 시장에 재진입했던 것이다. 기술 수입과 수출 감소가 동시에 발생해 1974년 동안 11억 달러의 국제 수지 적자가 발생했다(1969년 외국 무역의 총가치는 단지 34억 달러였다). 4인방은 수입을 급감시키는 정책을 밀어붙이는 한편 단호히 포위 모델로 회귀했다.[22]

더욱이 그들은 자신들의 우위를 밀어붙이기 위해 '부르주아적 권리'를 폐지하는 캠페인을 벌였는데, 그들이 말하는 부르주아적 권리란 공장에서 지급하는 잔업 수당, 상여금, 성과급을 의미했다. 임금 인하로 경제적 어려움을 덜려는 이 고전적 시도는 수많은 파업과 태업을 일으켰고, 마침내 1975년 봄 항저우(抗州)에서는 총파업 직전 상황으로까지 발전했다. 4인방이 조업을 재개시키는 데 실패하자 덩샤오핑(1973년에 지도부로 복귀한)은 1만 명의 군대를 공장에 보내 파업을 분쇄했다.[23]

이번 노동자 투쟁의 부활은 현대화론자들에게 유리하게 작용했고, 다양한 분파들 사이에 단기간 휴전을 맺게 했다. 그러나 휴전은 1976년 초 저우언라이가 사망하자 깨졌다. 비록 4인방이 그 자리에 자파 사람을 앉힐 수는 없었지만 그들은 덩샤오핑의 승계를 막고 타협한 후보를 앉힐 수 있을 만큼의 힘은 있었다. 그래서 4인방은 "올바른 결정을 뒤엎으려고 시도하는 우익 일탈자를 처단하는 캠페인"이라는 급조한 제목의 캠페인을 개시해 덩샤오핑을 공격했다.

비록 이런 캠페인 모두가 '대중 동원'이 과도해질지도 모른다는 두려움 때문에 언론 매체에 한정되긴 했지만 그럼에도 4인방은 전국에 걸친 체포, 탄핵, 억압을 더 계속할 작정이었다. 캠페인의 이런 불합리성은 더욱 증가했고 이는 생활 수준의 꾸준한 하락과 맞물려 도시에서 고통과

1976년 4월의 천안문 사건. 수천 명의 중국인들이 기념비 주변에 모여 저우언라이를 추모하는 화환을 바치고 있다.

분노를 폭발 직전에 이르게 했다.

1976년 4월, 쌓였던 분노가 폭발했고, 이것은 정권 수립 이래 정권에 대한 가장 중대한 도전이었다. 이 천안문 소요에는 베이징에서만 10만 명이 넘게 참여했다.

그 소요는 경찰들이 저우언라이(마오쩌둥과 4인방의 과도한 권력을 누그러뜨릴 수 있는 유일한 인물로 존경받았던)를 추도하는 화환들을 천안문 광장 중앙의 기념비에서 철거하자 발화됐다. 그 화환들은 전통적으로 죽은 사람에게 예를 표하는 청명절에 맞춰 놓여졌고 덩샤오핑의 지지자들은 4인방에 반대하는 공개 시위를 조직하는 데 청명절을 이용했다. 종종 하급 관리들이 조직한 우발적 행위에서 시작되기도 한 이 시위들은 수만 명을 끌어들였다. 대형기계 생산 공장에서 온 한 노동자 그룹은 꼬박 하루가 걸려 1,000파운드나 나가는 금속 화환을 광장으로 운반했다.[24]

이 시위에 참여했던 한 사람은 홍콩의 잡지에 이렇게 기록했다.

> 오전 7시 45분에 5만 명이 넘는 사람들이 광장에 운집했다. …… 오전 9시에 "화환들이 인민대회당 안에 있다"는 말이 광장에 있던 군중들로부터 퍼져 나갔다. 군중들은 저우언라이라는 이름을 외치면서 군대가 막고 있는 대회당을 향해 돌진했다. …… [방위군은] 대회당 전면에 매복하려 했으나 정문에 도착하기도 전에 대열이 깨져 버렸다. 또 다른 혼란스런 충돌이 시작되어 100명이 넘는 방위군이 부상당했고, 그 중 20명은 중상이었다.[25]

소요는 하루 종일 계속됐다. 경찰서와 경찰차가 불탔고, 군인들이 공격당했으며, 방위군 건물이 파괴됐다. 저녁 늦게서야 경찰은 통제력을 회복했고, 광장에 남아 있던 수천 명이 맞아 죽었다. 이와 유사한 시위들이 항저우(抗州), 난징(南京), 장저우(鄭州), 쿤밍(昆明), 구이양(貴陽)과 안후이(安徽)성, 광시(廣西)성에서 보고됐다.[26]

지배계급의 공포가 얼마나 컸는지는 추측으로만 알 수 있다. 소요는 최고급 관료들이 살고 있는 — 그리고 마오쩌둥이 죽음을 기다리고 있던 — 자금성에서 불과 몇 야드 떨어지지 않은 곳에서 일어났다. 지배자들은 거리로부터 가해지는 위협에 맞서 전열을 가다듬었다. 덩샤오핑은 소요가 일어나게 만든 주범으로 몰려 권좌에서 즉시 쫓겨났다. 뒤이어 대대적인 탄압이 시작되어 베이징에서만 10만 명이 넘는 사람들이 체포됐다.

4인방은 비록 자신의 주요 정적을 제거했지만, 그들의 승리는 오래가지 않았다. 전체로서 관료가 소요로부터 끌어낸 주된 결론은 4인방이 자신들 모두를 몰락시키려 한다는 것이었기 때문이다. 4인방은 6월의 탕산(唐山) 대지진이라는 재난 — 역사상 두 번째 최악의 지진으로 기록됐으며 60만 명이 넘게 죽었던 — 속에서도 덩샤오핑에 반대하는 캠페인을 계속하자고 주장함으로써 고립만 더 심해졌다. 4인방은 공산당 지도부 내에서 강경 노선을 걷는 다른 마오쩌둥주의자들에게도 지지받지 못했고, 오직 마오쩌둥의 후원을 통해서만 권력을 유지할 수 있었다. 그러다 1976년 마오쩌둥이 사망했다.

불확실한 한 달이 지나고, 4인방이 체포됨으로써 승계가 결정됐다. 4인방에게는 그들이 여러 해 동안 제국주의의 첩자 노릇을 했고 마오쩌둥과 그가 주장하는 모든 것에 격렬하게 반대했으며, 문화 혁명 당시 저질러진 모든 죄악에 책임이 있다는 지금까지도 따라붙는 의례적인 비판이 가해졌다. 4인방이 만들어 자신의 정적들을 공격하는 데 이용했던 선전 기구가 이제는 바로 자신들을 향해 정확히 똑같은 거짓말과 욕설을 퍼부어댔다. 어느 캐나다 마오쩌둥주의자는 4인방의 체포를 옹호하면서 다음과 같이 시인했다.

공식 기관지 《인민일보 人民日報》는 불과 몇 달 전에 덩샤오핑을 비난하기 위해 사용했던 언어와 똑같은 언어를 사용하여 4인방과 그들의 범죄를 묘사했다. 때때로 그러한 기사들이 새로운 상황에 대처하기 위해서 사람들의 이름만 적절하게 바꿔 기입해 그대로 다시 실렸다고 생각해도 괜찮을 것이다.[27]

마오쩌둥이 죽고 그의 측근들이 투옥당하자, 덩샤오핑이 이끄는 지배
계급의 '현대화' 분파가 지배계급 전체에 대한 자신들의 패권을 확립할
수 있는 가능성이 활짝 열렸다. 1978년에 덩샤오핑은 남아 있던 유력한
반대파를 모두 제거하고 마오쩌둥의 경제 전략을 체계적으로 폐기해 나
가기 시작했다. 그리하여 서방 제국주의와 일본 제국주의에 문호를 개방
하고, 중국이 마오쩌둥 시대의 유산인 정체와 빈곤에서 벗어날 수 있는
유일한 길이라며 '시장 사회주의'를 발전시키기 위해 포위 경제를 포기
했다.

'시장 사회주의' : 마오

5장

떠둥 사후의 중국 경제

5장
'시장 사회주의' : 마오쩌둥 사후의 중국 경제

1978년에 덩샤오핑은 '4대 현대화'(공업, 농업, 과학·기술, 국방)에 따라 경제 방향을 완전히 변화시키겠다고 발표했다. 새로운 전략은 양대 구성 부분으로 이루어졌다. 첫 번째는 현대적인 공장 설비와 기술을 수입해 수출 지향적 산업을 발전시키는 것이었다. 두 번째는 공업의 많은 부분과 사실상 농업의 모든 부분에서 국가의 중앙 통제를 대신할 '시장 관계'를 도입하는 것이었다.

과거 마오쩌둥의 경제 전략은 경제적 쇠퇴와 빈곤을 가져왔다며 현대화론자들에게 공격당했다. 그들은 1978년의 일인당 열량 섭취량이 1957년보다 낮아졌고, 농촌 인구의 10퍼센트가 1949년보다도 더 가난해졌다고 폭로했다.[1] 공격은 마오쩌둥의 주의주의(主意主義)적 캠페인들, 특히 대약진 운동과 문화 혁명에 초점이 맞추어져 있었다. 그러나 그 캠페인들이 경제 침체에 대한 대응으로 시작됐다는 것을 상기하는 것이 중요하다. 그 캠페인들이 가져온 파괴가 없었더라도 마오쩌둥의 경제 전략은 결코 효력이 없었을 것이다. 그의 승계자들은 세계 경제와 경쟁할 수 있는 산업화된 강력한 경제를 건설한다는 목표를 공유했다. 그러나 그들이 그 전략을 폐기한 것은 그것이 실패했기 때문이다.

세계 경제에 대한 문호 개방은 지배계급의 의도대로 되지 않았다. 현대 기술을 대규모로 도입하려던 초기의 야심찬 계획들은 그 중요성이 크게 감소됐다. 이는 부분적으로는 지배계급이 그 기술들을 간단히 얻을 수 없다는 점을 깨달았기 때문이었다. 1979~80년과 1983년, 그리고 1985년에 해외로부터의 구매량이 상당 정도 삭감됐다. 매번 삭감이 있을 때마다 반쯤 완성된 많은 프로젝트들이 포기됐고, 서방의 투자가들은 이런 프로젝트에 투자하는 데 신중해졌다.

또한 하이테크 설비들을 경제에 통합시켜 내는 것이 생각보다 훨씬 더 어렵다는 것이 드러났다. 이 전략의 전시장인 바오산(寶山) 제철소의 경험은 유익한 교훈을 제공해 주었다. 상하이 북쪽에 위치한 이 제철소는 세계 최대의 제철소를 지향하여 4만여 명의 노동자를 고용했고 일본과 독일에서 최신 기술을 도입했다. 그러나,

> 습지가 많은 지반은 거대한 용광로의 무게를 견딜 수가 없었고 …… 엄청난 액수의 귀중한 외환을 기초 보강을 위한 철근을 수입하는 데 써야 했다. 일본산 용광로는 중국에서 생산되는 철보다 더 질 좋은 철광석을 필요로 했고, 따라서 호주산 철광석을 수입해야만 했다. …… 호주에서 수입한 철광석을 실은 10만 톤급 수송선은 양쯔강 어귀의 모래톱 때문에 부두에 댈 수가 없었다. 유일한 해결책은 남쪽으로 130마일 떨어진 곳에 새로운 항구와 저장고를 건설하는 것이었다.[2]

바오산 제철소의 예는 지배계급의 계획들이 수시로 뒤바뀌는 것이 전반적 추세임을 잘 보여주었다. 매번 세계 시장 속으로 더 크게 통합하는 방향으로 나아갈 때마다 지배계급은 그들이 의도했던 것보다 더 깊게 끌려들어 갔다. 무역과 투자를 유치하면 할수록 그 발전의 속도와 방향에 대한 그들의 통제력은 더욱더 약화됐다.

그 전략의 또 다른 결정적 구성 부분은 외국인 투자 유치 드라이브였다. 나중에 20여 해안 도시로 확장된 경제 특구가 세워졌고, 모든 세금의 감면과 토지와 건물의 무료 사용, 그리고 저임금이 제공됐다. 1980년에 푸젠(福建)성 성장(省長)은 다음과 같이 선언했다.

현재 우리는 홍콩과 싱가포르 그리고 한국의 임금 시세를 조사하고 있다. 우리는 이들 나라보다 우리의 임금이 더 낮을 거라고 믿는다. 투자가들의 수익성을 보장하기 위해 임금을 너무 높일 수 없다.[3]

외국인 직접 투자는 중국 당국이 기대했던 규모로 이루어지지 않았다. 투자의 대부분은 기대와는 다르게 하이테크 산업이 아니라 사무실이나 호텔, 그리고 가공 산업에 집중됐다. 주로 홍콩 자본이 투자의 다수를 점했는데, 흔히 그렇듯이 소규모 프로젝트에 투자됐다. 1988년 홍콩은 일본이 투자한 액수의 거의 4배인 21억 달러를 투자했다.[4] 그 액수에는 실제로는 '위장 회사'를 통해 투자된 막대한 액수의 중국 자금이 포함되어 있었다.

중국의 상사는 홍콩에 명목상의 회사를 설립한다. 그러면 홍콩의 위장 회사는 형식상으로는 외국인 투자가로서 중국에 투자한다. 그 결과, 중국의 상사는 외국인 합작회사로 변신해 현지 기업들에게는 주어지지 않는 이득을 챙길 수 있게 된다.[5]

비록 대외 무역이 1978년 이래로 엄청나게 증가했지만 그것은 또한 주요한 문제를 일으키는 원인이 됐다. 이제 중국은 석유 · 석탄 · 직물 · 무기 · 광물의 주요 수출국이 됐지만, 수입은 더욱 빠르게 증가했다.

1979~1990년 기간 동안 두 해를 제외하곤 해마다 무역 적자가 발생했고, 이는 단기 차관으로 메워져야만 했다.

주요 수출 품목을 생산하는 모든 전략 산업이 세계 가격의 격심한 변동으로 타격받았다(1985~86년의 유가 폭락으로 석유 산업이, 이란-이라크 전쟁의 종결로 군수 산업이, 중국 각 성이 상품 시장에서 경쟁적으로 가격을 인하하는 바람에 광업이 타격받았다). 한편, 산업 성장과 지방 관리의 독립성이 강화됨에 따라 국가의 중앙 통제로는 수입 증가를 막을 수 없게 됐다. 지배계급은 바라던 이익도 거의 거두지 못한 반면에, 세계 경제에 문화를 개방함으로써 발생하게 된 결과들에 대해 통제력도 상실했다.

세계 시장에 대한 개방이 약속된 모든 것을 가져다 주지는 못했지만, 그럼에도 중국 경제는 1978년 이래로 탈바꿈해 역사상 그 어느 때보다도 빠르게 성장했다. 전반적인 경제 성장은 1980년대 모든 기간 동안 연평균 10퍼센트 이상을 기록했으며, 이는 세계 최고 수준의 성장률이었다. 이러한 고성장의 주된 요인은 '현대화' 전략의 두 번째 부분에 있었다. 즉 국내 경제를 급격히 재편해 투자와 생산 목표액에 대한 국가 통제를 크게 줄였던 것에 있었다. 그러나 바로 이런 개혁 프로그램의 성공은 마오쩌둥 하에서보다 훨씬 더 큰 경제적 어려움을 낳았다.

농업

최초의 개혁은 농촌에서 이루어졌다. 1979년과 1981년 사이에 공동 경작지가 개별 가족 경작지로 해체됐다. 농민들은 자신이 원하는 작물을 심어 정해진 액수의 세금을 내고 곡물의 일정량을 국가에 팔기로 계약하면, 나머지는 그들이 먹거나 자유 시장에 내다 팔 수 있게 됐다.

그 결과는 처음에는 괄목할 만한 것이었다. 1978년과 1980년대 중반까지 소출은 60퍼센트 이상이나 증가했고, 한 조사 자료에 따르면 1978년~84년 기간에 실질 소득은 평균 두 배가 늘어났다.[6] 세계은행도 빈곤선 이하에 살던 농촌 인구의 비율이 1979년의 31퍼센트에서 1983년에는 13퍼센트로 하락했다고 추정하고, "향상의 속도와 규모는 아마도 세계 역사상 그 유례가 없을 것"이라고 언급했다.[7]

생산이 증가한 것은 주로 농민들이 전보다 더 고되게 일한 덕분이었다. 곡물 대부분의 구입 가격이 급격히 오르자, 국가는 농민들이 그들이 새롭게 얻은 소득의 많은 부분을 재투자할 거라고 가정하고는 거의 투자하지 않았다. 그러나 경작지의 규모가 작다는 사실(1~2에이커)을 감안할 때 그러한 투자는 쉽게 수익을 올릴 수 없다. 기계로 땅을 갈거나 씨를 뿌리는 농지가 점차 감소하기 시작했다. 관계시설을 이용하는 농지도 점차 줄어들었다. 초기의 성장률은 오래 지속될 수 없었다.

개혁의 이면은 사회 복지비의 급격한 감소였다. 특히 인민공사의 소득이 거의 완전히 없어지자 인민공사가 제공하던 최소한의 서비스도 곧 사라졌다. 예를 들어 거의 모든 건강 관리가 개인의 책임이 됐는데, 중병에 걸린 사람은 엄청난 비용을 써야 했다. 1990년에 중환자가 농촌의 병원에 입원하려면 300위안도 더 필요했고 — 이는 농민 평균 소득의 약 여섯 달치에 해당한다 — 중병인 경우 집에서 치료할 때도 100위안이 들었다.[8]

부모들이 자녀들을 학교에 보내지 않고 농사일을 시켰기 때문에 교육 수준이 놀랄 만큼 하락했다. 1978년에서 1983년 사이에 농촌에서 중학교 입학률은 입학 대상 학생들의 46퍼센트에서 30퍼센트로 떨어졌다.[9] 물론 실제 수업 참가율은 입학률보다 낮았다. 여자아이들은 특히 가능한 한, 일찍 학교를 그만두었다. 1981년에 산시(陝西)성의 한 학교에 대해 조사한 바에 따르면 초등 과정의 1학년 학생 62퍼센트가 여학생이었으나 중등 과정에 가서는 단지 30퍼센트만을 차지했다.[10]

이런 수치들은 여성의 지위가 현저히 낮아졌음을 보여주는 한 단면이다. 농지를 공동으로 경작하는 옛 제도 하에서는, 비록 여성이 남성 임금의 80~90퍼센트만을 받았지만 여성은 최소한 이론적으로는 독자적 소득을 갖고 있었다(그러나 실제로는 임금이 남편이나 장남에게 지불됐다). 이제 그러한 이론조차 자취를 감추었다. 한 연구는 다음과 같이 언급했다.

농촌의 새로운 경제 구조는 생산수단과 관련해 여성의 지위를 해방[중국혁명] 이전의 상태로 되돌려 놓고 있다. 이제 [여성은] 작업을 할당받기 위해 조장에게 보고하는 대신에 …… 남성 가장의 감독 하에 놓이게 될 것이다. 가장이 그녀가 언제 일하고, 무엇을 하고, 쉴 수 있나 없나를 결정할 것이다.[11]

인구 증가를 억제하기 위해 정부는 1979년부터 각 가정이 한 아이만을 갖도록 제한했는데, 이런 시도는 여성의 지위를 더욱 떨어뜨렸다. 그리하여 여자 영아 살해가 1983년에 약 30만 건, 1984년에는 34만 5,000건이 발생했다.[12] 이 구래의 비극이 재등장한 것을 설명하기란 너무나 쉽다. 자식이 나이든 부모를 공양하는 것은 관습뿐 아니라 법률로도 규정돼 있다. 그러나 여성에게 시부모를 모셔야 할 의무는 있지만 친부모는 그렇지 않았다. 인민공사는 노인들을 최소한도로 돌보았지만, 토지가 사유화되자 그것마저 사실상 사라졌다. 농민들은 사내아이가 없다면 노년에 어떠한 안전도 보장받을 수 없다는 것을 깨달았다(그들의 생각은 옳았다). 그래서 만약 국가가 한 아이만을 갖도록 한다면, 그 아이는 사내 아이여야 했다.

영아 살해는 심지어 가장 가난한 지역에서는 오히려 덜 흔한 대응 방법이었다. 훨씬 더 흔한 것은 그냥 국가의 명령에 불복종하는 것이었다. 1983년에 농촌에서 태어난 아이들 중 단지 56퍼센트만이 첫 아이였고 약 20퍼센트가 셋째 혹은 그 아래의 아이들이었다.[13] 농촌 관리들은 벌금 부과보다 더한 어떤 방법으로도 영아 살해를 멈추게 할 수 없었다. 그래서 정부도 정책을 수정하지 않을 수 없었다. 즉 첫 아이가 여자아이이면 아이를 더 낳을 수 있도록 허용했다. 그러자 영아 살해는 사실상 중단됐다. 그러나 여자아이들을 쓸모 없게 여기는 분위기는 사라지지 않았다.

농업 개혁이 처음에는 확실히 생활 수준을 향상시켰지만 그것이 정부 투자가 거의 없는 상태에서 농민이 더 고되게 일함으로써 이루어진 것이기 때문에 농촌 지역에서 불평등이 증대됐다. 인구 밀도가 높고 원래 비옥한 지역에서는 생활 수준의 향상이 이루어졌지만 더 낙후된 지역에서는 그렇지 못했다. 농촌 주민 가운데 한 해에 200위안 이하의 소득을 올리는 비율이 1979년 73퍼센트에서 1982년 28퍼센트로 감소했다. 그러나 그 수치가 장쑤(江蘇)성에서는 17퍼센트 이하였음에 반해 서북부의 간쑤(甘肅)성에서는 46퍼센트를 넘었다.[14] 각 지역을 총합한 수치들은 각 지역 간에 더 확대된 불균형을 감추고 있을 뿐이다.

불균형 자체는 전혀 새로울 게 없었다. 1980년대 동안 변한 것이 있다면 각 촌락 내부에서도 생활 수준의 차이가 더욱 벌어졌다는 것이다. 가난한 지역에서는 모두가 가난하다는 것이 대체로 맞는 말이지만 그 역은 참이 아니다. 번영한 지역에서도 가난하게 사는 사람들은 여전히 많았다. 국가가 걱정하는 것은 바로 이런 불평등이었다. 왜냐하면 그 경우, 불평등이 농민들의 눈앞에서 벌어지고 있었기 때문이었다. 간쑤(甘肅)성 사람들에게 1,000마일 떨어진 장쑤(江蘇)성 사람들이 자신들보다 더 부유하다는 사실은 뉴스가 되지 않는다. 그러나 같은 마을에서 생활 수준이 향상된 농민들을 봤을 때 그렇지 않은 농민들은 그 사실에 매우 격분하게 된다.

장쑤(江蘇)성의 번창한 지역에 있는 자기 고향에 돌아온 어떤 기자는 이런 불평등의 확대에 대해 다음과 같이 묘사했다.

> 옛날 같은 반 친구가 …… 이제는 마을의 의사인데, '1만 불(弗)의 사나이' ─ 중국에서는 백만장자를 이렇게 부른다 ─ 가 됐다. 그는 그 마을의 유일한 의사였기 때문에 농민들은 반경 17킬로미터 이내에서는 다른 치료를 선택할 여지가 없었다. …… 창링이라는 한 농부는 국가로부터 보조금과 수당을 받았고, 인민공사가 그에게 조그만 오두막을 제공해 주었다. 새로운 체제가 도입된 이후 정부의 보조금이 끊겼다. 그는 매우 살기 어려워져 결국 45세에 죽고 말았는데, 병원 치료를 받지 못한 것이 주된 원인이었다. 그 후에 그의 아내와 자식들은 먹고살기 위해 매년 고향으로 돌아와 구걸하고 있다.[15]

사적 임금 노동이 농업에서나 촌락 산업[향진 기업]에서나 모두 대규모로 재등장했다. 처음에 정부는 각 기업이 8명 이하로만 고용할 수 있게 했으나 이제는 사실상 그런 제한은 사라졌다. 형식적으로는 모든 토지가 국가 소유였기 때문에 이것이 곧 지주제로의 복귀를 의미하지는 않았지만 새로 부유해진 농장 관리자들을 위해 일하는 사람들에게 그 차이를 설명하기란 매우 어려웠을 것이다.

지배계급은 이러한 불평등의 증대를 환영했다. 한 정부 각료는 경제에 대한 주요 전망 속에서 다음과 같이 말했다.

공동의 번영을 성취하는 것은 동시에 잘살게 되는 것이나 똑같은 수준의 풍요를 누리는 것을 의미하지 않는다. 역사의 교훈들은 동시에 모두가 평등한 번영을 추구하는 것은 평등주의와 공동 빈곤을 낳을 뿐이라는 것을 우리에게 말해주고 있다.[16]

지배계급이 우려했던 것은 농업에서의 변화가 도시 물가와 그에 따른 임금 수준에 미칠 영향이었다. 생산의 증대와 시장 성장의 결합 — 이 결합은 노동자들이 상점이 텅 비어 있어 어쩔 수 없이 임금을 저축하다가 이제는 소비할 수 있게 됐음을 의미했다 — 은 안정된 가격을 뒤흔드는 만성적인 인플레이션을 야기했다. 1985년에 도시 물가는 두 배나 올랐다.

또한 1985년에는 곡물 수확량이 현저히 하락했다. 정부 당국은 '자연 재해'로 설명했지만 상품 작물에 관한 수치는 그 설명이 틀렸음을 보여준다. 설탕 생산은 19퍼센트, 담배 생산은 29퍼센트 증가했다.[17] 시장 체제의 논리 속에 진정한 설명이 있다. 거의 대부분의 작물들은 자유 시장에서 거래될 수 있었지만 곡물 가격만은 정치적 필요 때문에 국가에 의해 규제됐다. 그래서 곡물 생산은 수지가 맞지 않았고, 농민들은 그들의 자유를 이용해 더 이익이 남는 작물을 재배했다. 한 공식 자료에 따르면 1985년에 곡물을 재배하던 400만 헥타르 이상의 농지가 다른 작물 재배로 전용됐다.[18]

잠시 고려됐던 한 가지 해결책은 소비 패턴을 곡물에서 육류나 낙농 제품으로 바꾸는 것이었다. 그러나 그 비용은 곡물 재배에 보조금을 지급하는 것보다 더 많이 들 수 있고, 곡물 생산을 더 감소시킬 수 있었다. 더군다나 세계은행도 그것이 정치적 실수라고 경고했다.

특히 중요한 한 가지 가능성이 있다면, 그것은 유지될 수 없는 수준으로 일인당 육류 소비량을 증가시키는 것일 것이다. …… 국제적 경험은 요구되는 육류 소비를 줄일 경우 심각한 사회 문제를 유발할 수 있다는 것을 보여준다.[19]

좀더 진지한 대응은 곡물 생산으로 전환하도록 농민을 설득할 수 있는 인센티브를 제공하는 것이었다. 자유 시장에 내다 팔 곡물의 비율을 높여 주는 것은 물론이고 대출 확대, 높은 가격, 비료와 디젤유의 상당 정도의 가격 할인이 약속됐다.

그러나 곡물과 다른 작물 사이의 가격 차이가 전에 없이 벌어지면서 1986년에는 다시 10개 성에서 곡물 생산 농지가 줄어들었다. 비록 최저 수준이던 1980년보다는 수확이 증가하기 시작했지만, 인구 일인당 곡물 생산량은 1980년대의 나머지 기간 동안 감소했고 자유 시장에 내다 팔 수 있는 곡물의 양이 증가함에 따라 일부 농민들은 심지어 자기가 먹을 식량마저 재배하지 않았다.

농업에 대한 국가 통제를 없애고 자유 시장을 허용해 농업 생산을 증대시킨다는 목표는 다름 아닌 시장의 작동 때문에 달성 불가능한 것으로 입증됐다. 국가는 1980년대 중반부터 계속해서 단지 식량 생산 하락을 완화하기 위해 농촌에 점점 더 많은 자금을 쏟아 부어야 했다.

공업

농업에서 중심 문제가 정체였다면, 공업의 경우 정반대였다. 1981년 이래 도시 개혁으로 공장 경영자들은 기업의 이윤(일정 비율만을 세금으로 낸다)에 대한 관리권을 거머쥐고 자신의 판단에 따라 이윤을 재투자할 수 있게 됐다. 또한 그들이 원료와 부품을 사고 제품을 내다 파는 데자유 시장을 이용하는 것도 허용됐다. 산업의 핵심 부문(전력·수송·군수)에는 여전히 국가의 통제가 미쳤지만 실제로 모든 소비재 산업과 대부분의 중공업이 이런 시장 기반 위에서 작동하고 있었다. 또 지방의 관리들에게는 특히 외국 차관과 투자 협정을 맺는 것을 비롯해 이전보다더 많은 권한이 주어졌다.

농업에서처럼, 이러한 개혁들은 중국에서 전에 볼 수 없던 최고의 성장률을 기록하게 했다. 1983년에서 1985년 사이에 공업 생산량의 증가분은 같은 기간 동안 남한의 총생산량보다도 많았다.[20] 1985년에 공업 성장률은 계획했던 목표치인 8퍼센트보다 두 배나 높은 18퍼센트를 기록했다. 한 각료의 말에 따르면, 그 결과는

> 신용 기금의 팽창, 소비 자금의 급등, 에너지와 원료의 부족, 통신 시설에가해지는 하중이었다. 성장 속도를 유지하기 위해 막대한 양의 원료와기계를 수입해야 했고, …… 분배량은 국민 경제가 허용할 수 있는 범위를 넘어섰다.……[21]

이 '과열'에 대한 지배계급의 대응은 기업이 독자적으로 교역할 권리를 제한하고 투자에 대한 국가의 중앙 통제를 재관철하는 것이었다. 정부의 과열 방지책은 초기인 1986년에는 효과가 있는 듯이 보였다. 그러나 그 해가 지나자 지배계급은 경기 후퇴를 우려하기 시작했다. 경제 정책은 곧 역전됐다. 그러나 1987년 초에 같은 문제가 재등장하자 국가 통제는 다시 한 번 강화됐다. 통제와 완화와 강화가 반복되는 이런 패턴이당분간 계속됐다. 1989년 말까지 성장과 투자 모두 계획했던 수준을 상

회했고, 이것은 국가가 통제력을 회복하는 게 불가능함을 입증하는 것이었다. 이런 무정부성에는 두 가지 근본 원인이 있다.

첫째는 가장 빠르게 성장한 부문 — 새로운 향진 기업 — 이 전통적인 국가 통제의 완전히 밖에 있었다는 점이다. 이 기업들은 본질적으로 집약적인 착취에 의존하는 소규모 업체로서, 곡물을 가공하거나 국영 부문에 납품되는 부품을 생산했다. 농업 개혁 후에 토지를 잃은 농민들을 고용하기 위해 1980년대 초에 세워진 이 기업들은 무서운 속도로 성장했다. 중국 농촌의 급격한 변화의 규모는 어마어마했다. 1985년에는 1,400만 개 정도의 그 같은 공장들이 존재했는데, 이 공장들은

농촌 노동력의 19퍼센트인 7,000만 명을 고용했고, 가치로는 중국 총 산업 생산의 19퍼센트를 차지했다. 이들 업체들은 전국 석탄 생산의 29퍼센트, 의류 생산의 절반, 건축 자재 공급의 53퍼센트를 담당했고 수출로 40억 달러를 벌어들였다.[22]

1988년에 이들 향진 기업들이 생산한 가치는 농업 생산의 총가치보다도 컸고,[23] 그래서 농민의 5분의 1이 토지를 버리고 공장 노동자가 됐다.[24] 그러나 향진 기업의 성장은 전국적으로 대단히 불균등하게 이루어졌다. 이 새로운 농촌 기업들의 대다수는 번창하는 남부 해안 성들에 위치했다.

바로 이런 성공이 중국 지배계급이 직면한 딜레마의 핵심에 자리하고 있다. 한편으로는 향진 기업들이 '시장 사회주의'가 경제 성장을 촉진할 수 있음을 가리키는 적극적인 증거인 것처럼 보였다. 중국 언론은 향진 기업들을 '대처주의적 꿈' — 변화하는 시장 조건에 유연하게 대처할 수 있는 기업심과 창의성을 가진 기업가들에 의해 설립된 소규모 사업 —

이라고 찬미했다. 그리고 이 기업들은 농업 개혁으로 무토지 상태로 남겨진 수천만 명의 농민들을 흡수함으로써 국가가 도시 인구의 폭발을 피할 수 있게 해 주었다.

다른 한편으로, 향진 기업들의 성장은 주로 기존 기업들의 희생 위에서 이루어졌다. 중공업 중심지인 상하이와 중국 동북부 지역은 새로운 향진 기업들이 1980년대 중반부터 국내와 국외 모두에서 시장을 잠식해 들어옴으로써 정체에 빠졌다. 향진 기업들은 국가 계획 밖에서 성장했기 때문에 그들에 의한 원료와 에너지 사용은 자원 부족을 더욱 악화시켰다. 또한 그들은 약화되고 있던 국가의 지시를 쉽게 무시할 수 있었다(비록 1988년부터는 신용 규제로 가장 타격을 많이 받게 되지만).

그러나 국가의 중앙집권적 지시를 거부한 것은 이 기업들만이 아니었다. 지방 경영자들과 관리들의 새로운 힘은 지배계급 내부에서 근본적인 권력 재분배를 가져왔다. 1985년에 중앙에서 계획된 국가 투자는 총투자의 절반 이하였다. 나머지 투자의 대부분은 사적 자본이 아니라 국영 부문 가운데 지역에서 통제하는 부분들에서 나온 것이다. 이 투자에 대한 통제권을 가지고 있는 사람들은 지배계급 전체의 이익이 아닌 그들 자신의 특수한(그리고 전체의 이익과 충돌하는) 이익에 기초해 정책을 결정했다.

그러한 모순은 1980년대 초 이래, 하급 관리 집단에 만연했던 '경제 범죄' 전염병 — 불법적 사업 관행 — 에서 가장 첨예하게 나타났다. 전기 회사 경영자가 자신에게 무료 입장권을 배부해 주지 않는 지방 극장에 전기를 공급하지 않거나, 베이징의 가스 담당 관리가 회사의 가스관에서 자기 집으로 가스를 공급하거나, 철도청 장관이 부족한 자재를 최고 입찰자에게 판매하는 업체를 3년 동안 운영한 경우와 같은 단순한 개인적 탐욕은 오히려 경제 범죄의 사례들에서 사소한 비율을 점한다.

대다수의 경제 범죄는 조직된 것으로서, '시장 사회주의'를 창조적으로 적용한, 즉 이윤 동기를 가장 앞세우는 풍조를 논리적 결론으로까지 밀고 간 것이다. 1985년의 한 사건은 이제 그것이 얼마나 멀리까지 갈 수 있는지를 잘 보여주고 있다. 베이징의 한 공장은 외국 기계 설비를 수입하기 위해 외화를 입수했다. 환어음은 이웃 허베이(河北)성에서 현금으로 바꾸어졌고, 현금(미화 4,100만 달러)은 남쪽으로 2,000마일 떨어진 하이난(海南)섬에 보내졌다. 그 섬의 현지 관리들은 그 돈으로 컬러 TV 부품을 수입해 그들 소유의 노는 공장에서 조립했고, 그 TV는 거의 화난(華南) 전역에 뻗어 있는 판매망을 통해 팔려 나갔다. 그들의 유일한 실수는 현지 세관원들에게 뇌물을 바치는 것을 잊어버린 것이다.[25]

이보다 더 소규모이고 덜 웅대한 계획들이 수년 동안 성공적으로 이루어졌고, 앞으로도 계속될 것이다. 불법으로 수입하는 컬러 TV의 수익률이 전자 제품을 생산하는 것보다 높다면(실제로 그렇다), 몰래 TV를 밀수할 수 있다고 생각하는 경영자들은 법적 절차(또는 '국익')를 무시하고 그렇게 할 것이다. 논리 자체야 흠잡을 데가 없다. 그러나 그것은 국가가 경제에 대한 통제를 여하간 잃지 않으려면 맞서 싸우지 않으면 안 되는 논리이다.

1980년대 초부터 지방 관리들에 대한 주기적인 단속 선풍이 있었는데, 선전 효과를 높이기 위해 그들 중 다수가 공개 처형됐다. 그러나 이 모든 것들은 문제에 대한 미봉책이었을 뿐이다. 공장 경영자들은 사실 한동안 겁에 질려 움츠러들었다. 그러나 너무 움츠러든 나머지 그들은 '경제 범죄'로 취급될까 봐 일절 기술 혁신을 하려 들지 않았다. 그러한 범죄와 시장 개혁의 확대 사이에 선을 긋기란 사실상 불가능했기 때문이다. 경제 범죄는 시장 개혁의 필요악이었다. 주기적인 숙정(肅正)이 진정으로 보여주는 것은 중앙 관료가 경제를 실제로 운영하는 하급 관료 집단에 대한 통제력을 상실했다는 사실이다.

그러한 공격들은 필연적으로 사라져 갔다. 중앙 정부가 지방 관리들을 더 이상 신뢰할 수 없기는 했지만 그들을 소외시킬 수는 더더욱 없었기 때문이다. 중국 경제가 세계적 차원에서 경쟁력을 갖출 수 있게 하기 위해 필요한 변화들 — 생산성 향상과 노동 비용 절감 — 은 중앙의 명령이 아니라 이들 현지 관리들에 의해서만 수행될 수 있다.

필요하다고 여겨지는 삭감의 규모는 엄청난 것이었다. 1980년대 중반에 전체 기업의 약 20퍼센트가 적자에 시달리고 있었는데, 그 규모는 연간 약 20억 위안에 달했다.[26] 위장된 실업 때문에 사실상 모든 주요 공장이 세계 기준으로 볼 때 극히 과다한 인원을 고용하고 있었다. 1986년에 정부의 한 각료는 "향후 5년간 국영 기업에서 1,500만 명의 잉여 노동이 생기게 될 것"[27]이라고 평가했다. 이 인원은 도시 노동 인력의 6분의 1이다.

그러나 1989년의 경기 후퇴 전까지는 임금과 노동 조건에 대한 실제 공격 수준은 매우 온건한 편이었다. 지배계급은 위험이 따를 수 있다는 것을 너무나도 잘 알고 있었으므로 조심스럽게 움직였다. 예를 들면, 1980년대 초에 지배계급은 농촌에서 실시되고 있던 '호당책임제'를 모든 공장 노동자들에게 확대한다고 — 시간급을 측정된 일일 노동(수당이 없는)으로 바꾸는 것을 본질로 하는 — 밝혔다. 그러나 1980년대 말에 가서야 비로소 지배계급은 국영 부문에 새로 충원된 노동자들에게 그것을 부과하는 데 성공할 수 있었다.

그들은 '비경제적'인 기업들을 정리하는 데서도 비슷한 주의를 기울였다. 1986년에 동북부 지역의 한 도시에서는 부실 기업을 일년 이내에 폐업하도록 하는 '파산법'이 도입됐다. 72명을 고용한 한 공장은 결국 문을 닫았다. 그러나 그 법이 전국적으로 확대되는 데는 2년이 걸렸다.

그 법의 주요 결과는 시 당국이 거둬들인 세금이 1985년에 비해 50퍼센트나 증가했다는 것이다.[28] 이것이 시사하는 바는 부채를 짊어진 공장의 수를 너무 높게 잡았거나 경영자들이 부실 기업을 사들여 그 자산을 처분함으로써 그 수치를 높였다는 것이다. 어떤 경우든 간에 산업 대부분이 어떻게 운영되는지 지방 정부조차 모르고 있었던 것이 분명하다.

국가의 가격 보조금과 국영 기업이 제공한 보조금을 통해 지급되던 '사회적 임금'의 지급 중지는 노동 시장을 '시장력의 규율'에 개방하는 데 필수적인 것으로 비쳐졌다. 그러한 보조금들 — 의식주와 수송비용에 지급되던 — 은 지방 경영자들의 임금 비용 통제 능력을 제약하는 주된 요인으로 비쳐졌다. 한 연구는 1983년에 지급된 이런 보조금들이 노동자 일인당 일 년에 1,000위안에 상당하는 비용 — 노동자의 연평균 임금 830위안보다 많은 — 이었다고 평가했다.[29] 그러나 보조금을 보전해 줄 다른 형태의 복지 대책 없이 보조금을 삭감하거나 폐지했다면, 그것은 노동자들 사이에 광범한 불만을 초래하는 요인이 됐을 것이다.

인플레이션과 위기의 시작

1986년에 실질 임금이 하락했는데, 그것은 생활 수준에 대한 계획된 공격 때문이었다기보다 치솟는 인플레이션 때문이었다. 1987년에 정부 대변인이 인정했듯이 인플레이션 때문에 도시 거주자 5분의 1의 실질 소득이 하락했고 그 중 20분의 1은 "정말로 곤궁했다."[30]

지배계급에게 이것은 분명히 착잡한 축복이었다. ≪파이낸셜 타임스 Financial Times≫지는 그들의 딜레마를 잘 요약했다.

어떤 측면에서는 사실 인플레이션이 바람직하기도 하다. 왜냐하면, 종종 전혀 증가하고 있지 않은 생산성이나 수익성에 관계 없이 상여금을 지급함으로써 노동 비용이 위험하리만큼 오르고 있는 수많은 산업 부문들에서 절실하게 필요한 임금 삭감을 도입하는 한 가지 방식이 되기 때문이다.

그러나 그 신문은 계속해서 다음과 같이 논했다.

국민당 정부를 몰락시킨 핵심 요인이 결국 1940년대의 극심한 인플레이션이었다는 것을 중국의 지배자들은 너무도 잘 알고 있다. 자신도 비슷한 운명이 될지도 모른다는 예감은 필시 모든 것들에 급격한 제동을 거는 것으로 나타날 것이다. 또한 식료품 가격 인상 때문에 동유럽에서 일어났던 대중적 반발을 무시하지도 못할 것이다.[31]

이것은 그들이 쉽게 해결할 수 있는 딜레마가 아니었다. 국가가 인위적으로 물가를 고정시켜 몇 년 동안 인플레이션을 억제하긴 했지만 통제가 느슨해지자 물가가 다시 폭등했다. 산업 성장의 극심한 불균형 — 원료와 에너지 부족으로 인한 결과가 나타남에 따라 급속한 호황에 경기 침체가 뒤따르는 불균형 — 은 기본 필수품의 주기적이고 예기치 못한 부족을 의미한 반면에 과잉 생산된 다른 상품들은 낭비됐다. 특히 에너지 부족으로 남부의 대부분의 도시들이 1986년에는 매일 정전의 어려움을 겪었고, 수송 능력 부족으로 제품들이 야적장에서 썩거나 녹슬었다. 이 두 가지 요인이 결합해 산업 계획에 극도의 혼란을 더했다. 공급 부족인 상품을 관리했던 사람들은 자연히 돈을 벌어 들였고, 이는 악성 인플레이션을 더욱 부추겼다.

대부분의 원료에 대해 두 가지 수준의 가격 — 국가가 정한 가격과 시장 가격 — 을 허용하기로 한 결정은 문제를 더 한층 악화시켰다. 공급이 불확실하기 때문에 사실상 시장 가격이 우세했다. 심지어 국가 기관이 재화를 공급할 때조차도 수요 덕분에 그들은 시장 가격을 아무 탈 없이 청구할 수 있었다. 또한 시장에서 공급이 과잉될 때도 이후의 공급이 불확실하기 때문에 가격은 오른 만큼 떨어지지 않았다.

그러나 인플레이션을 고착화시킨 것이 단지 물자 부족만은 아니었다. 금융과 은행업 부문의 팽창, 이에 따른 신용의 확대도 중요한 요인이었다. 1978년 이전의 은행 제도는 아주 초보적이었고, 대개는 국가가 자본의 저장고로 이용할 수 있는 개인 예금(소비재의 부족으로 저축률은 높았다)을 축적하기 위해 존재했다.

산업 개혁 과정의 한 부분은 공장들이 자금을 더 이상 국가 예산에 의존하지 않도록 하는 대신에 은행 제도를 이용해 자금을 투자로 유도한다는 것이었다. 이것은 아주 좋은 효과를 보았다. 한 연구 보고는 다음과 같이 지적했다.

> 1979년에서 1984년 사이에는 정말로 산업의 자금원이 무척 다변화됐으며, 재정에 관한 의사 결정권은 상당히 분산됐다. 개별 경제 부분이라든지 지방 정부, 기업체, 농촌의 협동조합, 특수 은행, 지방 은행 지점, 투자 신탁, (합작 주식회사의) 개인들 그리고 외국인 이해 당사자에게로 권한이 넘어갔다. 이러한 재원으로부터 증식된 '예산외 기금'(EBF)은 이른바 '제2예산' 혹은 '미조직 자본 시장'을 창출했다. 국가 예산 기금의 한 부분으로서 EBF는 1953년의 4퍼센트에서 1981년에는 약 60퍼센트로 증가했다. …… 국가는 통화 공급 일반 및 특수하게는 투자 자금의 팽창을 통제할 수 있는 능력을 상당 부분 상실했다.[32]

이런 모든 경제적 질병의 결합, 특히 중앙 국가가 서서히 경제에 대한 통제권을 잃어 가고 있다는 인식은 일찍이 1981년 초에 '현대화론자들' 진영 내부에 중요한 의견 대립을 일으켰다. 전체 전략의 성격과 속도와 방향에 관한 근본적인 논쟁이 일어났다. 그러나 이것은 명확하고 체계적으로 정립된 대립하는 두 분파 간의 분열이라기보다는 현대화 전략에 내재한 기본적인 모순의 반영이었다.

'보수파' — 덩샤오핑의 정적들은 이런 이름으로 알려지게 됐다 — 는 발전의 속도가 중국의 낙후함을 반영하는 것이어야 하며 국가 계획이 경제의 핵심 영역을 발전시키는 데 초점이 맞추어져야 한다고 보았다. 따라서 그들에게 성장 속도는 지배계급이 경제의 방향과 발전에 대한 전반적인 통제력을 유지할 수 있는 수준이어야 했다. 이에 대해 다른 쪽[덩샤오핑 분파]은 세계 시장에서 경쟁력을 갖추는 것이 최우선 과제임을 지적했다. 그들은 중앙집권적 국가 통제가 중국을 경쟁에서 뒤처지게 만들었다고 믿었다. 더 많은 분권화와 시장의 확대만이 경제에 필수적인 역동성을 제공할 수 있을 것이다. 경제에 대한 통제력을 어느 정도 상실하는 것은 견뎌야 하는 유감스러운 부작용이다.

결론적으로 보수파는 중국이 뛸 수 있기 전에 먼저 걷는 연습부터 해야 한다고 주장하고 있었다. 덩샤오핑파는 보수파의 주장에 대해 설사 계속 뒤지는 한이 있더라도 뛰는 것만이 따라잡을 수 있는 유일한 길이라고 대응했다. 양쪽 모두 상대방 논리의 물질적 제약을 정확히 지적하고 있었기 때문에 논쟁은 결판날 수가 없었다. 국제 경쟁이 중국 경제에 부과하는 요구들과 중국 경제의 능력 사이의 모순은 화해할 수 없는 것이었다.

그리하여 1982년 이후 경제 정책의 중점은 분권화에서 계획으로 이동했다가 다시 분권화로 이동했고, 그에 따라 우선 순위는 통제력의 확립에 놓였다가 다시 성장 촉진에 놓였다. 지배계급의 전반적인 통제력이 약해짐에 따라, 그리고 선택하기가 더욱 어려워짐에 따라, 분열의 골은 더 깊어졌다. 1985년 말에 분열이 표면화됐다. 노장 경제학자 천원(陣雲)은 경제의 혼란, 하급 관리들 사이에 만연한 부패, 젊은 노동자들 사이에 팽배한 불만, 그리고 일본의 점증하는 영향력을 지적하면서 덩샤오핑을 공개적으로 공격했다. 그는 다음과 같이 언급했다.

> 전체 국가 차원에서 계획 경제에 우선 순위를 두고 시장 규칙에 하위 역할을 맡기는 것이 여전히 필요하다. …… 거시적 경제 관리라는 업무를 잘 수행할 때에만 우리는 미시 경제를 활성화시킬 수 있고 무질서하지 않게 역동적으로 만들 수 있다.[33]

이러한 공개적인 분열은 이후 몇 년 동안 표면화됐고 경제 내부의 긴장을 증폭시켰다. 지배계급은 통제력을 다시 확립하기 위해 더 많은 노력을 기울였지만 대부분 실패하고 말았다. 그러나 끊임없이 반복되는 위로부터의 모순된 명령은 그 아래 단위에서 두 가지 태도 중 하나를 낳았다. 즉 경영자들과 현지 관리들은 창의력을 발휘하는 것이 잘못될까 봐 두려워 위로부터의 명령만을 기다리든지 아니면 그런 결정들을 그냥 무시해 버렸다.

또한 지배계급의 공개적인 분열과 지도의 부재는 전에 볼 수 없었던 아래로부터의 저항에 더 큰 공간을 열어 주는 주된 요인이었다.

개혁을 기다림—1978

6장

~1988년의 저항 운동

6장
개혁을 기다림—1978~1988년의
저항 운동

1989년 6월의 천안문 광장 학살의 파장 속에서 널리 퍼진 주장은 이러했다. 학살이 일어난 것은 중국이 글라스노스트 없는 페레스트로이카—공개적 논의 없이 단순히 경제 재편만을 하려는 것 — 를 거쳤기 때문이라는 것, 즉 덩샤오핑이 단순히 '경제적 스탈린주의' 체제를 제도화했기 때문이라는 것이었다. 똑같은 논리가 경제적 위기를 설명하는 데 사용됐다. 즉 체제를 적절히 개방시킬 정치 개혁이 없는 경제 개혁은 필연적으로 왜곡되거나 유산될 것이라는 것이다. 자유로운 정치적 분위기(말하자면 부르주아 민주주의) 속에서만 자유 시장 경제가 번영할 수 있다는 것이다.

마지막 주장은 중국에 바로 인접한 동아시아 나라들의 '경제 기적' 만 보더라도 쉽게 논박될 수 있다. 대만은 38년 동안 계엄령 하에 있었다. 싱가포르는 20년 이상 일당 지배 국가였다. 한편 남한은 최근에 이르기까지 군사 독재가 지속됐다. 세계 어느 곳보다도 고전적인 자유 시장 경제에 가깝다고 할 수 있을 홍콩은 150여 년 동안 민주주의 겉껍데기조차 없는 식민지 통치를 받아 왔다.

그러나 무엇보다도 논의의 기본 전제가 틀렸다. 정치적 · 사회적 변화 과정이 중국에서는 고르바초프(Mikhail Gorbachov)의 러시아와 매우 다른 형태를 취했고, 그 전개 과정 또한 훨씬 더 불균등했지만, 그럼에도 정치적 변화는 엄청난 것이었다. 중국에서 일어난 일들은 많은 점에서 흐루시초프 당시 소련의 스탈린 격하 운동 초기 과정과 비슷하다.

[1976년에 가서는] 비록 마오쩌둥 숭배의 우스우리만치 지나친 면은 사라졌지만 아직도 그것은 여전히 강하게 남아 있다. …… 공항이나 기차역 또는 주요 도로와 교차로에는 항상 마오(毛) 주석의 역할을 묘사하는 벽화가 그려져 있다. …… 그의 사상을 선전하는 대자보나 게시판 수는 헤아릴 수는 없을 만큼 많았으며 …… 몇몇 지역에서는 마오쩌둥 사상의 힘으로 구원을 맞이하게 됐다는 내용의 라디오 방송극이 날마다 흘러나오고 있다.[1]

'현대화론자'들 — 덩샤오핑을 중심으로 한 당내 일파는 이렇게 불렸다 — 은 마오쩌둥의 경제 전략을 폐기하기로 결심했다. 이것이 필연적으로 의미하는 것은 현대화론자들이 마오쩌둥의 정치적 유산을 대부분 거부해야만 했다는 것이다. 당 기구나 당과 인민 사이의 관계도 근본적으로 재편해야 했다. 위로부터의 개혁은 경제도 소생시키고 아래로부터의 또 다른 반란도 피해 나가는 것이어야만 했다. 러시아에서 있었던 스탈린 격하 운동의 배경에 관한 토니 클리프의 설명은 1978년의 중국 상황과 밀접하게 맞아떨어진다.

첫째, 경제적 합리성을 위해서는 경제에서 위계적 관계와 관련해 규칙성이나 안전성 또는 예측 가능성 등이 필수 요건인데, 독단적이고 지나친 공포 정치가 이러한 경제적 합리성에 장애물이 됐다.
둘째, 공포정치는 어느 지점을 넘으면 그것이 겨냥한 실제적 · 잠재적 희생자로 하여금 갈수록 더 노력하게 만드는 것이 아니라, 오히려 거짓으로 시늉하는 것 외에는 모든 능력을 마비시키기도 하고, 문제를 야기할 가능성이 있는 결정이면 무엇이든 회피하게 만들기도 하며, 책임을 전가하는데 능숙하게 만들기도 한다.

…… 끝으로, 지배계급도 긴장을 풀고 휴식을 취할 필요가 있는 법이다. 지배계급의 성원들은 자기네 특권을 즐기며 살고 싶어한다. 스탈린 체제가 지닌 모순들 가운데 하나는 그 속에서 사회적 특권을 누리는 관료들조차 그 체제와 일체가 되지 않았다는 점이다. 비밀 경찰은 노동자와 농민만 체포하는 것이 아니라 너무나 자주 이 특권 계층에게도 마수를 뻗쳤다.[2]

그러나 중국의 개혁 과정은 여러 가지 이유에서 흐루시초프 치하의 러시아보다 훨씬 어려웠다. 흐루시초프가 1956년에 스탈린을 비판했을 때는 근 20년 동안 계속됐던 악명 높은 테러가 종식됐고, 생활 수준은 꾸준하게 증가하고 있었다. 반면 이 시기 중국에서는 문화 혁명의 공포가 아직도 인민의 마음 속에 생생하게 자리했고, 대다수의 중국인들은 1950년대 중반의 상황보다 더 나은 것이 없는 상태에 있었다.

흐루시초프와 그의 주변 인물들은 스탈린 치하에서 침묵으로 일관했으나 마오쩌둥의 계승자들은 과거에 그와 투쟁을 벌였고 또 이 때문에 고통을 겪었던 사람들이었다. 그래서 그들은 변화에 대한 훨씬 커다란 대중적 기대를 불러일으켰다. 민주벽 운동에 대해 서술한 한 저술가가 말했듯이,

대부분의 지도자들은 문화 혁명의 희생자였다. …… 그들은 마오쩌둥주의의 실체를 가장 가까운 곳에서 보았고, 민주주의와 법치의 박탈이 얼

마나 고통스러운가를 배웠다. 이제 권력을 되찾은 이상, 그들은 민주주의와 법치를 확립하려 할 것이다.[3]

세 번째로 마오쩌둥이 결코 무한정 부정될 수는 없었다. 국가의 정통성 자체가 1949년에 마오쩌둥의 군사적 승리에 근거하고 있었고, 덩샤오핑의 권력 장악에 지지를 보낸 원로 군부 지도자들은 덩샤오핑이 이 점을 잊어버리도록 놓아두려 하지 않았다. 가장 중요한 것은, 흐루시초프가 권력에 오른 것이 한창 세계 경제가 장기 호황에 있을 때였다는 점이다. 1978년에 중국의 지배계급은 경제는 훨씬 더 취약한데 외부 세계의 경제적 압력은 훨씬 더 큰 상태에 놓여 있었다.

결국, 경제 현대화와 사회에 대한 국가 통제 완화의 필요성은 훨씬 더 절실했지만 그들이 가지고 있는 기동의 여지는 [러시아보다] 훨씬 더 적었던 것이다.

그들의 첫 번째 표적은 문화 혁명이었다. 1978년 이후부터 새 지도부는 문화 혁명이 끔찍한 범죄들을 저지른 커다란 재앙이었다고 평가했다. 희생자에 대한 보상 절차가 시작됐고 투옥되거나 박해받았던 300만 명 이상의 사람들이 석방되거나 복권됐다.[4]

문화 혁명에 대한 마오쩌둥의 책임은 교묘하게 넘어갔다. 1980년대 말에 4인방은 문화 혁명 시기의 범죄에 대한 심판을 위해 마련된 법정에 세워진 반면, 마오쩌둥은 오류를 범한 것 이상은 아니었다는 식으로 면제됐다. 이는 4인방이 마오쩌둥의 각별한 비호 아래 고무 받아 움직였다는 사실을 부정하는 것이다. 한 작가는 이를 "삼손이 전투에서 그 입을 빌린 당나귀가 필피스타인인(人)을 쳐부술 힘을 가지고 있다고 믿는 것"에 비유했다.[5]

그것은 문화 혁명이 마침내 끝났으며 덩샤오핑이 안전하게 권력에 복

문화 혁명기 동안 헤이룽장성의 얼어붙은 쓰레기 처리장에 있었던 노동수용소.

귀했다는 것을 서방 관측통에게 다시 확실하게 하기 위해 고안된, 어느 의미로 보나 공개 정치 재판이었다. 그 진행 과정은 처음부터 끝까지 조작된 각본이었다. 4인방의 우두머리격인 장칭(江靑)이 어느 지점에서 각본에서 벗어나는 기미를 보이자 곧 법정에서 퇴장당했다.

마오쩌둥의 새로운 지위에 대해서는 1981년에 덩샤오핑의 대변인 중의 한 사람이 다음과 같이 가장 잘 요약했다.

[마오쩌둥의]오류는 과학적인 마오쩌둥 사상에 배치된다. 따라서 마오쩌둥 동지가 말년에 가졌던 생각과 마오쩌둥 사상을 혼동해서는 안 된다. 마오쩌둥 사상은 마오쩌둥 동지의 오류를 포함하지 않는 과학적 이론이다.[6]

140

흑묘 백묘(검은 고양이, 흰 고양이)

"흰 고양이든 검은 고양이든 쥐만 잘 잡는다면 문제될 게 없다"는 덩샤오핑의 유명한 경구는 경제뿐 아니라 학문·과학·문화 생활 등 많은 영역에서 마오쩌둥주의 이데올로기의 지배가 끝났음을 선언한 것이었다. 이것은 어느 정도는 외국 자본을 유치하고 무역 거래를 끌어들이기 위해 지배계급이 외부 세계에 자신들의 완전히 달라진 모습을 보여줄 필요에서 촉발된 것이었다.

그러나 거기에는 일상 생활에 대한 국가 통제를 완화하도록 강력히 요구하는 내적 요인도 마찬가지로 있었다. 중국 경제의 실상이 논의되고, 중국의 과학과 기술이 세계 수준을 따라잡게 되려면, 학자들은 그들의 어깨 위에서 내려다보는 지방 당 서기의 시선을 염려하지 않고 속마음을 자유롭게 말할 수 있어야 한다. 마찬가지로, 정부에 대한 대중의 지지가 어느 정도 회복될 수 있으려면, 국가가 과거의 잘못을 시인할 뿐 아니라 그 잘못을 고치려고 노력하는 모습을 보여야 한다.

경제 개혁이 또한 국가 통제의 대폭적인 완화를 요구했다. 자유 시장은 지방 관리들의 규제를 받지 않아야 비로소 제대로 돌아갈 수 있었다. 인민공사의 해체는 농민의 생활에 대한 일상적인 국가 통제 대부분이 철폐됨을 필연적으로 의미했다. 도시에서 젊은 실업자들을 흡수하는 자영업 및 소기업의 확산은 경찰의 엄격한 거리 단속의 완화를 요구했다.

도시 지식 분자들의 적극적 혹은 소극적인 지지를 회복하는 것이 가장 절실했기 때문에 문화 영역에서의 자유화가 가장 많이 진전됐다. 문화 혁명의 실체에 관해 발언할 수 있는 자유를 제한적으로 허용한 것이 수많은 단편·소설·시와 영화들이 쏟아져 나오는 결과를 빚어냈다. 초기에는 대부분의 문학 작품이 악덕 지주나 주자파가 '4인방' 추종자로 대체되고 결국에는 단순하기 짝이 없는 도덕적 교훈이 도출되는 식의 마오쩌둥주의 선전 스타일을 반복했다.

그러나 1980년대 초에 와서는 진짜 흥미로운 문화적 성과들이 나오면서 이전에는 금기 사항이었던 주제들, 즉 감옥 생활이라든지 성(性)문제 또는 부정부패, 지방의 낙후함, 병영 생활, 심지어 1930년대의 홍군에 대해서도 다루기 시작했다.[7] 같은 현상이 언론 매체에서도 일어났다. 1986년 말 중국에서 발행된 잡지와 신문은 5,000종이 넘었다. 이에 비해 1973년에 베이징에서 구해볼 수 있었던 잡지나 신문은 64종에 지나지 않았다. 그나마도 모두 완전히 같은 내용의 것들뿐이었다.[8] 이제는 관영 언론들도 예전보다 훨씬 솔직해지기 시작했다.

이것은 부분적으로는 어느 정도의 대중적 지지를 회복하기 위한 필수적 수단이었다. 마오쩌둥주의 선전물은 읽히지도, 믿지도 않았다. 매체가 누구에게 무언가를 확신시키려면 그것은 일상 생활의 현실을 반영해야 하고, 그리하여 경제적·정치적 문제들에 대해 언급하지 않으면 안 됐다.

그러나 그것은 또한 사회 전체에 대한 국가 통제의 일정한 와해를 반영했다. 권위주의적 경찰 국가를 운영하기는 상대적으로 쉬운 일이다. 그러나 국가가 주도하지 않는 어떤 일을 허용해야 할 때, 검열관들의 임무는 훨씬 더 복잡해진다. 허용 범위는 끊임없이 도전을 받게 된다.

여전히 상당 부분 검열이 이루어지고 있었다. 소설, 영화, 신문이 그냥 사라지거나 아니면 내용을 바꾸라고 되돌려 보내졌다. 그러나 순전히 문화물의 양만 보더라도 검열의 많은 부분이 사후적 성격을 갖는다는 것을 알 수 있으며, 새로운 법규가 애매해 검열관들은 상위의 당국에 떠넘겨 버리기를 좋아했다. 예를 들면 베트남 침공을 비판한 한 영화는 상영 허가 결정을 받기 위해 정치국을 거쳐야만 했다. 영화를 본 후 덩샤오핑은 영화가 하노이(Hanoi)에서 상영됐더라면 좋았을 것이라는 언급으로 긴 정적을 깨뜨렸고, 그 영화는 결코 다시 볼 수 없었다. 그러나 감독은 작업을 계속했다.[9]

중국의 새 지도자들은 결코 진정한 민주주의자가 아니며, 인민의 자유를 확대하는 데 관심을 가져본 적도 없었다. 서방의 대다수 언론과 정치가들에 의해 교묘하게 조장된 위대한 '자유화 창도자'로서의 덩샤오핑 신화는 1989년에 천안문 광장에서 유혈의 파탄을 맞을 것이었다. 1978년 이래 수행된 정치·사회적 변화들은 지배계급의 사회적 기반을 확장하기 위한 조치로서 도입됐고, 그리하여 그들은 혹독한 경제 재편을 위한 대중적 동의를 끌어낼 수 있었다.

그러나 크리스 하먼(Chris Harman)과 앤디 제브로프스키가 고르바초프의 러시아에 관해 기술했던 내용은 중국에 대해서도 마찬가지로 진실을 전달한다.

> 위로부터의 글라스노스트는 미래의 정책을 둘러싼 투쟁을, 당의 최고 지도부로부터 지적 생활의 지렛대를 통제하는 자들의 대열로까지 확장시켰다. …… 그러나 일단 이러한 환경 속에서 논쟁이 일어나기 시작하면, 그것은 지도부 내 경쟁 분파들이 제기한 문제들로 국한되지는 않는 법이다. 위로부터의 글라스노스트는 무언가 훨씬 더 심원한 것, 즉 아래로부터의 글라스노스트를 위한 문을 열어 놓았다.[10]

민주벽

그와 같은 아래로부터의 첫 폭발이 1978~81년의 민주벽 운동이었다. 그 운동은 1976년 반란 이후에 결집한 소규모 반체제 분자 그룹들이 주도해 시작됐는데, 그들 중 어떤 이들은 과거 홍위병이었던 오래된 조직과 연관이 있었다. 민주벽 운동은 문화 혁명 시기에 농촌으로 하방됐다가 1977년 이후부터 다시 도시로 밀려들기 시작한 청년들 속에서 대중적 기반을 갖게 됐다.

민주벽 활동가들은 충분히 발전된 정치적 분석도 전혀 갖추지 못했으며, 그들 내부의 차이도 컸다. 이 차이가 공공연히 표출되는 일은 드물었지만 말이다. 그들은 일련의 일반적인 요구들을 중심으로 운동 대오를 결집시켰다. 더 많은 민주주의, 문화 혁명 희생자들에 대한 복권과 보상, 검열 제도 폐지 그리고 1976년 소요를 진압한 책임자의 해임 등이 주된 요구 사항이었다.

활동가들은 대부분의 주민들이 그랬듯이, 공산당 내에 남아 있는 마오쩌둥주의 강경파에 반대해 덩샤오핑을 유보 없이 지지했다. 경제 개혁을 약속하고 4인방을 투옥시킴으로써 정부는 1950년대 초 이래 그 어느 때보다도 높은 대중적 지지를 얻게 됐다. 수천만 명이 문화 혁명과 1980년대 초의 캠페인으로 고통을 받았다. 비록 그들은 4인방이 그들의 고통에 대한 전적인 책임이 있다고 생각하지는 않았지만, 그럼에도 4인방이 공개적으로 모욕당하는 모습을 보고 기뻐했다.

그러나 민주벽 활동가들이 덩샤오핑을 지지하기는 했지만, 그들은 정부가 제시하는 것보다 훨씬 더 큰 변화를 원했다. 1978년 초부터 많은 대자보가 베이징과 다른 도시에 나붙었는데, 대자보의 주된 내용은 신속한 민주화, 1976년에 체포된 사람들의 석방, 반란 진압 책임자에 대한 처벌을 요구하는 것이었다.

덩샤오핑은 1976년 소요를 4인방의 지위를 약화시키는 데 이용했다. 그는 이제 이 새로운 운동을 자신의 지도력을 공고히 하는 데 이용했다.

문화 혁명기에 하방된 학생들, 난징, 1965년

1978년 10월에 있은 당 중앙위원회 실무회의(원래 예정으로는 3일간이었는데 5주가 소요됐다)에서는 덩샤오핑의 주요 정적 네 명을 순전히 상징적인 자리로 강등시켰다. 그들 중 세 사람은 1976년 소요 진압을 지시했다는 이유로 제거됐고, 76년 소요는 "혁명적 행위의 본보기"로 선언됐다.

회의 기간 동안 대자보의 수는 자연히 늘어났다. 회의에서 76년 소요가 정당하다고 선언했다는 소식이 알려지고 난 다음, 운동은 수많은 대자보가 나붙은 베이징 시내 중서부의 한 거리로 초점이 모아지기 시작했다. 그 곳은 정치·예술·문화에 관한 토론이 끊이지 않는, 그리고 최초의 반체제 신문들이 판매를 기다리는 무대가 됐다. 대중 집회가 시작됐고, 11월 25일에는 1만여 명의 사람들이 많은 연사들의 연설을 듣기 위해 모여들었다. 누군가가 미국 언론인이 덩샤오핑과 가진 인터뷰 내용을

민주의 벽, "경축 민주의 벽 탄생 1주년"이란 벽보가 붙어 있다. 1979년 11월

전해 주었는데, 그것에 의하면 덩샤오핑은 이렇게 말했다. "민주벽은 좋은 것이다. 인민들은 자유롭다." 같은 달에 장칭(江靑)을 공격했던 1973년 대자보의 필자이자 운동의 대변인이었던 사람이 광저우(廣州)의 교도소에서 석방됐다. 그 소식은 분명한 의미를 담고 있었다. 즉 새로운 권력자는 운동에 대해 관대할 뿐 아니라 지지하기까지 한다는 것을.[11]

체포의 두려움 없이 말할 자유, 새로운 사상에 대한 갈증, 그리고 오랫동안 억눌렸던 지난 10년간의 진실에 관해 말하고 싶은 불 같은 욕구는 대자보라는 수단으로는 이제 충분치 못하게 됐다. 1979년 1월에 수십 매의 필사본 신문이 모든 주요 도시에 유포됐다. 한 조사 연구는 베이징에서만 그런 잡지들이 55종 발간됐고 중국 전역의 22개 도시에서 88종이나 됐다고 기록하고 있다. 실제 수치는 훨씬 더 높았을 것이라는 데는 의심의 여지가 없다.[12] 연설 또한 신문 못지 않게 도시에서 도시로 확산됐

다. 11월 말 베이징에서 온 활동가들은 상하이에서 청중 수가 15만 명에 육박하는 집회에서 연설했다.

많은 활동가들은 그때까지의 승리에 도취되어 있었을 뿐, 행운을 더 밀고 나아가려는 노력을 하지 않았다. 이는 특히 운동의 문화적 측면에서 사실이었다. 대부분의 비공인 발간물들은 그 지면이 전적으로 단편 소설과 시에 할애됐고, 모두가 정기적으로 이런 것들을 실었다. 화가와 조각가 그리고 판화가들은 비공인 전시회를 조직했고, 새로운 실험 정신이 공식 매체에까지 슬그머니 진출했다. 비록 실제로 모든 예술은 직접적으로 정치적인 것이었지만, 이것은 운동의 가장 덜 위협적인 측면이었다. 그 결과로 자의적인 검열의 항상적 위협 아래서나마 가장 오래 살아남을 수 있었다.

그러나 전체로서의 운동은 너무나 강력한 역동성을 가졌기 때문에 이러한 형식으로는 더 이상 담아낼 수 없었다. 지난 몇 달 동안의 경험은 활동가들에게 싸우면 이길 수 있다는 것을 가르쳐 주었다. 언론 자유가 신장될 때마다, 매호 새롭게 저널이 나올 때마다 새로운 부정이 폭로됐다.

문화 혁명 희생자 일부에 대한 복권과 농촌으로 하방당했던 일부 학생들의 도시 귀환은 비슷한 처지에 있는 사람들로부터의 복권 요구들이 쏟아져 나오게 했다. 1978년 말에 베이징에서만 이와 같은 사람들이 1만 명이나 됐는데, 그들은 아무데서나 자고 구걸을 하거나 매춘 혹은 도둑질로 연명해 왔던 사람들이다.[13] 수십만 명의 학생들과 다른 청원자들이 전국 각지에서 도시로 쇄도했다. 그들은 배급권과 도시에서 거주할 권리에 필요한 증명서가 없어 쉽사리 고향으로 되돌아갈 수도 없었다. 부모들이 경찰을 두려워해 자식들이 귀환하는 것을 거부하는 일이 너무나도 흔했다. 그들이 정상적인 생활을 재개하기 위해선 공식 복권이 필수 요건이었다.

정부가 그 요구를 거부하자 시위 규모가 커지고 한층 더 전투적으로 되어 갔으며, 다른 도시로 파급되기 시작했다. 덩샤오핑의 반응은 운동이 더 이상 '국기 문란'을 초래해서는 안 된다면서 정부에서 허용한 주제들에 대한 토론 정도로 자제할 것을 요구하는 것이었다.

이에 대한 응답으로 ≪탐구≫지의 편집자이자 운동의 가장 거리낌없는 지도자 중 한 사람인 웨이징성(魏京生)은 공개적으로 덩샤오핑을 공격했다.

> 덩샤오핑은 민주주의를 원하는가? 아니다. 그는 원하지 않는다. 그는 인민의 곤궁을 이해하려고 하지 않는다. 그는 민주적 권리를 위한 투쟁을 탄압 받아 마땅한 말썽꾼들의 행동으로 묘사했다. 잘못된 사회 정책을 비판하고 사회 발전을 요구하는 사람들을 처리하기 위해 그 같은 수단에 호소하는 것은 정부가 이 민중 운동을 매우 두려워하고 있음을 보여주는 것이다.[14]

2주 후 그는 체포됐고, 그의 체포에 항의하던 사람들도 얼마 안가 체포됐다. 운동이 정부가 정한 한계를 벗어나지 않는다면 용인할 수 있다는 정부 선언이 처음에 있고 난 다음, 탄압은 1979년 내내 더해갔다.

탄압은 의심할 바 없이 1979년 2월 중국의 베트남 침공과 연결되어 있었다. 중국의 동맹자인 폴 포트(Pol Pot)를 제거하기 위한 베트남의 캄보디아 침공에 대해 '응징'하는 것과 베트남과 분쟁 대상이 된 수역(水域)에 위치한 '자국'의 연안 유전을 방위하기 위해 무력을 사용할 것임을 경고하는 것 이 두 가지가 그 침공의 주 목적이었다. 비록 소수의 민주벽 활동가들이 베트남 침공을 비판했지만, 전쟁은 정부에 대한 어떤 반대조차도 반역으로 색칠해 버릴 수 있는 분위기를 낳았다. 베트남과의

베이징. 미국의 베트남 개입에 반대하기 위해 학생들과 군중이 모여 있다.

전쟁은 탄압을 위한 구실을 제공했다. 덩샤오핑은 권력을 확고히 하기 위해 운동을 이용했다. 그리고 이제는 운동이 더 이상 효용 가치가 없게 됐다.

제한적인 관용은 국내용이라기보다는 국제용이었다. ≪파 이스턴 이코노믹 리뷰 *Far Eastern Economic Review*≫지의 냉소주의자들은 그 문제를 다음과 같이 보았다.

기업인들은 민주주의와 인권에 대해 가장 관심 깊은 지지자가 아닐 수도

웨이징성의 재판, 검찰관이 웨이징성에게 잡지 《탐구》한 부를 들어 보이고 있다. 웨이징성은 반혁명적인 글을 출판했다는 죄로 15년형을 선고받았다. 1979년 10월.

있다. 하지만 그들은 민주주의와 인권을 산업 및 상업 구조의 원만한 작동을 위한 최상의 보증 수표로 본다. …… 중국의 주요한 문제는 여전히 현대화이지만, 그것을 위해서는 주민들의 진심 어린 지지가 있어야 하는데, 이 지지는 민주주의와 정통성의 결여 때문에 상실될 수도 있다.[15]

그러나 운동은 소멸하기를 거부했고, 규모는 작아졌지만 더욱더 강고해졌다. 농촌으로 하방된 청년들의 새로운 시위가 베이징과 상하이 그리고 항저우(抗州)에서 일어났다. 그리고 1979년 11월에 웨이징성(魏京生)이 재판에 회부됐을 때, 그의 법정 진술은 팜플렛으로 출판돼 민주벽에서 판매됐다.

1980년 초에 모든 비공인 신문이 금지됐고 민주벽도 대부분의 도시에서 폐쇄됐다. 그러나 지배계급은 낡은 억압 방식으로 그냥 되돌아갈 수는 없었다. 운동이 한층 더 제재를 받게 됨과 동시에, 새로운 정치적 수단들이 개발됐다.

1980년 8월에 전국적으로 지방 인민대표자대회 선거가 치러졌다. 비록 대표자대회의 실제 권한은 영국의 평균적인 지역구 평의회 정도였지만, 활동가들은 선거를 이용해 전단과 대자보를 제작하고 수많은 집회와 토론회를 개최했다.

선거에 간섭하려는 정부측 시도가 두 대학에서 대규모 항의를 불러일으켰다. 창사(長沙) 대학에서 열린 집회의 한 보고에 의하면, 현지의 공장들에서 학생들을 위해 2,000~3,000위안(약 평균 3년치 임금)[16]을 거둔 모금 운동이 있었다. 이것은 역사의 아이러니이다. 마오쩌둥이 학생 활동가로서 정치 활동을 시작한 것은 바로 이 창사에서였다.

한 저술가는 그와 같은 선거 경합이 12곳에서(그 중 5곳은 공장에서) 있었다고 기록하면서 다음과 같이 주장했다.

> 알려진 사례들 가운데 베이징(12곳 가운데 4곳)에서 있은 사례들이 그만큼 많다는 사실로 미루어 볼 때 외국인 참관인도 없고 보고도 되지 않은 지역들에서도 또 다른 격렬한 선거 경합이 있었을 것이다.[17]

같은 달, 귀향 허가를 요구하는 상하이에서 온 청년들의 운동이 신장(新疆)성 악수시에서 폭발했다. 이 운동이 최정점에 달했을 때 7만 명 이상을 운동에 끌어들였고, 사실상 도시를 장악했다. 비록 대다수의 청년이 농촌에 남아 있어야 했지만, 항의 운동은 사실상 하방 정책을 종식시켰다.[18]

운동은 수년 동안 비합법 상태로 살아 남을 수 있었다. 1980년 9월에 50여 개 이상의 비공인 간행물의 대표자들이 전국적인 조직을 만들기 위해 광저우(廣州)에서 모임을 가졌다. 적어도 활동가들의 일부는 노동자를 조직하는 방향으로 전환했다. 폴란드에서 연대노조 운동이 떠오르고 있다는 소식이 전해지면서 상하이와 우한(武漢) 그리고 시안(西安) 등지에서 비공인 노동조합을 설립하려는 시도가 있었으며, 타이위안(太原)에서는 파업이 일어났다.[19] 1981년에 수백 차례의 체포를 겪고도 운동은 살아 남았지만, 1983년 여름에 시작된 탄압으로 마침내 파괴됐다.

탄압과 그 한계

선거가 끝나자 결정적으로 힘의 균형추가 기울어지면서 더 이상의 개혁은 전면 중지되고 과거의 탄압으로 되돌아가기 시작했다. 이러한 국면 전환은 1981~83년의 법과 질서를 명분으로 내세운 단속 강화와 1983년 말의 '정신 오염' 추방 운동 등에서 절정에 달했다. 법과 질서를 명분으로 내세운 단속 강화는 3대 집단, 즉 민주벽 활동가의 잔존 세력과 부패한 관리들, 그리고 실업자와 젊은 부랑자들을 그 표적으로 삼았다. 특히 세 번째 부류가 주로 희생됐다.

하방됐던 학생들이 돌아오고 일자리 없이 학교를 떠나는 학생들의 수가 점점 늘어나자, 1970년대 말과 1980년대 초에 실업률은 현저히 높아졌다. 자기 노동으로 이른바 '용역업체'(거리 청소나 산업 폐기물 수거, 화물 운반 등)를 꾸려나가는 청년들이 더욱 많아졌다. 소매업 분야에서도 시장 개혁의 바람이 일찍부터 불어옴에 따라 수많은 사람들이 간이 음식에서 외국 화폐에 이르기까지 온갖 것을 파는 노점상을 차리는 것이 허용됐다. 이들 서로 겹치는 집단들은 1980년대 초에 이르러 적어도 대도시에서는 대개 국가 통제 밖에 있는 거리 문화를 형성하게 됐다.

류망(불량배)이라고 불리는 이 개인들은, 사회의 변두리에서 살아가면서 지배계급에 대해 극도로 냉소적이며, 서구적인 것에 대해서는 지나치게 흠모하고, 성도덕 및 연장자와 법 일반에 대한 존중심 같은 전통적인 규범에 공공연히 반항하는 것이 특징이었다. 이들 중 대다수에게 좀도둑질과 매춘은 단순히 생존하기 위한 수단이었을 뿐이다. 거리에 대한 국가 통제를 다시 강화하기 위해 법과 질서라는 이름으로 단속 선풍이 시작됐다.[20]

단속이 시작된 초기에 제일 볼 만한 사례들(조직적인 매춘, 대규모 사기 사건, 심지어는 무장 강도)은 이들 류망이 아니라 중국 사회에서 가장 특권적 집단 중의 하나인 고관의 자식들이 저지른 것이다. 1981년에 그러한 자들에 대한 여러 차례의 공개 처형이 있었는데, 이것은 법질서 강화를 위한 어느 정도의 대중적 지지를 획득하는 데 도움이 됐다. 그러나 단속이 계속 진행되자 관료들은 점점 더 효과적으로 자신들을 지켜나갈 수 있었고, 이에 따라 거의 대부분의 희생자는 실업자들 가운데서 생겨났다.

1983년 말, 탄압이 고조됐을 당시 한 관측통은 다음과 같이 보고했다.

머리를 **빡빡** 깎은 채 무장 경관이나 무장 경비원들에게 떠밀린 청년들로 가득 찬 호송 차량의 모습은 이제 새로운 중국에서도 다시 흔한 광경이 되어 버렸다. 유죄 판결을 받고 처형장으로 향하는 죄수들의 행렬도 역시 그렇다.[21]

그 해 8월, 베이징에서만 30명이 공개 총살됐다. 전국적으로 처형당한 사람 수는 수천 명에 달했다. 5만 명에 이르는 군중이 처형을 지켜보도록 동원됐다.

한편 보수파는 바람직하지 않은 서구의 영향으로 인한 '정신 오염' 추방 운동에 착수함으로써 사회 생활 전반에 대한 통제권을 다시금 확고히 움켜쥐기 위한 시도를 강행했다. 이로 인해 지방 관리들 — 거만하고 고집불통인 자들 — 은 누구나 일상 생활의 아주 사소한 데까지 다시 한 번 간섭할 수 있는 기회를 갖게 됐다. 이것이 불러일으킨 문화 혁명의 기억이나 몇몇 금지 조치가 지닌 완전한 불합리함 때문에 이 운동은 곧바로 반(反)생산적인 것으로 끝나고 말았다.

서방의 한 언론인은 이것을 다음과 같이 묘사했다.

> 여성들이 머리를 어깨 아래까지 늘어뜨리는 일은 금지됐다. 군인들에게는 여자 친구의 사진을 내놓으라는 명령이 내려졌다. 베이징 당 위원회는 장발과 굽 높은 구두의 착용을 금지한다는 경고문을 게시했다. 젊은 이들은 거리에서 선글라스를 몰수당했다. 더욱 심각한 것은 몇몇 새로 부유하게 된 농부들이 은행 구좌가 동결되자 자살한 일이다. 농촌 출신 군인은 장교든 사병이든 도시에서 배우자를 구하는 것이 금지됐다. 그리고 외국인 투자가들은 계약서에 서명 날인하는 것을 연기했다.[22]

이 운동은 지배계급이 직면한 중심 모순을 노출시켰다. 정치적 반대나 바람직하지 못한 사회적 변화 따위를 처리하기 위해 낡은 방식으로 다시 복귀하는 것은 여하튼 간에 경제 개혁 전략 전반을 와해시킬 위험을 안게 되는 것이었다. 중국 노동자와 농민이 개혁으로 혜택을 받는 주 대상이라고 그들을 설득하려고 시도하는 것이 그 전략의 핵심이었다. 그러나 생활의 모든 측면에서 국가가 다시 일일이 지시를 내릴 것이라는 두려움으로 인해 그러한 시도는 허사가 될 것이었다. 그리하여 지배계급은 보수파를 억제하고 어느 정도의 통제력 상실을 받아들이지 않으면 안

154

됐다.

그러나 지배계급이 통제를 완전히 느슨하게 할 수는 없는 일이었다. 생활수준 향상과 인신의 자유에 대한 기대는 더 큰 변화를 위한 끊임없는 요구들을 낳았다. 그리하여 탄압과 통제 완화 사이에서 끊임없이 정책이 왔다갔다했다. 성장하는 '거리 문화' 가 일상적 통제에 대해 도전한 것은 강도 높은 단속으로 누를 수 있었지만, 의식적인 정치적 반대 운동의 경우는 훨씬 더 해결하기 힘든 일련의 딜레마를 가져왔다.

소수 민족들 : 인종주의와 저항

중국에서의 민족 문제는 러시아에서처럼 중심적인 중요성을 띠어 본 적이 없었다. 공식 통계에 따르면, 중국 인구의 93퍼센트 이상이 한족(漢族)이다. 많은 소수 민족의 민족주의자들은 이 통계 수치가 너무 낮다고 주장한다. 이것이 맞을 수도 있지만, 실제로는 수치가 현실보다 과장되어 있다. 10개의 주요 소수 민족 가운데 4개(가장 큰 한 집단을 포함해)는 일상 언어나 관습에서 한족과 거의 차이가 나지 않을 정도로 철저하게 동화됐다.[23] 예컨대, 1982년 인구 통계는 만주족을 430만 명으로 책정했지만, 만주어는 20세기 대부분의 시기 동안 동북부 지역에서 소멸됐다. 만주어를 쓰는 가장 큰 단일 집단이 신장(新疆)성 최서단의 계곡에 살고 있는데, 이들은 18세기에 거기서 주둔한 변경 수비대의 후예들이다.[24]

다른 민족들도 인구가 희박한 그들의 장저우(鄭州) 지역으로 한족이 이주해와 본거지에서조차 소수로 전락함에 따라 강제 동화될 운명에 직면했다. 예를 들면, 내몽골에서 몽골인은 이제 인구의 20퍼센트도 안 된다. 공식적으로 중국 정부는 항상 소수 민족들이 고유의 언어와 관습을 유지하고 발전시키도록 장려해 왔다. 그러나 현실에서는 온정주의에서 노골적인 인종주의에 이르는 다양한 방책이 구사되고 있다.

회교도들과 티베트인들이 주로 저항하는 집단이다. 중국의 1,500만 회교도는 여러 민족들로 나뉘어져 있다. 그 가운데 대체로 절반은 민족학상으로나 언어학상으로나 중국인이지만, 공식적으로는 소수 민족(회족)으로 분류되는데, 그 이유는 오직 그들의 종교 때문이다. 나머지 대부분은 위구르인이지만, 그러나 상당수의 카자흐인과 키르기스인이 있으며 이들은 러시아 접경 지대에 산재한 훨씬 더 큰 집단들과 긴밀한 연관을 유지하고 있다.

회교도의 다수가 살고 있는 신장(新疆)성은 18세기에 와서야 중국에 병합됐고, 여전히 이곳은 사실상 식민지(신장[新疆]이라는 이름 자체가 '새로운 영토'를 의미한다)로서 지배되고 있다. 1950년에 홍군이 정복군으로서 입성했을 때 몇 년 동안 성 북부에서 무장 저항이 있었다. 강제집산화(유목민을 정착촌에서 강제로 살게 한 것도 여기에 포함된다)의 충격과 대약진 운동의 재앙은 몇 차례에 걸친 유산된 반란을 촉발시켰고, 한편에서는 6만 명 이상의 카자흐인들이 러시아 국경 너머로 도망가는 일도 있었다.[25]

문화 혁명 기간 동안, 모스크(회교 사원)는 강제로 폐쇄당했고, 기도가 금지됐다. 한편 위구르어와 카자흐어에서 사용하는 아랍 문자와 키릴(Cyrillic) 문자가 폐지되고 로마 문자로 대체됐다. 1980년 초에 회교도의 분노가 공공연한 전쟁으로 터졌다. 1980년 4월에 위구르 어린이가 살해된 뒤 이틀 간의 폭동이 악수시에서 일어났다(회교도들은 또한 그해 말 같은 악수시에서 있은 상하이 청년들의 항의 시위에 가담하기도 했다). 그 이듬해 카슈가르(kashgar)시에서 일어난 한 위구르 인에 대한

발포는 수천 명의 회교도들을 가두 투쟁으로 끌어들여 결국 군대가 투입되는 사태로 이어졌다.[26]

그런 일이 있고 난 뒤, 상당한 자유화가 진행됐다. 옛 사원이 다시 문을 열고 새 사원이 설립됐다. 아랍어 사용 금지 조치는 폐기됐다. 제한된 인원이지만 메카 순례도 허용됐다. 새롭게 편집된 코란이 발간됐다(러시아의 회교도들은 이제 그들의 언어로 쓰인 코란 책자를 중국에서 수입한다).[27]

이러한 양보 조처에도 불구하고, 중국의 인종주의와 경제적 낙후성이 두 가지에 대한 회교도의 분노는 계속 끓고 있었다. 1985년 12월에 1,000명 이상의 학생들이 우루무치(Urumchi)에서 핵 실험 반대(중국의 핵 실험장과 폐기장은 대부분 신장성에 있다)와 가족 계획 정책에 반대하는 시위를 펼쳤다. 그 다음 달 신장(新疆)성에서 온 학생들은 베이징에서 동조 시위 행진을 벌였다.[28] 소수 민족계 학생들은(특히 베이징에서 유학하는 학생들) 정부 내 상징적 직위를 맡기 위해 훈련받고 있는 엘리트들이다. 그런 학생들조차 중국의 지배에 반대해 항의 운동에 나섰다는 사실은 신장(新疆)성의 반중국 감정이 얼마나 뿌리깊은지를 잘 말해주고 있다.

그러나 가장 중요한 시위들은 1989년의 천안문 항의 운동 때 일어났다. 시위는 소수 민족들의 성 관습에 관한 책을 둘러싸고 시작됐는데, 그 책은 회교도를 조잡하게 모독하는 내용이었다. 1989년 5월 12일에 베이징에서 2,000명의 시위대가 그 책의 판매 금지를 요구하는 항의 행진을 벌였다. 다음 날 1만 명 이상이 란저우(蘭州)에서 항의 행진을 했고, 거기서 뒤이어 폭동이 일어났다. 정부의 응답은 신속했다. 산시(陝西)성에서는 5월 15일까지 9만 권의 책을 관리들이 소각했다.[29] 그러나 같은 날에 회교도의 시위로서는 최대 규모인 거의 10만 명이 칭하이(靑海)성의

5개 시·읍에서 항의 행진을 했다(칭하이성의 공식 인구는 400만을 약간 넘는다).[30] 우루무치에서는 수천 명이 "돌멩이와 쇠파이프를 들고 지방 당 본부와 무장 경찰대를 공격했다."[31] 이틀 후 정부는 그 책을 전국적으로 판매 금지했다.

이것은 1930년대 이래 중국에서 일어난 최초의 범이슬람 운동이었다. 이전의 반란들은 잘해야 위구르와 카자흐가 연합하는 수준이었다. 이번에는 운동이 확산된 것으로 볼 때 회교도의 상당수가 그 운동에 연루됐음에 틀림없다. 1970년대와 1980년대 초 이슬람 근본주의의 발흥 때도 중국이 무사히 넘어간 것은 중국 회교도의 90퍼센트가 수니파인 탓도 있지만, 더 큰 이유는 국가가 종교 지도자들을 능수 능란하게 매수했기 때문이다. 중국 정부의 재빠른 대응은 그러한 운동의 잠재적 힘에 대한 그들의 두려움이 어느 정도인지를 보여주었다.

회교도 운동이 반정부 운동과 어느 정도나 융합됐는지에 대해서는 말할 수 없지만, 그러나 항의 운동이 전반적인 반란 분위기에 고무 받았다는 것은 분명하다. 또 국가가 서둘러 양보한 것이 항의 운동에 참가한 모든 이들에게 자신감과 용기를 주었을 것이라는 것도 분명하다. 확실한 사실은 회교도들의 분노가 천안문 학살 이후 사라지지 않았다는 점이다. 1990년 4월에 카슈가르 근처의 조그마한 도시에서 무장한 이슬람 분리주의자들과 경찰 사이에 적어도 22명의 사망자를 낸 심각한 전투가 있었다. 그 전투가 일어난 것은, 이슬람 근본주의자들과 민족주의자들의 선동이 세를 더하고 있다는 보고가 몇 달 간 계속 되고 난 뒤였다.[32]

그러나 중국 지배에 반대하는 민족주의적 반란의 중심은 여전히 티베트의 반란이다. 티베트인들은 다른 어떤 소수 민족보다도 더 중국 지배로 인해 고통을 받았고, 그리하여 1950년대 중반 이래 저항이 계속됐다. 공산당 관리가 티베트에 처음 들어온 것이 1951년인데, 초기에는 티베

중국경찰서에 돌을 던지며 시위를 벌이고 있는 티베트인들. 라싸. 1987년 10월
중국 군대는 계엄령 선포 후 독립을 주장하는 시위를 잔인하게 진압했다.

트의 기존 지배계급을 통해 그 지역을 통치하고자 했다. 1956년부터 공
공연한 게릴라전이 티베트 동부(지금은 쓰촨성의 일부) 전역으로 퍼져
나갔다. 그러자 1959년에 중국군이 티베트 전역을 점령하고 군정과 분
할을 강요했다. 대부분의 티베트인은 이제 인근의 윈난(雲南)성, 쓰촨
(四川)성 그리고 칭하이(靑海)성으로 편입된 지역들에 흩어져 살고 있
다. 약 5만 5,000명(대략 300만 명의 인구 가운데)이 티베트의 정치적·
정신적 지배자인 달라이 라마를 따라 망명했다.

그 이후로 티베트는 중국에 의해 거의 배타적으로 지배받아 왔다.
1979년에 처음으로 티베트인이 정부의 상급직에 임명됐다. 티베트에 사
는 중국인의 단 10퍼센트만이 약간이라도 티베트어를 하며, 티베트인 가
운데 10퍼센트만이 중국어를 할 줄 안다(이것만으로도 티베트인이 점령
에 관해 어떻게 느끼는지를 알 수 있다).[33] 항상적으로 '한족 국수주의'를

인민해방군이 티베트의 라싸로 입성하고 있다. 1951년

공격하는 공식 문서들도 인정하듯이, 사실상 거의 모든 중국인이 티베트 인과 티베트 문화를 인종주의적 경멸로서 대한다.[34] 그리고 티베트인들은 농사 이외의 모든 직장에서 체계적인 차별에 직면한다.

　중국 점령 이전의 티베트가 구질서의 옹호자들이 말하듯이 지상 낙원 인 것은 결코 아니었다. 당시 티베트는 인구는 감소했고 주민들 사이에 기근과 성병이 풍토병처럼 만연했으며 지독하게 가난하고 황량한 나라 였다. 티베트의 지배자들은 농노에 대한 생사여탈권을 가진 특히 잔학한 봉건 지배계급이었다. 일단의 사회주의자들이 이 점을 이용해 중국의 점 령을 옹호하면서, 자신들이 봉건적 미신과 후진성을 일소했다고 주장했 다. 물론 보건과 교육 수준이 개선되기는 했지만, 대다수 티베트인들은 1959년 이전만큼이나 오늘날에도 힘없고 가난한 것이 현실이다. 잔학한 옛 지배계급이 또 다른 잔학한 (그리고 훨씬 더 잘 무장된) 지배계급으로 대체된 것이다. 중국의 티베트 점령 이래 30년도 더 지난 지금, 대다수 티베트인이 차라리 옛 지배계급이 복귀하기를 바란다는 사실보다 중국 점령에 대한 더 큰 저주는 없을 것이다.

중국 점령에 대한 이러한 증오는 두 가지 주요 요인에 뿌리가 있다. 경제적 재앙과 문화 혁명 기간 동안 티베트 문화를 거의 절멸시키다시피 한 것이 그것이다. 경제적 재앙은 중국 기술자들이 농민들에게 전통적인 보리 대신에 겨울 밀을 심을 것을 강요한 1960년대 초에 시작됐다. 여기에 한족의 대규모 티베트 이주 및 그로 인해 증대된 지력 고갈이 한몫 거들면서 티베트는 엄청난 손실을 입었다. 티베트에 대해 연구한 한 역사가는 다음과 같이 설명했다.

> 겨울 밀은 티베트의 토양에 적합하지 않았다. 왜냐하면 그것은 토종 보리보다 훨씬 더 많이 토양의 필수 영양소를 고갈시켰기 때문이다. 겨울 밀은 처음에 꽤 많은 양을 수확한 뒤에 급속히 산출량이 감소하는 결과를 가져왔다. 더욱이 급격한 인구 증가와 결부된 사냥과 어로는 티베트 고원의 섬세한 자연 균형을 교란시켜 그 곳을 수세대 동안 사람이 살 수 없는 지대로 바꾸어 놓았다.[35]

그 결과는 몇 년 동안 지속된 기근의 만연이었다. 대약진 운동 직후의 상황이어서, 구호에 쓰일 비축 곡물이 거의 또는 전혀 없었기 때문에 수많은 사람들이 죽어 갔다. 곧이어 문화 혁명의 공포가 뒤따랐다.

티베트 문화의 모든 측면에 대한 체계적인 공격은 1979년 문화 혁명이 공식 종료될 때까지도 멈추어지지 않았다. 수천 명이 감옥에서 썩어 갔고, 티베트어와 티베트 문화를 억누르려는 시도가 1970년대 내내 계속됐다. 1981년에 후야오방(胡耀邦)이 티베트를 방문한 후에야 비로소

이 정책을 다소나마 완화하겠다는 발표가 나오게 됐다. 그러나 사원 몇 개가 재건되고, 티베트 의상을 입었다고 거리에서 공격받는 일이 더 이상 일어나지는 않았지만, 한족이 독점하는 국가 기구에 의한 체계적인 인종주의가 여전한 한 근본적으로 변한 것은 아무것도 없었다.

대규모 폭동이 1987년 10월과 1988년 3월에 라싸(拉薩)에서 일어났고 이 사이에 소규모 시위가 여러 차례 있었다. 1989년 1월에 발생한 두 가지 사건은 분위기를 결정적으로 뒤바꾸어 놓았다. 그 첫 번째는 공산당 성위원회 서기가 티베트 민족주의에 대해 '유화적인' 대처를 했다는 이유로 해임된 일이다. 두 번째 사건은 티베트의 정치·종교적 서열상 달라이 라마 다음의 2인자인 판첸 라마의 죽음으로, 그는 중국과 협력해 온 몇 안 되는 지도자 중의 한 사람이었다.

1989년 2월에 라마승들이 주관한 판첸 라마의 장례 행렬이 독립을 요구하는 대중 집회로 돌변했으나 별 충돌 없이 경찰에 의해 해산됐다. 그러나 3월 5일 — 1988년 폭동의 기념일이고 주요한 종교 제전이 열리는 날 — 이 되자 또 한 차례의 그 같은 시위가 다시 벌어져 수백 명의 도시 청년들이 여기에 가담했고, 시위는 눈에 띄게 전투적인 양상을 보였다. 시위대에 경찰이 발포해 적어도 10명이 죽고 그 이상이 부상당했다. 그 뒤 이틀 동안, 대부분은 의도적으로 팔레스타인 인티파다(Intifada ; 이스라엘 점령 하의 가자 등지에서 일어난 팔레스타인 인의 봉기)의 전술과 복장을 모방한 듯한 수많은 도시 청년들이 대규모로 모여서 라싸(拉薩)의 티베트 구역을 장악하고는 중국인 가게와 회사들에 방화하고 자기 구역을 바리케이드로 방어했다. 30년 만에 처음으로 티베트의 독립 투쟁은 국가에 도전했고 잠시나마 승리했다.

그러나 티베트인들에게는 불리한 조건이 너무 많았다. 3월 7일에 계엄령이 선포되고 수천 명의 특수 부대가 티베트에 투입됐다. 대량 체포,

162

구타 그리고 총격이 뒤따랐고 라싸는 그 해 내내 계엄령 하에 놓이게 됐다.

중국 내 티베트와 회교도 지역은 중국 지배계급에게 여전히 계속되는 쓰라린 상처로 남아 있다. 두 경우 모두, 1980년대의 제한적 자유화 조치는 억눌린 증오가 공공연하게 표출되게 하는 계기가 됐을 뿐이며, 조직화를 위한 더 큰 기회를 제공하는 것이었다. 소수 민족의 반란은 러시아의 경우보다는 덜 심각했지만, 점점 더 위기로 치닫는 1980년대의 불안정한 상황에 또 하나의 불안 요인을 보탰다. 더군다나 1989년 3월에 라싸(拉薩)는 중국 지배계급을 뒤흔드는 도시가 가진 힘 ─ 5월에 중국 전역에서 폭발하게 될 ─ 을 미리 보여준 축소판이었다. 그것은 또한 지배계급이 자신의 권력을 지키기 위해 어느 정도나 극단적 살육으로 나아갈 수 있는가를 보여주었다.

학생 저항 운동의 성장

중국의 학생 수는 1980년대에 엄청나게 늘어났다. 1989년에 이르러 1,000개 이상의 대학과 단과 대학(1978년에는 겨우 400개였다)에 200만 이상의 학생(18~24세 또래 집단 가운데 2퍼센트)이 있고, 그 중에서 40만이 베이징의 학생들이다. 현대화 전략은 국가로 하여금 교육과 훈련을 아주 중요하게 여기도록 했다. 따라서 학생들에게도 그들의 과학·기술적 숙련이 향후 중국의 발전에 중요한 요소가 될 것이라는 이야기가 주입된다.

하지만 학생들은 여전히 4평방미터의 좁은 기숙사에서 6~8명이 기거하며, 생활의 모든 부분에서 남녀 차별을 강요하는 수많은 자질구레한 규율과 규칙의 통제를 받는다. 캠퍼스 시설은 초만원이고 불충분하다. 중국의 옥스퍼드라 할 베이징 대학의 학생 수는 1만 2,000명인데 식당은 고작 7개뿐이다. 일부 학생들에게 지급되는 정부 장학금은 식비를 감당하기도 어렵다. 수업은 주로 암기식 강의와 선생의 절대적인 권위에 의존한다. 약속된 빛나는 미래와 현실의 참담한 일상 생활 사이의 간극은 영속적인 불만 상태를 낳는다.

불만을 느끼는 것은 학생들만이 아니다. 학생들은 그들의 특수한 사회적 지위 때문에 불만을 표출하는 것이 더 쉬울 뿐이다. 대학의 분위기는 서구에 비해 훨씬 더 억압적이지만, 그래도 공장이나 사무소와 비교하면 훨씬 나은 편이다. 공장이나 사무소에서와 같은 매일매일의 규율에서 벗어나 있고 읽고 토론할 시간적 여유가 훨씬 더 많으므로 그들에게는 대부분의 노동자들보다 상대적으로 더 많은 행동의 자유가 있다. 그들 중 대부분이 고위 관리들의 자식으로서 특권층 출신 배경을 가지고 있다는 사실 자체가 그들에게 체제의 부패한 성격을 더 잘 통찰할 수 있게 해 준다.

많은 점에서 그들의 지위는 1960년대 중반의 서유럽이나 북미의 학생들의 지위와 비슷하다. 당시 학생 운동의 뿌리에 관한 크리스 하먼의 설명은 지금의 중국에도 그대로 적용된다.

사회 전체에서 이데올로기적 혼란 요소는 학생들 사이에서 증폭된다. 지배자들은 학생들이 지배 이데올로기를 수용해서 졸업하면 타인에게 전파시킬 수 있으리라고 기대한다. 만일 그 이데올로기가 그들이 겪는 바의 현실과 명백하게 모순되는 경우, 그들은 지적인 혼란 속에 빠져들고 도덕적 분개를 표출해 반응할 수 있다.[36]

1980년대 중반에 이 중국의 지배 이데올로기는 모순이라기보다는 위기에 처했다. 문화 혁명의 경험은 도시에 살고 있는 대부분의 중국인의 마음 속에 정치에 관한 냉소주의를 깊게 남겨 놓았다. 특히 덩샤오핑이 마오쩌둥주의를 내팽개쳐 버린 것은 냉소주의를 심화시킬 뿐이었다. 1979년에 덩샤오핑은 그가 공산당의 지도 이념이라고 부른 "4대 원칙"을 가지고서 마오쩌둥주의 이데올로기의 규범을 대체하려고 했다.

그러나 오르빌 셸(Orville Schell)이 1987년에 말했듯이,

> 전에 내가 중국인 친구들에게 어떤 구절이 마오쩌둥 선집 어디에 있는 거냐고 묻자 …… 그들은 인용문 전체를 암송할 수 있을 뿐만 아니라, 마치 콘테스트 게임하듯, 장과 절을 인용할 수 있었다. 그러나 내가 당원들에게 단순히 덩샤오핑의 4대 원칙을 물었을 때, 그들은 당황하는 모습을 종종 보였다. 그들은 곤란해하면서 앉았다 섰다 하다가 …… 두세 가지를 떠올리곤 했다. 그러나 4가지 원칙을 모두 기억해 낸 극소수의 사람들조차도 각각의 원칙이 의미하는 것이 무엇이냐는 질문을 받고서는 상투적인 공문구를 되풀이하면서 당혹해하는 경우가 많았다.[37]

현실에서, 지배 이데올로기는 여전히 대다수 중국인의 정신을 주조하고 있는 두 가지 관념으로 귀착됐다. 하나는 '부자가 되는 것은 영예로운 일'이라는 것과 다른 하나는 단순한 민족주의이다. 전자는 1980년대 후반의 대규모 인플레와 경제 개혁이 낳은 사회적 불평등의 엄청난 증대로 인해 점점 불신의 대상이 됐다. 민족주의는 여전히 매우 강력한 이데올로기로 남아 있지만, 그러나 그것은 지배계급에게 항상 유리하게 작용하는 것만은 아니었다. 1980년대의 저항 운동이 스스로를 비록 민족주의적이고 애국적인 것으로 규정했지만, 이것이 단순히 지배계급의 사상을

받아들이는 것을 의미하지는 않았다. 반대로 그들 주장의 핵심적 부분은 정부가 인민의 기대를 무시하고서 '비애국적으로' 행동하고 있다는 것이었다. 저항 운동이 자신의 민족주의를 지배계급의 민족주의와 대립시킴에 따라 민족주의는 투쟁의 대상이 됐다.

학생들의 저항 운동은 1984년 중엽에 생활 조건과 노동 조건의 개선을 요구하는 시위가 돌출하면서 다시 나타나기 시작했다. 비록 시위는 다른 학교와 연계 시도 없이 개별 대학 차원으로 국한됐지만, 많은 정치적 요구들이 또한 제기됐다. 이듬해 베이징, 우한 그리고 청두(成都) 등지에서 일본의 중국 경제 '지배'에 항의하는 대규모 시위와 함께 학생들은 다시 거리로 나왔다. 이번 시위는 상대적으로 안전한 이슈였지만, 좀더 일반적인 분노의 표출을 가져왔다. 베이징의 시위 현장에 나붙은 플래카드에는 "우리 모두가 피를 바쳐서 싸워 얻은 대가는 무엇인가? 경찰과 냉장고인가?"[38]라고 씌어 있었다. 청두(成都)에서의 시위 행진은 결국 경찰과의 충돌로 끝났다.

베이징의 학생들은 12월 9일에 다시 시위 행진을 할 것이라고 발표했다. 그 날은 일본 제국주의에 반대한 대규모 학생 항의 운동의 기념일이었다.[39] 당국의 대응은 의도적으로 자제된 것이었다. 대학 캠퍼스에서 대중 집회를 열어 행진을 중지하도록 학생들을 설득했는데, 결국 설득에 성공했다. 메시지는 명백했다. 즉 엄격한 경계 내에서 어느 정도의 이견은 묵인되리라는 것이었다. 실로, 이듬해에는 더 큰 논쟁과 토론을 조장하려는 의도적인 시도가 있었다.

1986년 5월에 ≪인민일보≫에 실린 사설은 공식적 우려를 명백하게 나타냈다.

글을 쓰거나 강연을 하면서 혹시 잘못되지나 않을까 항상 걱정하거나 자

166

기가 한 말이 학문적인 문제라 생각했던 범주를 벗어나서 정치적인 문제가 되지나 않을까 끊임없이 우려하는 사람은 입을 다물고 있을 수밖에 없다. …… 시민들이 자신의 정치적 견해를 밝힐 권리를 가지고 있지 못하다면, 정치적 문제는 금단 구역으로 남게 되고, 사람들은 여전히 "말조심을 해야 재앙을 면한다"고 서로 경고할 수밖에 없을 것이다. 또, '말 한마디 잘못으로 처벌받는' 일이 없도록 애를 써야 할 것이다.[40]

1985~86년에 성장한 준(準)관변 반대파는 정식 조직 구조를 갖추지 않고 여러 명망 인사들 주위에 모인 학생들이나 언론인 또는 당의 하급 관리 및 학자들로 구성된 다소 방만한 집단들이었다. 이 인사들 가운데 두드러진 사람으로 당시 허베이(河北)성 중국과학기술대학교 부총장이었던 팡리즈(方勵之), ≪인민일보≫의 언론인 류빈안(劉賓雁), 상하이 특파원 왕주왕 등이 있었다. 이들은 모두 공산당원이었으나 1956년의 백화제방(百花齊放)과 문화 혁명 당시 박해를 받았다. 이러한 사실이 정부에 불만을 품은 사람들로 하여금 그들을 신뢰하게 만들었다. 1985년 말과 1986년 내내 이 세 사람은 덜 유명한 다수의 인사들과 함께 유화 국면을 이용하여 캠퍼스 순회 강연을 통해 수백 명, 때로는 수천 명의 학생들을 매료시켰다.

이들 반대파는 어떤 특별한 강령에 의해서가 아니라 다양하게 해석될 수 있는 다소 모호한 개념들 — 인권, 민주주의, 정의 ,언론의 자유, 개혁, 민족주의 — 을 중심으로 결집됐다. 대개 서방 언론들은 그들의 움직임을 단순히 '서구식 민주주의'의 도입을 위한 것으로 섣부르게 채색했지만 실상은 훨씬 더 복잡했다.

서구에 대한 환상이 대부분의 반대파들에게 광범위하게 퍼져 있었다. 그러나 그들이 가진 서구의 이미지는 서구의 현실과는 현격한 거리가 있

팡리즈, 천체 물리학자이자 안후이성
허페이 대학 부총장

었다. 무엇보다도 그것이 대표하고 있는 것은 정치 제도 개혁의 길을 모
색하는 것이었다. 이것은 끊임없는 동요를 낳았고, 이 동요는 언론이나
준관변 연단을 활용할 수 있는 몇몇 소수 집단들의 범위를 훨씬 넘어서
번져 나갔다.

　그들의 모색은 몇 가지 결정적인 한계를 가지고 있었다. 반대파는 공
산당의 지도적 역할을 인정했다. 실제로 대부분의 반대파 지도자들이 제
명당하기 전까지 당원이었으며, 그들 모두가 '반대자' 라는 딱지가 붙여
지는 것을 거부했다. 그들 반대파는 현대화 전략을 수용했고, 결과적으
로 노동자의 희생이 불가피하다고 인정했다. 또 그들은 자신들의 주장을
제기하는 데서 전체 중국에 가장 좋은 것이 무엇이냐는 입장에 섬으로써

지배계급의 민족주의도 함께 공유했다. 무엇보다도 중요한 것은 그들이 어떠한 실제적 변화도 모두 위로부터 이루어진다고 보는 점이었다. 결국 그들의 이념은 중국 사회를 좀더 효과적으로 운영하기 위한 대안적인 전략에 불과했다.

실제로 그들의 핵심 논리는 민주주의 없이는 현대화 없다는 것, 즉 중국의 '후진적' 또는 '봉건적' 정치 구조가 실질적인 경제 발전을 가로막고 있다는 것이었다. 이 점에서 그들은 민주벽 운동 지도자들이 쓴 미완성 저작들에 의거했다. 그들의 태도는 가장 영향력 있는 민주벽 간행물의 편집인인 주완리가 쓴 글에 잘 요약되어 있다.

> 아래로부터의 개혁은 불가능하다. 왜냐하면, 중국 사회와 중국 인민은 무질서를 원치 않으며 무질서를 야기하는 것도 원치 않기 때문이다. 또한 중국 개혁의 역사적 경험을 보면 위로부터의 개혁이 종국에 이르기까지 철저히 수행될 수 없다는 것도 분명하다. 개혁을 위해서는 상층의 힘만으로는 구체제의 관료적 저항을 극복하기에 충분치 못하기 때문이다. 명백하게도, 유일한 현실적 방법은 위로부터의 개혁과 아래로부터의 개혁을 결합하는 것이다.[41]

그러나 단순히 그들이 내건 대안만을 보고 그들이 학생 운동에 어떤 영향을 미쳤는가를 판단한다면, 이는 모순의 일면만을 보는 것이다. 왜냐하면 그들이 갈망했던 충성스런 반대의 역할은 결국 그들을 지배계급과의 끊임없는 충돌 속에 빠뜨렸기 때문이다. 그들이 스스로에게 설정한 경계는 국가가 허용하려는 것을 훨씬 더 넘어서는 것이었다.

위로부터의 아무런 실질적인 변화도 없는 상황에서 그들이 아래로부터의 압력의 필요를 강조하게 되는 것은 필연적이었다. 류빈안은 다음과 같이 주장했다.

> 유럽 혁명사를 볼 때 헌법 제정을 위한 투쟁의 첫 단계는 언론의 자유였
> 다. 물론 언론의 자유는 …… 단순히 몇몇 군주가 특히 계몽된 사람이거
> 나 어떤 수상이 특히 관대한 사람이거나 하는 문제가 아니며, 단순히 오
> 늘부터 인민에게 신문의 발행이 허용될 것임을 발표하는 문제도 아니다.
> 언론의 자유는 …… 인민 자신에 의해 창조되는 것이었다.[42]

무엇보다 중요한 것은, 반대파가 내건 대안이 아무리 약점과 모순을
지니고 있다고 하더라도, 그들의 이야기를 듣는 대중은 중국 사회의 문
제점, 즉 민주주의의 결여, 관료주의, 부패 등을 공공연히 비난하는 소리
에 귀가 쏠리고, 이러한 모든 문제들을 토론할 수 있는 집회를 공개적으
로 열 수 있다는 단순한 사실에 이끌렸다는 점이다.

분노의 폭발

위로부터의 제한적인 변화와 아래로부터의 훨씬 더 큰 변화의 요구,
이 양자간의 모순이 마침내 1986년 12월에 폭발했다. 허베이(河北)성의
학생들이 지방 인민대표자대회 선거 부정에 항의하는 가두 시위를 벌였
다. 이 싸움에서 그들은 마침내 후보 지명을 다시 하게 만들었다. 처음에
는, 지배계급의 일부가 자기 정적을 타도하기 위해 학생들의 뒤를 밀어
준 것이 아니냐는 의혹이 있었다. 그러나 이 항의 시위가 승리를 쟁취했
다는 소식이 급속히 전파되자 다른 지역에서 훨씬 더 중요한 항의 시위
가 발생했다.

이 운동은 마침내 20여 개 이상의 도시와 150여 개 대학으로 확산됐으며, 이 가운데 가장 중요한 것은 상하이와 베이징에서의 시위였다. 지난달에 방려지가 정부를 거세게 비난하는 것을 상하이 학생 수백 명이 들었다. 허베이(河北)성에서 시위가 있었던 바로 다음 날 록 음악 연주회에서 경찰이 춤추던 사람들을 공격했을 때 수천 명 이상이 분노를 터뜨렸다. 12월 18일에는 수천 명의 학생들이 지방 당국자와의 면담을 요청하면서 도심으로 행진을 했다. 허베이(河北)성 학생들은 덩샤오핑을 지지하고 그의 '보수파' 정적에 반대하는 시위를 벌였으나, 상하이에서의 항의는 훨씬 더 급진적인 것이었다.

어떤 대자보에는 "자유가 무엇인지 알고 싶다면 웨이징성(魏京生)에게 물어 보라"는 문구가 적혀 있었다. 다른 사람들은 지도자들에 대한 전통적인 경례의 표시인 만세(萬歲)를 '덩샤오핑 만세(萬稅)'라는 표현으로 바꾸어 놓았다. 닷새 동안은 오후만 되면 거의 7만에 이르는 대중이 도심을 꽉 메우곤 했는데, 이 항의 시위에 수많은 노동자들도 참여했다. ≪파이낸셜 타임스≫지의 통신원에게, 자기는 경제 개혁으로 전혀 이득을 얻지 못했는데 자기 사장은 그 이득을 몽땅 차지하는 것을 보고 이렇게 항의 시위에 참여하게 됐노라고 말한 사람도 있었다. 무장 경찰이 대학 캠퍼스를 포위해 상하이의 항의 시위를 진압했으나, 바로 다음 날에는 베이징의 학생들이 움직이기 시작했다.

베이징의 여러 대학 학생들이 상하이와의 연대, 언론의 자유 그리고 결사의 자유 등을 요구하며 벌인 항의 시위는 나흘 동안 계속됐다. 12월 26일에 시 당국은 시위 행진을 금지하며 천안문을 완전히 폐쇄한다고 선포했다. 이틀 뒤에 베이징 사범대 학생 수백 명이 다른 두 대학교의 잠긴 정문을 부수고 시 당국의 금지령에 공공연히 저항하는 행진을 벌였다. 새해 정월 초하루(1987년 1월 1일)에는 수천 명의 학생들이 천안문을 향해 모여들었는데, 이들은 너무 많은 경찰에게 포위당해 살얼음판 위를 걷는 긴장감이 감돌았다. 경찰들과의 몸싸움 끝에 많은 학생들이 광장으로 뚫고 들어갔으나 25명이 체포됐다.

다음 날 4,000명 이상의 학생들이 이들의 석방을 요구하며 광장을 향해 행진해 갔다. 도중에 체포된 학생들이 풀려났다는 승리의 소식이 전해오자 대부분은 해산했으나, 약 1,000명 가량은 남아서 항의 시위를 계속했다. 체포된 학생들이 베이징 대학으로 돌아간 뒤에도 막는 것이 실효를 거둘 수 없다는 것을 증명해 보이듯, 또 다른 1,000명의 학생들이 행진을 계속했다. 경찰은 그들을 막기 위한 조치를 취하지 말라는 명령을 받고는 가만히 서서 지켜보기만 했다. 행진의 마지막 장면은 그들에 대해 가장 악질적인 기사를 실어 공격한 베이징의 한 신문을 화형시켰다.[43]

처음에는 이 시위에 대처하는 방법을 둘러싸고 지배계급 사이에서 분열이 일어나는 듯했다. 그러나 항의 시위가 사그라들자, 통제를 더 강화해야 한다고 주장하는 사람들이 우세한 가운데도 탄압은 자제될 듯이 보였다. 후야오방(胡耀邦)이 '자유주의'라는 이유로 공산당 총서기에서 물러나야 했으며, 반대파의 수많은 지도급 인사들이 공산당에서 축출당했다. 그러나 그들이 공개적으로 불명예를 당하거나 투옥되는 일은 없었다. 많은 학생 조직가들은 학교 당국으로부터 징계 처분을 받았으며, 1987년 졸업생들 대다수가 내몽골이나 머나먼 서부 변경 지역에서 일하도록 보내졌다. 그러나 다른 학생들은 학업을 계속하도록 허락 받았다. 1986년 당시 지도자였던 학생 가운데 일부는 1989년 5월 사태의 주동자가 될 것이었다.

1986년 말의 항의 시위 결과, 조직화와 단결을 이루자는 요구가 소수의 학생들 사이에서 실현됐다. 그들의 작업은 으레 그렇듯이 상당 부분

상하이 인민광장에서 민주주의를 요구하는 학생 시위를 벌이고 있다. 1986년 12월 20일

은밀히 진행됐기 때문에 문서로 남겨진 것은 하나도 없다. 그러나 이들의 조직화 성과는 1988년 중반에 학생 운동 부활로 나타났다. 그러나 1987년 한 해 동안에는 '부르주아적 자유화'에 반대하는 보수적 캠페인이 그침에 따라 대학가도 잠잠해졌다.

후야오방(胡耀邦)을 몰아내는 데 성공한 뒤에 수많은 보수파가 지배계급의 핵심부에 대거 진출함에 따라, 캠페인은 '서구의 영향'을 그리고 공산당의 권력 독점에 감히 도전하는 반대파들을 그 표적으로 삼았다. 이것은 급속하게 '정신 오염' 반대 운동을 닮아가기 시작했다. 이것과 마찬가지로 이 캠페인도 급속하게 대부분의 지배계급이 참을 수 있는 한계를 재빨리 벗어나기 시작했다. 10월에 열린 공산당 제13차 당 대회에서 이 캠페인은 쓰레기처럼 내버려졌는데, 그것은 하급 당원들의 갑작스런 반란 때문이었던 듯하다. 이 캠페인을 주로 이끌었던 덩리쿤(鄧力群)은 정치국원으로 선출되리라는 기대를 갖고 있었는데, 오히려 중앙위원회에서 탈락했다. 그리고 당 대회에서는, 상당히 엄중한 제한이 있기는 했지만, 그래도 상당 정도의 반대가 용인될 것임이 재확인됐다.

1988년 봄이 되자 학생들이 자주 그 제한에 도전하는 모습들이 눈에 띄곤 했다. 베이징에서만 해도, 4월에 전국인민대표자대회(중국의 거수기 의회) 대회장 밖에서 인플레이션과 열악한 생활 조건에 반대하는 시위가 몇 차례 있었다. 리펑(李鵬)이 수지 균형을 맞추기 위해서는 지식인들도 부업을 가지라고 제안했는데, 이 말을 듣고 한 무리의 학생들이 대회장 밖에다 구두닦이 점포를 세운 일도 있었다![44] 5월에는 5·4 운동 기념일을 맞아 민주주의 지지 시위를 준비하려는 시도가 있었으나 실패하고 말았다. 그리고 6월에는 류망이 한 학생을 살해한 사건에 항의하는 시위들이 있었는데, 이들 시위는 처음에는 법과 질서의 강화를 요구하는 것으로 시작됐으나 곧바로 공산당 지도자들에 반대하는 전반적인 항의로 바뀌었다. "자오쯔양(趙紫陽)의 고향 출신 누군가가 살해당할 때까지 기다려야 우리는 보호받을 수 있는가?"라고 적힌 대자보도 있었다. 베이징만이 아니었다. 홍콩의 한 신문에 따르면, 1988년의 전반기 동안 25개 도시의 약 77개 대학에서 시위가 있었다.[45]

그러나 이러한 분노도 뚜렷한 초점이 없으면 엉뚱한 방향으로 빗나가기 쉬우며 심지어 가장 반동적인 것이 될 수도 있다. 1988년 말에는 많은 대학교에서 끔찍스러운 인종주의적 집단 습격 사건이 일어났다. 3,000명 이상의 학생들이 아프리카 유학생들의 숙소를 습격한 것이다. 경찰이 개입한 곳에서는 경찰 스스로도 공격자 측에 가담했다. 이러한 인종주의 발작이 갑작스레 일어난 것처럼 보일지라도, 실은 그것은 수년 동안 계속됐던 대학 내 테러 운동의 연장이었다. 1988년에 상하이의 한 대학에 적을 두고 있던 캐나다 국적의 한 흑인 유학생은 개인들 또는 30명 이상의 패거리들로부터 매일 공격의 위협을 받고 있어서 흑인 학생들은 안전을 위해 대학과 도시 주변에서는 집단을 이루고 다니지 않으면 안 되는 사정에 대해 이야기했다.

그러나 그는 소수이기는 해도 흑인 유학생들을 방어하면서(이들 가운데에는 흑인 유학생들이 중국 여성을 데리고 출국함으로써 문제를 "일으켜서는" 안 된다고 주장하는 사람도 있었지만) 인종주의자들에 맞서 싸우는 학생들도 분명히 있다고 말하기도 했다. 인종주의에 반대하는 어떤 학생은 앞날을 내다보듯이 그에게 이렇게 말했다고 한다. "어느 날엔가 우리의 분노는 반드시 폭발할 것이다."[46]

지배계급은 학생들이 애꿎은 희생양에서 분노를 터뜨리는 것을 보고 마냥 즐거워했다. 그러나 당시에 ≪소셜리스트 워커 리뷰 *Socialist Worker Review*≫지가 주장했듯이,

> 유고슬라비아에서의 최근 사건들에서도 알 수 있듯이, 국가는 인종주의 감정의 폭발을 안전판으로 여겨 용인하겠지만 이는 역효과를 내기 십상이다. 최근 중국 학원가에서 빈발하는 인종주의적 습격 사건은 대부분의 중국 학생들이 느끼는 깊은 분노와 소외의 징표이다. 이러한 분노가 학생들의 진정한 적인 지배계급 자신들에게로 돌려지지 않으리라는 보장은 없다.[47]

"우리는 여전히 늑대들

7장

에게 지배받고 있다"
—1989년의 반란

7장
"우리는 여전히 늑대들에게
지배받고 있다" —1989년의 반란

1985년에 지배계급의 경제 전략은 명백한 위기에 직면했다. 1988년에는 이것이 완연한 경제 위기로 바뀌었다. 농촌에서 곡물 생산의 감소를 막기 위한 지배계급의 노력은 농민들에게 견디기 힘든 압박으로 다가왔다. 예산 적자는 갈수록 더 심해져서 국가는 곡물 수매 가격을 거의 올려 줄 수 없었으며, 농민들에 대한 비료 및 영농 자금 공급은 수요를 쫓아가지 못했다. 그 해 말, 곡물 배급이 농촌의 일부 지역들에서 다시 시작됐다. 성 정부들은 다른 성으로의 곡물 수출을 금지했고, 12월에 정부 수매 약정액은 90퍼센트도 채 달성되지 못했다. 일차적으로 이것은 생산량의 대규모 하락으로 인한 것이라기보다는(곡물 생산량은 1988년에 조금 하락했을 뿐이다) 시장 심리가 농촌의 국가 기관들로 스며들어 간 데서 비롯한 것이다.

현(縣) 곡물 관리 센터가 국가 수매 가격으로 곡물을 사들여서 자유 시장 가격(150퍼센트나 이윤을 붙여서)으로 되파는 것을 본 많은 농민들은 이들 중간 상인들을 배제하고 농촌 지역 노동자들에게 직접 판매하기로 결정했다. 국가 수매 당국이 계약을 이행할 만큼 자금이 충분하지 않으므로 차용 증서를 발행해 지불 일부를 메울 것이라고 발표하자, 많은 지역의 농민들이 점점 더 직접 판매를 원하게 됐다.[1]

1989년은 1988년보다 상황이 훨씬 더 나빴다. 중국 북부의 밀 주산지인 허난(河南)성의 카이펑(開封) 지역의 경우, 국가가 공급해 준 비료의 40퍼센트가 3월에 자유 시장으로 흘러 들어가 거기서 다시 팔렸는데, 이것은 국영 기업 간부들이 다른 국가 관리들에게 넘긴 것이다.[2] 5월에 상공부와 중국 농업 은행은 여름 밀과 석유를 구매할 수 있으려면 200억 위안이 필요한데 "조달할 수 있는 자금은 기껏해야 반밖에 안 된다"[3]고 발표했다.

대부분의 원료 공급이 따라갈 수 없을 정도로 성장이 지속되자, 산업 전반에 걸쳐서 원료 공급을 놓고 경쟁이 더욱 치열해졌다. 예를 들면 견직 공업의 경우, 누에고치는 전통적으로 남부 내륙 지방의 성들(주로 쓰촨성)에서 길러져서 가공을 위해 상하이나 광둥(廣東)의 견직 공장들로 팔려 나갔다. 그러나 1988년이 되자 대부분의 생산지에서 자체적으로 견직 공장을 설립함에 따라 누에고치의 교역량은 아주 적어졌으며, 이러한 교역에 대한 통제를 강화하기 위해 무장 경비대들이 성 접경 지역에 투입되기까지 했다. 10월에는 상하이의 견직기 총 1,600대 가운데 1,400대가 놀고 있었다.

광둥(廣東)성에서는 이보다 많은 양을 겨우 공급받을 수 있었지만, 이들이 누에고치를 공급받는 방식을 보면 중국 경제에 만연해 있는 무정부성이 어느 정도인지 알 수 있다. 성의 관리들은 대리인을 쓰촨(四川)성으로 보내 암시장에서 누에고치를 구입하도록 했으며 또 이를 위하여 성의 군용 트럭이나 무장 경비대를 이용하기까지 했다.[4] 물자가 부족한 면직물이나 모직물 부문에서도 이렇듯 심한 경쟁이 벌어졌다.

한편, 인플레이션은 대다수 중국 사람들이 생전 처음 겪어볼 정도로 높이 치솟고 있었다. 1987년 12월경에는 돼지고기와 설탕이 모든 대도시에서 고정 가격으로 배급됐다. 그러나 이미 적자에 허덕이고 있던 국가 예산에 또 무리를 가져와 그것을 버텨 내기가 힘들 정도였다. 1988년 초에 쓰촨(四川)성 당국은 더 이상 보조금을 지급할 수 없어서 돼지고기 배급을 중단했고, 많은 도시들이 가격 인상분에 대한 보상으로 '소득 보조금' 지급을 약속하면서 가격 규제를 슬그머니 해제했다.

이러한 사실들이 알려지자 사재기가 성행했다. 식료품 가격이 마구 치솟는 것과 함께 소비재 수입을 제한할지 모른다는 우려 때문에 사람들은 지불 청구를 위해 은행으로 몰려들었다. 북동부 도시 하얼빈(哈爾濱)에서는 1,200만 위안(미화 330만 달러) 이상이 단 3일 만에 개인 구좌들에서 인출됐다. 실험적으로 쌀 가격을 7월 1일부터 규제에서 "풀겠다"(즉 두 배로 올리겠다)고 발표한 광저우(廣州)에서는 쌀을 사려고 기다리는 줄이 5월 말부터 나타나기 시작했다.[5]

8월에 들어서 또다시 은행에 사람들이 몰려들었고, 이번에는 이것이 전국적으로 퍼져 갔다. 곳곳에서 파업이 일어났고, 임금은 껑충 뛰어올랐다. 노동자와 시 직원들의 본봉은 7월에 전년도에 비해 25퍼센트가 올랐고 상여금과 보조금은 36퍼센트가 인상됐다.[6] 노동자들이 임금을 인상시킬 수 있는 힘 — 특히 상여금 인상을 통해 — 은 1980년대 초 이후 크게 신장됐다. 공장 경영자들은 이제 재정에 대한 통제권을 가지고 있었기 때문에 수익성에 관계 없이 인플레이션을 보상하기 위한 임금 인상을 허용하고도 재정 압박에 대처할 수 있게 됐다. 그러나 이런 식으로 임금 인상의 득을 보는 사람은 도시 노동자의 일부일 뿐이었다. 상여금 인상을 얻어낸 노동자들의 경우조차 이 인상분이 생활비 상승에는 못 미쳤다. 고정급을 받는 노동자들(대개 화이트칼라 및 전문직 노동자)과 학생들과 실업자들은 자신을 방어할 길이 없었다. 반면 그들의 눈에 지방 관리와 소수의 성공한 소규모 사업가들은 이전보다 더 잘 살고 있는 것이 보였다.

지배계급은 최악에 도달한 두 세계에 직면했다. 한편에서는 인플레이션과 관리들의 부패에 대한 대중의 분노와 다른 한편에서는 상승하는 임금이 그것이다. 1988년 가을에 그들은 훨씬 더 혹독한 긴축 정책을 취하기로 결정했다. 모든 신용 대부나 예금 인출 요청에 대해 면밀히 검토하라는 지시가 은행들에 내려졌고, 필요할 때는 언제든지 거절할 수 있는 포괄적인 권한이 부여됐다. 그 결과 경제의 많은 분야가 전면적인 경기 후퇴로 빠져들었다.

건설업에서는 농촌에서 올라온 수백만의 일용 노동자들이 대거 해고당했다. 그들이 고향으로 돌아갔을 때는 농촌 산업의 대부분이 원자재와 자본 부족으로 문을 닫은 상태였다. 1989년 3월에 공식적으로 확인됐듯이, 광저우(廣州)시에만 하더라도 4개 성에서 몰려든 100만 명 이상의 무직 농업 노동자들이 넘쳐흐르고 있었다.[7]

많은 지역에서 은행들은 모든 지불을 중단하거나 다른 도시와 성으로 자금 이전을 거부함으로써 상황에 대처했다. 많은 기업들은 현찰 경제로 되돌아감으로써 규제를 피했다. 1988년 11월에는 쓰촨(四川)성 통화 공급량의 4분의 1이 공장의 금고 속에 현찰로 묶여 있었다. 한 회사는 수표로 결제 받기를 (아주 당연하게도) 거절한 공급업자에게 미화 15만 달러를 결제해 주기 위해 장갑차를 빌리지 않으면 안 됐다![8]

요약하면, 긴축 정책은 위기에 대한 국가의 통제력을 강화시켜 주지는 않고 오히려 경제 내부의 혼란만 가중시켰을 뿐이다. 강력한 권한을 가진 지방 관리들이나 경영자들은 이러한 경기 둔화의 영향을 피하거나 줄이기 위해 그들의 자치권을 이용했으며, 정부의 무기가 아주 무딘 것이어서 그들이 거둔 효과는 지역마다 천차만별이었다. 1989년 초에는 중국이 지금까지 대다수 주민이 기억할 수 있는 최악의 경제 위기에 빠졌다는 사실이 명백했다. 정부가 아무런 해결책도 없다는 사실 또한 마찬가지로 명백했다.

긴축 정책의 한 가지 공통된 특징은 위기에서 오는 손실을 노동자에게 떠넘기려는, 이제껏 보지 못한 정도로 단합된 지배계급의 노력 속에서 볼 수 있다. 1989년 5월, 중국 동북 지역에서 동남 지역에 걸쳐 있는 12개의 성에서 다음과 같은 일이 벌어졌다는 보고가 있었다.

> 지방 은행들은 신탁예금의 대상을 기업체로 바꾸면서 그들에게 임금을 일정 비율(일반적으로 한 노동자당 임금의 10~50퍼센트)로 지불 보류하고 대신에 갖가지 적립 전표나 보수 전표를 발행해 이를 메우라고 요구했다. 그렇지 않을 경우 은행은 임금 지불을 위한 현금 인출에 응하지 않겠다는 것이었다.[9]

"일부 노동자들 사이에서 불만이 일고 있다"고 말하는 것으로 이 보고는 끝맺고 있다. 사태는 이미 이 보고가 상황을 축소 보고했음을 입증하고 있었다.

하나의 불씨가 ……

> "하나의 불씨가 광야를 불사르다"라는 격언은 요즈음의 사태가 어떻게 발전할 것인지를 아주 적절하게 묘사해 주는 말이다. 곳곳으로 번지고 있는 노동자들의 파업이라든지 농민들의 봉기 또는 군인들의 항명이나 학생들의 동맹 휴업 등을 보더라도, '불씨' 하나가 얼마나 빠르게 '광야를 불사르는지'를 알 수 있다.[10]

마오쩌둥이 위의 글을 쓴 것은 1930년 1월의 일이었다. 그런데 중국 지배계급 가운데 아직도 마오쩌둥의 저작을 읽는 사람이 있다면, 그 사람은 분명히 위의 글이 1989년 상반기의 상황에 너무나 잘 들어맞는다고 여길 것이다. 구시대의 확고했던 모든 신념들이 혼란 속으로 내팽개쳐졌던 반면에 모든 것들이 갑자기 가능성이 떠올랐던 여러 지역의 사건들, 즉 1936년 스페인, 1956년 헝가리, 1968년 5월 프랑스, 1974년 포르투갈 그리고 1980년 폴란드와 마찬가지로 1989년 베이징 천안문의 반란 역시 노동자 계급의 역사에서 아주 획기적인 사건의 하나로 기록될 것이다.

그 폭발은 불붙기만을 기다리고 있는 정치적 위기와 경제적 위기의 결합에 뿌리를 두고 있다. 그러나 운동 전면에 나선 조직들은 이미 몇 달 전부터 활동하고 있었다. 베이징의 여러 대학에서는 소규모이지만 정규적인 집회가 열려서 연사들이 민주주의를 옹호한다든지 학생들이 일어서야 한다는 등에 대하여 주장하곤 했다. 4월 3일, 천안문 광장 사건에서 지도적인 인물로 떠오르게 될 학생, 왕란(王丹)은 이 '민주주의 토론 살롱'에 개입하려는 시도에 반대해 공개적으로 항의했다. 56명의 학생들이 정규적 집회 장소와 처벌하지 않는다는 약속을 요구하면서 항의에 서명했다.[11] 이와 같이 운동의 폭발이 뜻밖의 것은 아니었지만 그 규모는 아무도 예상하지 못한 것이었다.

4월 15일 후야오방(胡耀邦)의 죽음이 불씨가 됐다. 후야오방은 1980년대 초의 여러 정치 개혁을 이룬 장본인이며, 1986년에 학생들의 항의 시위가 있은 뒤 축출되자 자유주의자로서 그의 이미지는 더욱 높아졌다. 그가 정치국 회의에서 보수파(특히 리펑 총리)와 논쟁을 하다가 심장마비로 사망했다는 소문이 학원가에 급속히 확산됐다. 이튿날 학생들은 천안문 광장에 모여들어서 광장 한가운데 있는 '인민의 영웅' 탑에 화환을 바치고 끊임없이 계속되는 연사들의 연설을 들었다.

그 뒤 이틀 동안에 청중이 수백 명에서 수천 명으로, 수천 명이 수만 명으로(노동자의 증가도 포함해) 늘어갔다. 연사들은 이제 단순히 후야오방을 찬양하는 데 그치지 않고 정부에 대한 정치적 요구, 즉 민주 선거, 언론의 자유, 집회의 자유, 관료 내부의 부패 및 족벌주의의 종식 등의 요구를 내걸기까지 했다.

첫 주부터 분위기는 1976년 이후 베이징에서 있었던 어떤 항의 시위보다 더 깊은 분노에 휩싸여 있었고 훨씬 더 전투적이었다. 어느 대자보에는 이렇게 적혀 있었다. "살아 있어야 할 사람은 죽었고 죽었어야 할 사람은 살아 있다." 톈진(天津)의 어느 대학생 조직이 보낸 편지는 "5·4 운동 이후 70년이 지났건만 우리나라는 아직도 빈곤에서 헤어나지 못하고 있으며 늑대들의 지배를 받고 있다"[12]고 쓰고 있다. 4월 20일 목요일에는, 전국 곳곳의 11개 이상의 도시에서 동조 행진과 동조 항의 시위가 벌어졌다. 상하이에서는 약 3,000명의 학생들이 행진을 벌였고 톈진에서도 마찬가지였다.

둘째 주에 학생 군중은 지금은 중국의 최고 지도자들이 살고 있는 옛 왕조의 자금성(紫禁城) 쭝난하이(中南海)의 대문을 두 차례나 습격했다. 그들의 자신감은 가담한 사람들의 수뿐 아니라 자신들의 역사에 대한 인식에서 오는 것이었다. 한 학생이 ≪가디언 *Guardian*≫지에 말했듯이,

경찰은 감히 무슨 일도 하려 하지 않았다. 만약 문제가 생기면 노동자들까지 가담하게 될 터이고 그렇게 되면 1976년 상황처럼 될 것이다. 공산당은 그러한 모험을 다시 하지 못했다.[13]

1976년 4월에도 천안문 광장의 기념탑은 반란의 초점이었다. 덩샤오핑과 그를 중심으로 한 당내 세력에게 이 새로운 사태는 과거를 불길하게 떠올리게 했다. 덩샤오핑의 지지자들이 이 1976년의 항의 시위를 뒤에서 밀어 주었는데, 결정적으로 이 항의 운동 덕분에 덩샤오핑은 권력에 다시 복귀할 수 있었다. 13년이 지난 지금, 비슷한 운동이 이제는 그에 반대하는 운동으로 발전해 점점 더 많은 군중을 끌어들이고 있었다. 게다가 그 운동은 이제 하급 관료들이 조직한 것이 아니라 공산당에 공공연히 도전하는 자주적인 학생 조직들에 의해 조직된 것이다.

그 조직화의 범위가 어느 정도였는지는 4월 22일 토요일, 후야오방(胡耀邦)의 장례식에서 여실히 드러났다. 지배계급은 천안문 광장에 수천의 군·경 병력을 배치해 놓고 천안문에서 시위를 일절 금지시켰다. 그러나 금요일 밤이 새도록, 전열을 가다듬은 학생 대열이 지도자들의 인도를 받으며(일부는 빈민가에서 연주되는 장송곡에 발을 맞추어 가며!) 경찰의 저지선을 뚫고 광장으로 행진해 갔다. 새벽녘에는 광장이 적기(赤旗)와 갖가지 깃발, 플래카드로 바다를 이루었다. 약 15만에 이르는 항의 시위자들이 끊임없이 이어지는 연사들의 연설을 듣고 이 운동을 찬양하는 운동가가 될 인터내셔널가를 되풀이해서 부르며 열을 지어 앉아 있었다.

학생들의 시위에서 인터내셔널가가 불려진 것은 이번이 처음은 아니었다. 이것은 '민주벽' 운동 때의 항의 시위에서나 1986년의 시위 행진 때에도 늘 불려졌다. 그러나 당시만 해도 이 노래는 운동의 정당성을 확인하고 덩샤오핑의 개혁에 충성을 보내기 위하여 불려졌을 뿐이다. 그러나 15만 명의 사람들이 국가의 금지 조치에 공개적으로 저항하고 또 지배계급을 송두리째 공공연히 경멸하는 집회를 가진 지금, ― 한 트럭 운전사가 ≪업서버 *Observer*≫지에서 "저들은 공산주의자가 아니다. 다만

수천 명의 베이징 지역 대학생들이 천안문 광장으로 행진해 1987년 1월 강제 해임된 전 중국공산당 총서기에게 조의를 표하며 기념비에 화환을 얹어 놓았다. 1989년 4월 15일 후야오방의 사망 이틀 후.

인민을 두려워하고 우리를 경멸하는 봉건적인 늙은이들일 뿐이다"[14]라고 말한 것처럼 — 이제 인터내셔널가는 전혀 다른 의미를 지니기 시작했다. 이들이,

굶주림에 포로된 자 일어나라
이 땅의 버림받은 자 일어나라
정의가 해방을 몰고 오도록
더 나은 세상이 태어나도록

이라고 노래 부를 때, 그들은 이 노래를 반란의 노래로 삼고자 했던 것이다.

대량 학살을 자행하지 않고는 광장의 사람들을 해산시킬 수 없으리라는 사실에 직면하자 정부는 한 발자국 물러섰다. 그들은 학생들이 장례를 위해 광장에 머물러 있을 수 있으며 학생들의 항의 시위는 국영 텔레비전 방송에 방영할 것이라고 양보했다. 장례식이 치러질 동안은 싸움을 중지하기로 합의한 것이다. 군인들은 광장 주위에 지켜서 있기만 했고 시위자들은 조용히 앉아 장례식의 진행을 지켜보고 있었다. 그러나 식이 끝나자 학생들은 다시 대오를 맞추어 "인민 대중 만세", "민주주의 건설하고 독재를 타도하자", "우리는 다시 돌아올 것이다" 등의 구호를 외치며 행진하기 시작했다.

주말에는 시안(西安)과 창사(長沙)에서 심상찮은 폭동이 일어났는데, 여기에서는 수천 명의 노동자와 실업자들이 학생들의 시위 행진에 가담했다. 쓰촨(四川)성의 충칭(重慶)에서는 군중이 도심을 꽉 메웠으며, 우한(武漢)에서는 문화 혁명 이후 이 지역에서 가장 큰 규모인 3만 명의 시위 행진이 벌어졌다.

4월 24일 월요일, 정치국의 비상회의가 소집되어 "필요하다면 피를 흘리더라도" 이 운동을 진압해야 한다는 덩샤오핑의 요구를 승인했으며, 언론은 이 운동을 "공산당을 뒤집어엎으려는 조직적 음모"라고 부르기 시작했다. 그러나 국영 언론 매체의 언론인 수백 명이 이 일에 대해 진실을 말할 수 있는 권리를 요구하며 시위를 벌이기 시작했다. 몇몇 대학에서 무기한 수업 거부 운동이 시작됐는데 다음 날에는 실제로 베이징의 모든 대학으로 퍼져 나갔다.

운동 내부에 이미 분열의 조짐이 보이기 시작했지만 — 베이징 대학에서의 한 대중 집회는 마이크를 놓고 싸움을 벌이는 것으로 끝났다 — 4월 27일에 또 다른 대중적 시위 행진을 벌이고 학생들이 거리로 나가 노동자들과 시민들 사이에서 지지 선동을 하는 것으로 의견의 일치를 보았다.

이 시위 행진은 하루 동안 도시를 장악했다. 학생과 노동자가 거의 반반을 이루어 15만 명 가량의 시위 대열이 15시간 동안이나 도시를 누볐다고 추산하는 사람도 있었다.

40킬로미터가 넘는 길 주변의 모든 공장과 일반 사무실 구역 및 건축 공사장에서 모든 작업이 완전히 중단됐다. 교통은 마비되어 움직일 줄을 몰랐고 구경꾼들은 나무나 지붕 또는 게시판 같은 데 올라가서 항의 시위를 격려했다. 발판에 매달린 건축 노동자들은 젓가락으로 양철 도시락을 두들기거나 고함을 지름으로써 지지의 뜻을 나타냈다. 작업복 차림의 공장 노동자들은 작업장 창문에 기대서서 승리의 표시를 지어 보이며 박수 갈채를 보내곤 했다.[15]

수천 명의 노동자 군중이 개입해 수백 명의 군대를 포위함으로써 그들이 행진하는 학생들에게 다가가지 못하도록 방해한 사건이 적어도 세 차례는 있었다. 학생들을 둘러싼 노동자들이 학생들이 다가오기도 전에 미리 경찰 봉쇄망을 밀어낸 일도 여러 차례 있었다. …… 정부의 무력함이 가장 생생하게 느껴진 것은 군중이 경찰의 마지막 저지선을 뚫고 천안문 광장에 도달했을 때였다. …… 거의 1,000명에 가까운 군인들이 20개의 트럭에 나누어 타고 늦게나마 도착했다. 그러나 시위 군중은 트럭 주위에 떼지어 모여들어 트럭 덮개 위로 옆으로 기어올랐다. …… 마침내 군인들이 공포에 젖어 내뺄 생각만 하고 있다는 것이 확실해지자, 군중은 아량을 베풀어 그들이 도망갈 수 있도록 길을 터 주었다. 트럭이 떠나자 군중이 외쳤다. "형제들이여, 고향으로 돌아가시오. 거기에서 그대들의 땅을 경작하시오"[16]

BBC 라디오 방송의 기자 네 명이 이 시위 행진에 대해 보고하자 런던의 방송 담당자가 중간에 끼어 들어 가로막으면서 "이것은 무슨 항의 시위라기보다는 마치 혁명에 대한 보고처럼 들리는데!"라고 말하기까지 했다. 물론 그가 반 농담 삼아 한 말이지만 어쨌든 그는 이 운동의 핵심을 이해한 것이었다. 이 시위가 즐거운 축제 분위기 속에 진행된 것은 모든 혁명에 꼭 있어야 할 본질적 요소의 단초를 보여주었다. 인민이 자기들 자신의 힘을 발휘해 낡은 질서에 공개적으로 저항할 수 있게 되면 여러 해 동안 쌓이고 쌓여 온 분노와 고통, 좌절과 증오는 일시에 풀어지는 것이다. 베이징의 노동자들이 단순히 학생들에게 동조만 하다가 이제 항의 시위에 직접 가담함에 따라, 레닌이 묘사한 바처럼 이러한 "억압받는 자의 축제"는 노동자들이 크게 진보했음을 나타내 주었다. 노동자들이 그렇게 함에 따라 실제로 운동은 결정적인 진전을 맞게 된 것이다.

시위 행진은 결국 베이징 대학생들의 반제국주의 운동 70주년 기념일인 5월 4일에 전국적 규모의 시위를 벌이자는 결의를 하고 끝을 맺었다. 그러나 그 결의에 대한 반응은 제멋대로였다. 베이징이나 상하이 또는 우한 등지와 같이 운동이 한동안 계속됐던 곳에서는 시위 행진의 규모가 오히려 줄어들었다. 물론 경찰이 계속 그 행진을 봉쇄하는 속에서 베이징에서만 10만 명이, 또 상하이에서는 2만 명이 시위 행진을 벌였지만 말이다.

오히려 그 전에는 아무 일도 없었던 다른 도시들에서 5월 4일부터 항의 시위가 시작됐다. 중국 북동부의 도시 다롄(大連)에서는,

> 약 4,000명의 사람들이 다롄 기술 대학에서 도심의 관청 지역까지 행진해 왔다. 그것은 매우 활기 차고 기분 좋으며 우호적인 행진이었다. 광장에 도착하자 학생들은 빙 둘러앉아 "대화, 대화"를 외쳐댔는데, 베이징의 학생들은 그때까지 대화를 계속하고 있었다. 어느 병원에서 간호사 몇 사람이 참여해 박수 갈채를 받기도 했다.[17]

북동부의 창춘(長春)과 서부 지역의 타이위안(太原), 란저우(蘭州), 시닝(西寧) 등지에서도 시위 행진이 있었다는 보도가 처음 있었다.

중국의 땅덩어리가 너무 넓고 주요 도시들 사이의 거리가 너무 멀어서 이 운동의 발발과 소멸 사이에는 상당한 간격이 있었다. 또, 서로 다른 도시의 학생 지도자들 사이를 전화와 텔렉스가 연결시켜 줌에 따라 그 어느 때보다 쉽게 소식이 전파될 수 있었지만, 모든 연락이 꼭 베이징을 통해 이루어져 지도적 중심지로서 베이징의 중요성이 부각됐다.

5월 4일 이후 베이징의 운동은 잠잠해졌다. 수업 거부는 중지됐고 명백한 중심을 잃은 군중은 거리로 흩어졌다. 베이징 시장이 학생 지도자들에게 대화를 제의했고 또 실제로 5월 7일 토요일에 대화가 시작되자,

이것이 운동의 해체를 더 촉진시켰다. 왜냐하면 사람들의 분노와 운동의 잠재력 사이에, 그리고 그 분노와 사람들의 열망 사이에는 너무나 큰 간극이 있었기 때문이다.

지배계급 전체에 문제가 있다는 것은, 적어도 운동의 핵심 지도부에게는 의심의 여지가 없었다. 칭화(淸華)대학교에 걸린 어느 대자보에는 이것을 아주 명확하게 보여주는 글귀가 있었다. 그것은 두 종류의 사람들 명단이었다. 왼쪽에는 당과 국가의 지도부를 거머쥐고 있는 노장들 명단이 있었고, 오른쪽에는 고위 직책들을 점하고 있는, 그들의 아들·딸·사위 또는 그 밖의 친인척들 명단이 있었다. 노장들 가운데 이런 친인척 등용을 하지 않은 사람은 하나도 없었고, 자오쯔양(趙紫陽)도 역시 다를 바 없었다. 몇 가지 예를 들자면, 광둥(廣東)성을 다스리는 자는 전직 군대 우두머리의 아들이다. 당시의 상하이 공산당 서기 — 지금은 공산당의 총서기 — 는 전직 주석의 사위이다. 덩샤오핑과 양상쿤(楊尙昆)과 자오쯔양의 사위들은 대외 무기 판매를 관할하고 있다. 저우언라이(周恩來)의 아들은 남부의 섬 하이난(海南)에서 국영 회사를 관리하고 있는데, 여기서 지역 발전 협회의 책임자는 리펑(李鵬)의 아들이다. 리펑 자신은 전직 수상인 저우언라이의 양자이다.[18]

이 같은 부패에 대한 대중의 분노와, 노동자와 관료들 사이에 너무도 확연하게 드러나는 불평등의 증대는, 학생들이 그들의 항의 시위에 대규모의 군중을 끌어들이기 쉽게 해 주었다. 그러나 학생 지도자들은 학생 자치연합에 대한 승인을 얻고자 하는 것 이외에는 5월 4일 이후 무슨 일이 일어날지 전혀 시야를 가지지 못했다. 따라서 그들을 흡수하려는 국가의 시도는 어느 정도 성공을 거둘 수 있었다. 한동안은 운동 세력이 분산되어 버린 것처럼 보이기도 했다.

단식 투쟁에서 계엄령으로

5월 13일 천안문에서 시작된 단식 투쟁은 운동을 다시 고조시켰다. 그러나 단식 투쟁은 다수가 반대하는 가운데 소수 지도자들만이 했다. 러시아 대통령 고르바초프가 30년간의 중소 분쟁을 종식시키기 위해 5월 15일 베이징에 도착하기로 예정되어 있었다. 1972년 닉슨(Nixon)의 방문 이래 중국의 대외 정책이 거둔 가장 중요한 외교적 성과가 될 것으로 여겨진 이번 고르바초프의 방문은 전 세계 언론의 주목을 끌 만한 일이었다. 많은 학생 지도자들이 정부를 곤경에 처하게 하지 않기 위해 시위 중단을 요구했다. 그러나 소수의 학생 지도자들은 그 기회를 이용하는 것이 아주 중요함을 이해했다. 그 중 한 사람은 나중에 다음과 같이 설명했다.

> 고르바초프의 방중이 끝나면, …… 저들은 이들 골치 아픈 학생들을 분쇄할 준비를 한 상태였다. …… 우리는 대정부 압력을 증가시켜야만 하고 그것도 고르바초프가 도착하기 전에 실행해야 하는 상황이었다. 고르바초프의 중국 방문 동안 우리들은 저들을 당혹스럽게 만들 수 있을 무언가를 해야 했다. 저들이 회피해 온 대화의 자리로 저들을 강제해 낼 수 있을 만큼 첨예한 무언가를 해야 했다.[19]

단 200명의 학생들이 단식 투쟁을 시작했으나, 5월 15일 월요일이 되자 1,000명 이상으로 숫자가 부어났고 수천 명의 동조자들이 천안문 광장에서 철야 농성을 벌였다. 단식 투쟁은 처음으로 특정의 요구들 — 리평 파면 및 덩샤오핑 퇴진 요구 — 을 제기했다.

고르바초프의 방문은 제2의 장소로 변경됐다. 고르바초프가 천안문 광장 동쪽에 있는 인민대회당에서의 회담을 위해 처음 공식·방문지에 도착했을 때, 광장에는 50만 가량의 군중이 모여 있었다. 그는 의전 절차를 생략한 채 급히 옆문으로 들어가야만 했다. 다음 날 베이징의 여기저기에서 노동자들이 학생들의 행동에 가담하기 위해 모여듦에 따라, 광장 주변에 모인 사람들은 100만 명을 넘어섰다. 수도 제철·제강 공장에서 온 노동자들이 일체가 되어 시위 행렬을 향해 행진해 들어왔고, ≪인민일보≫의 기자들도 이미 가담했다. 하루가 더 지나 고르바초프가 상하이로 날아가자, 군중은 두 배로 불어나 200만 명 가량 됐고 베이징에서 학생들의 직접 통제를 받는 지역은 천안문 광장보다 훨씬 넓게 퍼져 나갔다.

단식 투쟁이 전개됨에 따라, 운동이 자체의 문제를 처리하는 법을 얼마나 빨리 터득하는지를 잘 보여주었다. 어느 목격자의 증언에 따르면 천안문 광장에는,

동심원과 같은 조직이 이루어져, 중심부에 중앙 조직이 있고 그 주위에 단식 농성자들이 무리를 이루고 있었다. 구급차와 사람들이 트럭으로 싣고 오는 각종 음식들 및 음식점들에서 큰솥에 넣어 보내는 각종 요리들이 들락거릴 수 있는 길이 따로 열려 있었으며 …… 시위자들을 위한 길도 뚫려 있었다. 그러므로 곧바로 그 안에 들어가려면 학생증을 제시해야만 했다.

화요일까지는 연좌 농성 참가자들 거의 대부분이 단식 농성자는 아니었고 단순한 지원자들로서 학생과 노동자가 대부분이었으며 중국 전역에서 모여든 농민들도 더러 있었다. 학생장들이 질서를 유지하고 교통을 정리했으며, 도시 출신 노동자들이 지방에서 온 지원자들의 숙식을 책임

졌다.

다른 지역에서는 아직 단식 투쟁으로 운동이 최고조에 올라 있었다. 3만여 명의 학생들이 도심지에서 철야 농성을 하는 상하이를 비롯하여 항저우(杭州), 광둥(廣東), 허페이(合肥)뿐 아니라 다른 많은 도시들에서 단식 투쟁이 벌어졌다. 난징(南京)에서는 10만 명 가량이 시위 행진을 벌였으며, 이 운동은 그 전에는 거의 아무 일도 일어나지 않았던 많은 지역들로 번져 나갔다.

5월 18일 하루 동안에도, 서남쪽의 도시 구이양(貴陽)에서 10만 명이 시위 행진을 벌였고 심각한 폭동이 있었으며, 내몽골 성의 성도(省都) 후허하오터(呼和浩特)에서는 1만 5,000명이 시위 행진을 벌였고 내몽골의 다른 두 도시에서도 시위가 있었다. 뿐만 아니라 서남쪽의 윈난성 성도 쿤밍(昆明)에서도 수만 명의 시위를 벌였고 쓰촨(四川)성에서는 적어도 11군데 이상의 도시와 읍에서 시위가 있었다. 또 저장(浙江)성의 닝보(寧波)에서는 1,000명 가량의 사람들이 "시 정부 구역을 점거했고" 우루무치에서는 "심상찮은 소요 사건"이 있었다.[20]

운동이 시작되면서부터 계엄령이 점점 강화됐던(말하자면 거리 모퉁이마다 무장 군인들이 지키고 있는) 티베트에서조차 학생들이 휴업을 하고 항의 시위를 벌였으며, 400명 가량은 5월 21일까지도 라싸(拉薩) 대학교에서 농성을 계속하고 있었다.[21] 그 주와 그 다음 주 내내 중국 곳곳에서 학생들 수만 명이 철도 노동자들이 무료로 제공한 기차를 타고 베이징으로 향했다.

지방의 도시와 읍들에서 운동이 어떻게 발전했는지 자세히 알려진 바는 거의 없다. 그러나 시위가 나날이 발전하면서 운동이 단순한 직선적 과정으로 진행된 것이 아님은 분명했다. 운동은, 거의 대부분의 지역에서, 아주 소규모 조직의 지도로 시작됐으며(다롄의 학생자치연합은 두 사람에 의해 시작됐다), 또 훨씬 많은 사람들이 충분한 자신감을 가지고 운동에 가담하게 될 때까지 이들이 선동을 계속함으로써 운동은 비로소 시작됐다. 그런 과정의 역동성을 잘 보여주는 어느 목격자의 보도가 있는데, 이를 좀 장황하게 인용할 필요가 있을 것이다.

허페이(合肥)는 단식 투쟁이 있기 전까지는 아무 일도 일어나지 않았던 도시들 가운데 하나였다. 그러나 월요일에 단식 투쟁이 시작되자,

> 약 2,000명의 학생들이 안후이(安徽)성 대학교를 떠나 중국과학기술대학교에 도착했다. 그들은 문들을 덜컹덜컹 흔들면서 수많은 구호를 외쳤다. 그리고는 한 마디의 지시에 따라 문을 힘차게 밀어 열쇠를 부수었다. 그러나 모두들 우루루 문으로 몰려 들어가려 하지 않고, 오히려 호루라기를 입에 문 사람 하나가 앞에 나서더니 사람들을 모두 뒤로 물러서게 하여 문을 밀어 넘어뜨린 사람들을 비키도록 했다. 그런 뒤에야 그들은 깃발을 높이 들고 모두 일체가 되어 행진을 시작해 학교를 한 바퀴 빙 도는 것이었다. …… 그들 가운데 약 100명 정도의 학생들이 발언권을 얻어 발언을 했다. …… 그리고는 모두 시내로 행진해 갔다. 그 날 밤의 분위기는 정말로 조금 놀랄 만했으나, 중심 인물들말고는 그다지 시끄럽지는 않았다. …… 다음 날, 그들은 다시 학교 정문 앞으로 몰려들었다. 그러자 이번에는 중국과학기술대학교의 학생 200명 가운데서 대표 한 명이 나왔다. 이들은 다시 시내를 한 바퀴 도는 행진을 시작했는데, 이번의 시위는 좀더 대담한 시위였으며 훨씬 더 시끌벅적했고 사람도 훨씬 많았다. 오후가 되자 주민들의 호응이 훨씬 좋아져서 많은 박수 갈채가 쏟아져 나왔고 지지도도 훨씬 높아진 반면 적개심은 전혀 보이지 않았다.
> 그 다음 날인 17일 수요일에는, 중국과학기술대학교 학생들이 그들 자신의 행동을 다시 집결시킬 수 있게 됐다. 한 사람씩 또는 몇몇 사람씩 몰려

1989년 5월 16일 아침. 다음날 100만 명이 넘는 중국인들이 민주주의를 지지하며 베이징 거리로 나섰다.

다니면서 대여섯 종류의 대자보를 붙이곤 했는데, 거기에는 오후 2시에 다시 집회가 있으리라는 것과 이 집회는 [안후이(安徽)성의] 학생 2,000명이 이 학교에서 행진해 나간 지역 어딘가에서 열리게 되리라는 것 그리고 …… 그 시기는 그들이 어느 길로 가고 있는가를 우리가 보기 시작했을 때가 되리라는 것 등의 내용이 담겨 있었다.

그들은 모금을 시작했으며 그들이 지나가는 버스에도 가는 것을 볼 수 있었다. 나는 일정 지역에 고정 배치된 모금함이 있는 곳으로 갔다. 그 모금함이 있는 곳으로 건너가 몇 분의 돈을 함에 넣고 안을 들여다보니 모금함은 돈으로 꽉 차 있었다. …… 리플릿이나 대자보가 붙여지기만 하면 사람들이 금새 모여들었다. 사람들은 그것을 그저 읽기만 하는 것이 아니라 글자 하나하나까지 베껴 쓰곤 했으며, 학생들이 리플릿을 여러 장 만들어 내면 곧바로 사람들이 그것을 채가곤 했다.

처음에는 시위 행진에 가담한 노동자는 거의 없었고, 있었다 해도 주로 개별적인 것이었다. 그러나 19일 금요일이 되자, 철도 노동자들이 대표단을 파견했고 교사들도 대표단을 파견했다. …… 그 날, 시내의 작업장들은 노동자들을 지지하는 구호들로 온통 장식됐으며 밖에는 손뼉을 치며 환호하는 군중이 모여 있었다. 그리고 이러한 불꽃놀이는 사람들이 그것을 터뜨려 장관을 이루고 모든 사람들이 박수 갈채를 터뜨리는 등의 사건의 연속을 이루었다.[22]

　5월 18일 목요일은 베이징에서는 아주 결정적인 날이었다. 후야오방(胡耀邦)의 장례식 때부터 단식 투쟁이 시작될 때까지 정부는 이 반란에 대해 거의 아무런 움직임도 취하지 않았는데, 그것은 우선 그들이 가만히 있는 것이 상책이라고 생각했기 때문이거나 아니면(아마도 더 큰 이유로) 어떻게 대처할 것인가를 놓고 그들 자신이 분열했기 때문이었다.

천안문 광장, 1989년 5월 17일

그러나 단식 투쟁이 시작되자 그들은 드세게 위협을 가하던 정책을 바꾸어 빈말뿐인 동감을 표시했다. 하지만 이제 단식 농성 참가자가 3,000명을 넘어섰고 수백 명은 탈진해 병원에 입원한 상태인데 단식 농성자들은 오히려 더 결심을 굳힐 뿐이었다.

정오에 리펑(李鵬)과 다른 세 명의 정치국원 그리고 베이징 시장이 단식 농성 대오의 지도자들과 만났다. 5월 29일자 ≪베이징 리뷰≫지에 게재된 공식 문건(그 자체만으로도 놀란 만한 것이다)을 보면 학생 지도자들이 거의 믿기지 않을 만큼 큰 용기와 결단력을 지니고 있다는 것을 알 수 있다. 리펑은 그가 늘 쓰는 술책과 외교술로 대화를 시작했다.

> 오늘 우리는 오직 하나의 문제, 즉 어떻게 하면 단식하는 학생들을 현재 빠져 있는 궁지에서 구하느냐 하는 문제에 대해서만 이야기를 나누게 될 것이다. …… 그대들은 모두 22~23세밖에 되지 않는 젊은이들이다. 내 막내아들도 그대들보다 나이가 많다. 나에게는 자식이 셋 있는데 부당하게 공직에 오른 아이는 아무도 없다. 나에게 그대들은 꼭 내 아이들 같아.

이에 대해 처음부터 운동의 지도자 가운데 한 사람이었던 위르케쉬 다올레트[23]는 이렇게 대답했다

> 당신이 우리를 이리로 초청한 것이 아닙니다. 오히려 천안문 광장에 모인 수많은 사람들이 당신에게 이리로 나와서 우리와 대화를 하라고 요구했던 것입니다. 그러므로 우리가 얼마나 많은 문제에 대해 논의해야 할 것인지는 바로 우리의 결정에 달려 있는 것입니다.

그는 더 나아가 자신들의 요구 사항을 일일이 열거했다.

> 첫째로, 우리는 자오쯔양(趙紫陽)이나 리펑 당신이 천안문 광장으로 가서 그 곳의 학생들과 직접 이야기를 나누는 것이 좋으리라고 생각합니다. 둘째로, ≪인민일보≫는 …… 전국의 인민에게 사과를 하고 요즈음의 학생 운동이 갖는 의미를 알려야 합니다. …… 대화가 제대로 이루어지

려면, 개방적이며 학생 대중의 대표단과 마찬가지로 솔직하고 진지해야 합니다. …… 여기서 개방적이란 말은 텔레비전 생방송을 의미합니다.

그는 결론적으로 이 모든 것들이 받아들여져야만 단식 투쟁을 단순한 연좌 농성으로 바꿀 수 있다고 말했다. 하지만 광장을 철수한다는 말은 일절 없었다. 다른 학생 지도자 한 사람은 더 나아가서 좀더 골치 아픈 일이 있으리라고 공개적으로 위협하기까지 했다.

학생 운동은 대중 운동으로 발전할 것입니다. 학생들은 비교적 이성적입니다. 대중 운동이 이성을 잃지 않을 수 있을지 우리는 자신할 수 없습니다.

그 날 늦게, 리펑과 자오쯔양 그리고 또 다른 정치국 상임위원 두 사람이 병원에 있는 단식 투쟁 학생들을 찾아갔다. 그들은 야유를 받고 조롱당했으며 학생들과 논쟁을 벌여야 했다. 병상에서 벌떡 일어나 이렇게 외친 학생도 있었다. "부패와 싸우는 것이 당신들의 의무요. 바로 당신네 자식들에 대해 손쓰는 일부터 시작해야 할거요!" 왜 전에는 오지 않았는지를 대답하라고 요구하는 한 학생에게 그들 중 한 사람은 이렇게 변명해야만 했다. "우리는 그 날 바빴어요. 여러분이 이해해야 합니다. 우리는 고르바초프 씨를 만나야 했어요."[24]

정부는 항의 시위를 가라앉히기 위해 마지막 시도를 했다. 새벽녘에 리펑과 자오쯔양이 다시 단식 농성자들을 방문한 것이었다. 한 보고서에 의하면, 자오쯔양은 스스로 온 것이었으며 리펑은 그 뒤를 따라 왔다고 한다. 학생들이 자신들의 요구 조건을 제시하는 동안 자오쯔양은 그저 눈물만 흘리고 있었으나 리펑은 5분도 채 안 되어 광장을 떠났다. 이 일

단식투쟁 6일째인 1989년 5월 19일.
공산당 총서기 자오쯔양이 천안문 광장의 학생들에게 단식투쟁을 그만두라고 호소하고 있다.

이 증폭돼 자오쯔양이 마치 학생들의 요구에 공감했음을 증명이나 해 주는 것인 양 비약됐다. 그러나 이 사건이 보여주는 것은, 그가 무력 사용에 반대하기는 했겠지만 그가 학생들에게 해줄 답변은 아무것도 없었다는 사실뿐이다.

그 날 밤, 계엄령이 선포되고 군대가 베이징을 향해 오기 시작했다. 노동자들이 군대로부터 학생들의 투쟁을 방어하기 위해 수만 명을 이루어 거리로 나서면서 공공연한 반란으로 바뀐 항의 시위는 이제 혁명으로 불타 올랐다.

8장

혁명과 반혁명

8장
혁명과 반혁명

5월 19일 저녁 늦게 시작된 군사 행동은 사실 몇 주 전부터 준비된 것이
었다. 중국 군대의 10퍼센트나 되는 약 30만의 병력이 베이징을 봉쇄하
는 데 동원됐다. 군대가 동원됐다는 소식이 시내 전역으로 퍼져 나가자,
학생과 노동자들은 서둘러서 트럭이나 자동차 또는 수송용 오토바이를
이용하고 버스들을 징발해 시 외곽에서 군대를 막으려 했다.

> 혁명이 시내 중심부의 서쪽에 있는 왕시 교차로에서 수도 베이징을 다시
> 덮친 듯이 보였다. 가로등 불빛 아래로, 문은 열리고 엔진은 차갑게 식은
> 군용 트럭들이 길을 따라 끝없이 늘어서 있는 것을 볼 수 있었다. 수백 명
> 의 사람들이 노래를 부르고 애국적인 구호를 외치면서 춤을 추며 도로를
> 왔다갔다하는 속에서, 대부분 자신들을 강제로 저지시킨 학생들과 나이
> 가 엇비슷한 푸른 제복의 병사들이 무력하게 서 있었다. …… 한두 명의
> 군인들이 학생들에게 말을 걸어보기도 했지만, 대부분은 가만히 듣고만
> 있거나 팜플렛을 돌리는 모습을 지켜보고 있기만 했다.[1]

인간 바리케이드는 곧바로 버스와 트럭 또는 건설 장비들로 보강됐
다. 군용 트럭의 타이어는 떼어졌으며 가솔린은 모두 길에 내버려졌다.

지하철을 이용해 병력이 시내 중심지로 수송된다는 소식을 들은 지하철 노동자들은 아예 전원 자체를 꺼 버렸다. 그리고 토요일(대부분의 중국 노동자들에게는 정상 근무하는 날이다)에 총파업을 하자는 요구가 널리 퍼졌다. 실제로 총파업에 얼마나 많이 참여했는지는 알기 어렵지만, 아무튼 수많은 노동자들이 토요일에 자리를 비웠다는 점은 의심할 나위가 없다. 목격자 두 사람이 설명했듯이,

> 토요일 오후에 수도 제철·제강 공장에서 동맹 파업이 일어났다. ……
> 내 생각엔 가장 큰 규모의 파업이었던 것 같다. 그것은 학생들이 파업을 요구한 바로 그때였다. 그 공장에서 몇 명이 참가했는지는 모르겠다.
> …… 20만 명 가운데 7만 명이 가담했다는 소리를 들었다. …… 다른 곳에서도 토요일엔 아무도 일하지 않았다는 소리를 들었다. 그러나 수송 수단이 없었다. 그래서 우리는 만약 수송 수단이 있었다면 노동자들이 작업장을 빠져나갔을지 물어 보았다. …… 우리는 여러 가지 대답을 들었는데, 대부분은 아주 소수만이 빠져나갔다고 말했다.

직접적인 파업 행위가 어느 범위까지 확산됐든 간에, 바리케이드는 주로 압도 다수인 노동자들이 만들었음은 의심할 나위가 없었다. 시내로 들어가는 모든 관문에 바리케이드가 쳐진 토요일 밤의 장면을 한 목격자는 다음과 같이 묘사했다.

> 우리는 네거리에서 탱크들이 몰려오는 것을 이 두 눈으로 똑똑히 보았다. 거기[네거리]에는 문자 그대로 대학생이라고는 한 명도 없었다. 군인들이 멈추어 섰던 몇몇 요충지 가운데 한 곳에 가 보고 우리는 곧 어떻게 그런 일이 일어났는지 알았다. 아주 거대한 간이 수용소가 네거리에 급

히 만들어져서 노동자들이 그 곳에 모여 있었던 것이다. 그리하여 누군가가 외치기만 하면 굉장히 많은 사람들이 길거리로 쏟아져 나오는 것이었다.

또 다른 목격자는 이렇게 말했다.

토요일 밤에 나는 난생 처음으로 그렇게 많은 사람들을 보았다. 거리로 쏟아져 나온 사람들의 수는 상상을 초월하는 것이었다. 모든 사람이 거기에 나와 있었다. 아주 늙은 사람들도 앉아 기다리고 있었고 어린 아이들을 데리고 온 가족이 나온 경우도 있었으며 젖먹이들조차 엄마 팔에 안겨 나와 있었다. …… 사람들은 군인들의 투입이 그 날 밤에 있으리라 생각하고 군인들을 저지할 만반의 준비를 갖추고 있었다.

어떤 노인은 자기 살아 생전에 본 것보다 훨씬 많은 사람들이 거기에 나와 있다고 말했다. 확실히 1949년 당시보다 많았다. 강인함과 단호함이 그 곳의 분위기를 이루고 있었다. …… 약간 소란스런 분위기이기는 했으나 목적 의식과 중요한 의미가 담겨 있는 분위기였다. 몇몇 사람들이 일어서서 다른 사람들에게 할 일을 지시하기는 했지만 아주 자발적이었다.

그러면서도 전체적으로 방향성이 있었다. 한편으로 다소 혼란도 있었으나 모든 사람들이 기꺼운 마음으로 공통의 목표를 달성하고자 했던 까닭에 상당히 효율적으로 일이 진행됐다.

간이 수용소는 매우 조직적이었다. 사람들은 대부분 밖에서 지내다 새벽 2~3시가 되어야 잠자리에 들곤 했다. 군대가 4~5시에 움직일 경우에 대비해 짧은 신호로도 사람들이 밖으로 뛰쳐나올 수 있도록 각 숙소마다 체계를 세워 놓고 있었다. 나는 무선기와 무선 전화기까지 사용하는 것을 보았다.

일요일 밤이 되자 이 목격자는 또 이렇게 쓸 수 있었다.

베이징 시내가 완전히 인민의 손에 장악된 지도 이제 48시간이 지났다. 분위기는 긴장됐으나 술 취한 사람이나 약탈·폭력 사건 등은 일절 없다. …… 우리는 시 동쪽의 간선 도로에 있었다. 상당히 넓은 길이다. 연결 버스 3대가 거리를 가로질러 있으며, 약 1,000미터 뒤에는 100대가 넘는 버스들이 복잡하게 뒤얽힌 채 거리를 가로막고 있다. 물론 작은 차량들이 다닐 여유는 있다. 이 밖에도 버스가 더 있어서 필요할 때에는 버스들 사이의 틈새를 막을 채비를 하고 있다. 사람들은 버스 안에 앉아 잡담을 하고 있다. 마지막 바리케이드에 사람들이 서서 어둠 저편 멀리 바라보고 있다.

바리케이드는 탱크를 저지하지도 못할 것이며 또한 저지하려고 만든 것도 아니다. 그것은 병력의 이동을 막거나 속도를 늦추게 함으로써 사람들이 군인들과 이야기를 나누어 그들을 되돌아가게끔 하자는 생각에서 만든 것이다. 실제로 최근 이틀 동안에 군인들이 되돌아간 일이 자주 있었다. 바리케이드는 사람들 앞에 쳐진 것이 아니라 뒤에 쳐져 있다. …… 열댓 살 먹은 소년이 큰 소리로 리플릿을 읽는다. 그것은 5월 21일 오후 5시 30분에 씌어진 것으로 천안문 광장의 학생들이 보낸 것이다. …… 거기에는 리펑이 감옥을 꽉꽉 채우려 하고 있으며 미래를 위한 싸움은 가치 있는 일이라고 적혀 있다. …… 학생들은 베이징의 인민에게 자기네와 단결하자고 호소하고 있다. 지방에서 온 노동자들은 큰 소리로 찬성을 나타낸다. 노동자들은 필요하다면 죽음도 불사하겠다고 말한다. 50세 가량의 한 여성은 자기 목을 베는 시늉을 하면서 그 말을 강조하기도

한다. 믿기지 않을 정도의 용기들이다.……

폭이 10킬로미터, 길이는 10킬로미터 또는 그 이상 되는 시내 중심지는 노동자와 학생들의 통제를 받고 있다. 사람들은 도시 인구의 반이 넘는 약 500만의 사람들이 어제 거리로 쏟아져 나왔는데 대부분은 노동자들이었다고 이야기한다. 어느 곳에서나 덮개 없는 트럭들이 노동자와 학생들을 싣고 지나다니고 있다. 그들은 모두 적기를 비롯한 각종 깃발을 휘날리며 바리케이드 사이를 바삐 오가면서 상황이 어떠한가, 어디에 도움이 필요한가를 알아보고 다닌다. 어느 누구든지 인터내셔널가를 부르고 또 부르곤 한다.[2]

트로츠키는 바리케이드의 혁명적 중요성에 대해 글을 쓴 적이 있는데, 혹시 트로츠키가 그 생각을 그 주말의 베이징에서 얻은 것이 아닐까 하고 느껴질 정도이다.

모든 혁명에서, 바리케이드의 의미는 결코 전투에서 요새가 지니는 의미와 같지 않다. 바리케이드는 단순한 물리적 장애물이 아니다. 바리케이드는 병력의 이동을 일시적으로 방해해 군인들을 인민과 아주 가깝게 접촉하게끔 해 주는 까닭에 봉기의 대의에 봉사한다. 여기 바리케이드에서 군인들은 — 아마 난생 처음으로 — 평범하고 정직한 인민 대중의 이야기, 형제애에 바탕을 둔 호소, 인민 대중의 양심의 소리 따위를 듣는다. 시민들과 군인들 사이의 이러한 접촉의 결과로 군대의 규율은 산산이 흩어져 없어진다. 이것, 바로 이것만이 민중 봉기의 승리를 보장해 준다. 또 바로 이 때문에, 민중 봉기는 인민이 총으로 무장했을 때 준비되는 것이 아니라 — 이럴 경우 그것은 결코 준비될 수가 없을 것이다 — 공공연한 시가전에서도 죽을 수 있다는 각오로 무장했을 때 민중 봉기는 '준비' 되

베이징 중심가로 들어오려는 군인들을 가로 막고 있는 중국 시민들. 100만 명 이상의 중국 시민들이 계엄령에 반대했다. 1989년 5월 21일

는 것이라고 생각된다.[3]

　바로 이것이 베이징의 바리케이드에서 일어난 일이었다. 노동자들이 트럭 주위로 슬슬 몰려가서 군인들과 이야기하고 또 그들에게 이 운동에 대해 설명하자, 군대의 규율은 사라져 없어졌다. 군인들은 자신들이 파견된 목적에 대해 완전히 준비하고 있지 못하다고 말할 수 있을 것이다. 그들은 비록 2주 동안이나 막사 안에서 꼼짝못하고 있었고 군대 신문말고는 다른 라디오나 신문을 접할 수도 없었겠지만, 적어도 베이징에 가는 것은 '소규모의 반(反)혁명적 소요'를 진압하기 위해서라는 말은 들었을 것이다. 심지어 어떤 부대에서는 영화의 엑스트라로 출연하기 위한 출동이라는 말도 나왔을 정도이다![4] 어느 목격자는 이렇게 회상했다.

　　새벽 4시에 군인 한 사람이 광장으로 뛰어와서 학생들의 공개 연단으로 가더니 이렇게 말하는 것이었다. 그는 자기 대대 병력과 함께 바리케이드에서 거리 몇 개 떨어진 곳에서 멈추어 섰는데, 그들은 대부분 학생들과 단결해 운동에 가담했다는 것이었다. 그의 말에 따르면 그 대대 병력의 80퍼센트는 학생들을 지지한다는 것이었다.……

　그 주말에 정부는 완전히 고립무원의 상태에 놓은 것 같았다. 그들은 계엄령을 선포하고 군인들의 모습을 보이기만 하면 운동 세력이 깜짝 놀라 항복하리라고 생각하고 있었다. 그러나 운동은 오히려 더 고조됐을 뿐이다. 군인들도 노동자나 학생들과 충돌 없이 우호적으로 지냈으며, 5월 22일 월요일에는 군 지휘관들이 계엄령 실시 명령을 공개적으로 거부하기까지 했다. 리펑이 퇴진하고 덩샤오핑은 우한(武漢)이나 지난(濟南)으로 도피했다는 소문이 퍼지기 시작했다.

210

노동자와 학생들이 베이징 거리를 통제했으며, 이러한 경험은 일상 생활 자체를 바꾸었다. 어느 곳에서나 노동자들이나 학생들이 모여 서로 논의를 벌이거나 대자보에 대해 이야기를 나누곤 했다. 선동가들이 상자 위에 올라서서 연설을 시작하기만 하면 수많은 청중이 모이곤 했다. 중국의 공식 정치에서 거의 아무런 역할을 하지 못했던 여성들(정치국에 여성이라고는 단 한 명밖에 없다)도 선동가나 조직가 또는 취사반장으로서 앞에 나서서 일할 수 있었다. 어느 여성 목격자는 어림잡아 군중의 40퍼센트는 여성이었을 것이라고 말하면서 자기도 자기 생애에서 여성으로서 그렇게 안전함을 느껴본 적이 없었다고 덧붙였다. 중국 남학생들의 성차별주의가 거의 참을 수 없을 정도라고 보았던 어느 영국 학생은 "운동이 시작되자 그것도 완전히 사라졌다"고 지적했다.

마찬가지로 소수 민족에 대한 뿌리깊은 선입관도 변화했는데, 이들 소수 민족은 베이징에서 날마다 사람들의 심한 적개심 앞에 몸을 떨어야 하는 게 보통이었다. 지도적인 학생 조직이 우려했던 일 가운데 하나는 중국어를 쓰지 않는 소수 민족 병력이 바리케이드와 대치하기 위해 파견 되는 일이었다(실제로 두 번 이상 이런 일이 있었다). 이에 대처해 학생 들은 소수 민족 출신 학생들을 조직해 각 바리케이드로 보냄으로써 이들 고유의 언어로 자기 민족 출신 군인들에게 연설을 할 수 있도록 했다.[5]

이런 자그마한 일만으로도 혁명의 중심에서 어느 정도 조직화가 이루 어졌고 또 인민에게 그들의 이념을 어느 정도까지 전파할 수 있었는가를 볼 수 있다. 하지만 그들은 그 봉기를 거의 완전히 방어적인 관점에서 보 고 있었는데, 그것은 순전히 군대를 내몰고 천안문 광장의 학생들을 방 어해 주고자 했기 때문이었다. 지배계급에 대한 불만은 거의 보편화됐으 나, 그것은 투쟁을 어떻게 발전시킬 것인가 또는 자신들이 지니고 있는 강점을 어떻게 차근차근 설명해 줄 것인가 하는 일관된 문제와는 연결되

계엄령이 선포되고 이틀이 지난 5월 22일

지 못했다. 어느 목격자가 들은 이야기에는 이런 것도 있었다. "보라, 모든 사람들이 일치 단결해 학생들을 지지하고 있으며 또 모든 사람들이 여기 나와 있다. 그러나 그들에게 원하는 바가 무엇이냐고 물으면, 대답은 가지각색이거나 아무런 내용도 없는 것뿐이다……."

노동자들이 조직되다

투쟁을 결정적으로 진전시킬 좋은 기회의 하나로 베이징 공인자치연합(工人自治聯合) [일종의 중국판 민주노조]이 제기한 월요일의 총파업 제안이 있었다. 이것은 분명히 노동자들을 노동자로서 끌어들임으로써, 즉 노동자들이 가두에서의 수적인 힘이 아니라 그들의 집단적인 경제적 힘을 사용하게 함으로써 투쟁을 좀더 높은 단계로 끌어올릴 만한 것이었다. 더 중요한 것은, 이것이 민주주의나 자유 등과 같은 일반적인 요구를 좀더 구체적인 요구들 즉 임금, 인플레이션, 노동 조건, 부패한 경영자 등에 대한 요구들과 결합시킴으로써 운동을 한층 더 활성화시키리라는 것이었다. 그것은 위기에 대한 노동자들의 계급적 해결책을 제시하기 시작한 것이었다.

그러나 총파업은 결코 실현되지 않았다. 한 소식통에 따르면, 군대가 학생자치연합과 접촉해 그들로 하여금 파업 제안을 취소하게 했다는 것이다.[6] 이것은 결정적인 전환점이 될 것이었다.

노동자들에 대한 학생들의 태도는 모순적이었다. 한편에서 그들은 가두 선동과 공장 집회를 통해 노동자의 지지를 얻기 위해 의식적으로 손을 뻗쳤다. 그러나 운동 지도부는 노동자의 역할을 공장과 사무실에서 그들의 집단적 힘을 발휘하는 역할보다는 단순히 거리에서 숫자를 늘리는 것 이상으로 보지 않았다. 노동자들은 학생들을 지지해 줄 시민 집단들 가운데 하나일 뿐으로 여겨졌다. 상하이에서는 심지어 운동 지도부가 파업 행동에 대해 반대하기까지 했다. 경제에 손실을 입힌다는 이유 때문이었다. 두 목격자는 이것을 다음과 같이 전했다.

> 우리는 학생들이 스스로 지도자로 자처하고 있다는 인상을 받았지만, 그들에게 거리로 나가 노동자들을 거리로 불러내는 것이 아주 중요한 관건이며, 또 노동자들에게 이야기해 주는 것이 핵심적인 일이라는 생각은 거의 없었다. 정말로 노동자들의 힘에 대한 믿음이 없었던 것이다. ……
> 그러나 몇몇 사람들은 진정한 변화를 가져오기 위해서는 노동자들을 불러내야 한다는 사실을 분명하게 이해하고 있었다.

그러나 운동의 초기부터 일부 노동자들은 적어도 그들의 역할과 노동자 대중을 어떻게 하면 가장 잘 투쟁 속으로 끌어들일 수 있을지에 관해 다른 생각을 가지고 있었다. 4월 28일에 나붙은, 그냥 '한 노동자'라는 명의의 대자보는 노동자들을 항의 시위 속으로 끌어들일 하나의 전술에 관해 논하면서, 뿌리깊은 분노가 곧 터질 것임을 보여주었다.

> 친애하는 학생들!
> 앞으로 여러분이 투쟁을 계속해 나감에 따라, 여러분은 노동자·농민과 병사와 사무원들의 광범위한 지지를 얻도록 노력해야 합니다. 이를 위해 어떻게 해야 하는가? 먼저, 지식인들에 대한 처우나 고등교육 예산 문제에 관해서만 강조해서는 안 되고 비실제적인 민주 변화를 요구해서도 안 된다. 왜냐하면 이것은 노동자와 농민을 소원하게 만들 것이기 때문이다. 노동자, 농민 그리고 병사들을 겨냥한 선전은, '인민의 소유'[7]라는 말이

실제로 뜻하는 것은 '소수 부르주아지 집단의 소유'라는 사실을 강조해야만 한다. 그 집단은 우리를 '나라의 주인'이라고 부른다. 그러나 우리는 대대로 빡빡한 초만원 상태에서 살고 있다. 반면, 그들 '공복(公僕)'들은 별장을 짓고 사치스런 차를 타고 경찰 호위를 받고 있다. 그러나 우리 '나라의 주인'들은 초만원의 버스를 타고 다닌다. …… 그들이 나라의 재산을 고갈시키는 것에 우리가 눈을 감고 있을 수 있겠는가? 그 돈이 어디에서 나오는가? 우리들의 피와 땀에서 나오는 것이 아닌가…….[8]

시위나 바리케이드 등을 통해 운동에 대거 참여했던 노동자들 가운데 일부 사람들은 자신들의 경험을 통해 노동자들의 독립된 조직이 필요하다고 인식했다. 이런 조직 가운데 가장 큰 것으로 베이징 공인자치연합이 있었지만 상하이와 항저우(抗州), 시안(西安), 톈진(天津), 광둥(廣東) 등지에도 이러한 조직들이 있었던 것으로 보이며 또 베이징에도 이런 조직이 몇 개 더 있었다.[9]

이들 조직들의 규모나 얼마의 영향력을 지녔는지는 알려진 바도 없고, 또 몇 안 되는 사람들로 구성된 조직도 있었을 것이다. 그렇지만 노동자들의 자치 조직이라는 생각이 그렇게 빨리 확산될 수 있었다는 점이 중요한 것이다. 베이징 공인자치연합은 4월 21일에 창립됐으며 5월 20일 천안문 광장을 점령할 당시에 처음으로 그 모습을 드러냈다.

50여 명에서 100명 가량의 일단의 노동자들이 학생들의 천막이 있는 지역 외곽에 천막으로 본부를 만들었다. …… 철강 노동자와 철도 노동자, 항공 노동자, 식당 요리사 및 학생과 법률가들이 핵심 구성원들이었다. …… 그 날 하루 종일 수백 명, 어떤 때는 수천 명이 노동자와 자치연합의 확성기 주위에 운집해 연설에 귀를 기울이곤 했다. …… 노동자와 공장 경영자 사이의 격심한 임금 격차, 작업장에서의 민주주의의 결여, 정책 결정 과정에서 노동자들을 진정으로 대변해 주는 대변자의 부족, 산업 안정 시설과 노동 조건의 열악함, 최근 몇 해 사이의 노동자들의 생활 수준 저하 등이 주요 불만 내용이었다.[10]

초기의 기록을 보면, 그들의 주장은 이러했다.

아직은 노동 대중이 표현하는 바람을 제대로 나타내 주는 조직은 없다. 그러므로 우리는 노동자들의 입장을 대변해 주고, 정치 문제에서 노동자들의 참여와 협의를 실현시키고자 하는 자치 조직을 세울 필요가 있다고 인식한다.[11]

그러면서도 그들은 공산당의 지배에 반대하지 않으며 공식 노동조합에서 자신들에게 동조하는 부분과 같이 활동하고 싶다고 강조했다. 그들은 법의 테두리 내에서 개혁을 추진하고자 했다.

홍콩의 독립노조 활동가 한 사람은 그들의 입장을 이렇게 정리했다.

나는 그들이 민주화를 요구하고 관료주의와 부정부패에 반대하는 학생들의 요구와 무척 비슷한 입장에 서 있다고 생각한다. …… 그들은 작업 안전의 문제에 관해 이야기하면서도 어떤 명백한 경제적 요구를 내세우지는 않았다. …… 그나마도 그들은 임금에 관한 이야기를 하는 것도 아니었다. …… 그들은 "우리는 관료들에 반대한다. 관료들은 인민들로부터 그렇게 많은 이윤을 수탈해서는 안 된다. 부는 인민들에게 골고루 분배해야 할 것이다. 우리는 이다지도 가난한데, 그들이 그렇게 부유해서는 안 된다"고 주장했다. …… 그들은 매우 모호한 입장을 가지고 있었지만,

나는 그들이 자신들의 조직에 대해 깊은 확신을 갖고 있으며, 또한 노동
자들에게 자신들의 조직을 가지도록 하는 데 전념하고 있다는 느낌을 강
하게 받았다.[12]

그들의 관점이 아무리 취약하고 혼란에 빠져 있다고 해도(그들의 관
점은 날이 갈수록 진전됐음에 틀림없다), 앞서 말한 마지막 측면은 상당
히 의미 있는 것이다. 노동자들이 의식적으로 노동자로서 조직되어 관료
의 지배에 도전한 것은 전에는 결코 없었던 일이다. 국영 기업에서 일하
는 노동자들은 주거와 식비 보조금과 자녀 교육비를 직장에 의존한다.
이 모든 것을 잃을 수도 있는 매우 실제적인 위협 때문에 그들은 전통적
으로 항의 운동의 주변에 머물렀다. 물론 그 위협이 경제 파업까지 막지
는 못했지만 말이다. 이제 의미 있는 소수가 그러한 두려움으로부터 떨
쳐 일어선 것이다. 비극적이게도, 그 거대한 일보전진의 잠재력은 현실
화되지 못하게 된다.

주말의 바리케이드 이후, 월요일 파업 행동의 철회는 운동 지도부의
약점을 드러냈고 정부로 하여금 재차 공세로 나서도록 만들었다. 민족주
의를 끝까지 떨쳐 버리지 못한 학생 지도자들은 '국익' 의 존재를 받아들
여, 결국은 '경제에 손실을 입힌다' 는 이유로 총파업 제안을 기각했던 것
이다.

더 중요한 것은, 만일 총파업이 이루어졌다면 운동이 계속해서 공세
를 취할 수 있었을 것이라는 것이다. '주말의 바리케이드' 직후보다 총파
업을 결행하기에 더 좋은 시점은 없었다. 정부는 베이징에 대한 통제력
을 상실했고 군대는 공공연하게 분열되어 있었다. 노동자들이 공세를 취
했다면 최소한 정부를 크게 분열시켜 놓을 수 있었을 것이다. 잘하면, 노
동자 평의회가 출현할 가능성을 열어 놓아 실질적인 권력을 위한 도전을

시작할 수도 있었을 것이다.

교착 상태에서 탄압으로

다른 지역에서는 계엄령 선포가 오히려 투쟁을 더 고조시켰다. 난징 (南京)과 선전(深川)에서는 수십만 명이 거리로 뛰쳐나왔고, 상하이와 우한 그리고 창사(長沙)에서도 여지껏 보지 못한 거대한 군중이 며칠 동안이나 시내 중심가를 장악했다. 5월 22일에 계엄령은 우한에까지 (겉으로 볼 때 성공적으로) 확대 실시됐다. 시안(西安)의 지방 라디오 방송국은 다음과 같이 보도했다.

> 간선 도로들이 거의 차단됐다. 간선 도로든 샛길이든 할 것 없이 모두 크고 작은 갖가지 대자보와 깃발들로 홍수를 이루었다.[13]

란저우(蘭州)의 라디오 방송은 소요가 대도시에 국한되지 않는다고 밝혔다.

> 최근 며칠 간, 사회 질서의 불안정한 상황이 란저우 지역에서 발생했다. 그리고 상당수의 현, 자치현 그리고 도시들에서 산업 생산에 매우 긴장된 상황이 존재한다.[14]

그러나 가장 큰 시위는 5월 21일 홍콩에서 있었다. 좌파 학생들은 몇 차례의 연합 시위를 이미 준비했는데, 그 가운데 6,000명을 동원한 시위가 가장 큰 시위였다(홍콩의 기준으로 보면 매우 큰 규모였다). 이제 계엄령이 내려졌으니 시위가 더 커지리라는 것은 누구나 예상할 수 있었다. 독립노조의 지도자 한 사람은 10만의 사람들이 가담하기를 바랐는데, 경찰은 8,000명 정도가 가담하리라고 예상해 시위를 막기 위한 병력을 50명만 투입했다![15]

태풍이 휩몰아치는 속에서 도시 인구의 6분의 1인 100만이 넘는 사람들이 홍콩의 도로들을 장악함으로써 이 식민지에서 가장 큰 규모의 시위로 기록됐다. 더 중요한 것은 베이징 당국에 호의적인 노조들이 대거 인원을 동원해 리펑과 덩샤오핑의 퇴진을 요구하는 데에 같이 가담한 일이었다. 시위 행진이 중국의 지배계급에게는 커다란 타격이었으나, 이 식민지의 영국 지배자들에게는 그렇지 않았다. 중국의 민주화 요구는 홍콩 자체의 민주화 요구로 반영되고, 더 나아가서는 1997년 홍콩을 중국에 반환하라는 데까지 이르렀다.

다른 지역에서는 운동이 전진해 갔지만, 베이징 자체에서는 사실상 교착 상태에 빠졌다. 천안문 광장 안에서는 앞으로의 운동 방향을 놓고 끊임없이 논쟁이 벌어지고 있었다. 베이징의 학생들 가운데에는 단식 투쟁을 포기하는 사람이 점점 늘어갔으며, 반면에 베이징으로 계속 몰려드는 외부의 학생들이 이 자리를 메워 갔다. 하지만 광장과 가두의 사람들의 수는 자꾸만 줄어들었다.

이제 운동은 군대를 저지하려고 길에 바리케이드를 치기 위해 밤에 사람들이 모이는 것말고는 명료한 초점이 될 만한 것이 별로 없었다. 군대의 도시 진입 가능성이 거의 없을 것처럼 보이자 이들의 수는 점점 적어졌다. 노동자들이 낮에는 일터로 되돌아감에 따라, 모든 행동을 중지하라는 경영자들의 압력은 더욱더 거세졌다. 혁명은 결코 정지 상태로 머물러 있을 수 없다. 전진하지 않는다면, 적이 재정비할 시간을 허용하고 말 것이다. 운동의 여세가 주춤거리자 주도권은 지배계급에게로 다시 넘어가기 시작했다.

그러나 지배계급이 주도권을 잡고 통제력을 다시 강화하는 데에는 2주가 더 있어야만 했다. 운동이 더 이상 발전하지 않는 동안에도 베이징의 거리는 여전히 무수한 군중으로 꽉 차 있었고 수십만의 사람들이 오후의 시위 행진에 가담했다. 저녁 때만 되면 바리케이드가 세워진 길모퉁이에 사람들이 구름같이 모여들곤 했다. 한 목격자는 이 시기에 대해 다음과 같이 말했다.

> 바리케이드들은 조금씩 무너지고 있었으며 화요일 밤에는 이미 무너진 곳도 몇 군데 있었다. …… 화요일 밤에 그들은 우리가 있던 곳의 상징적인 바리케이드 하나를 치웠는데, 그래도 사람들은 더 모여들었다. 이 입체 교차로 밑에는 늘 선전 버스가 주차해 있었다. 화요일 밤이 되자 그 주위에는 2~3,000명의 사람이 모여 있었는데, 이 군중조차도 드나드는 사람들이었다. 사람들은 20~30분 동안 연설을 듣다가는 곧 가버렸던 것이다. 따라서 거기에 사람들이 얼마나 있었는지 잘 알 수 없다.

사람들의 관심은 점점 지배계급 내부의 움직임에 초점이 맞추어져 갔다. 이틀 동안은 사람들이 캐나다 방문 도중에 급거 귀국한 부총리 완리(萬理)에게 기대를 걸었다. 그만이 리펑을 해임할 합헌적인 권한을 갖고 있었으며, 사실 이 일을 하기 위해 급거 귀국했다는 소문이 돌기도 했다. 이것이 어느 정도 옳은 말이기는 했다. 하지만 그가 상하이에 도착하자마자 검진을 받기 위해 입원을 해야 한다는 구실로 곧 체포당해 비밀리에 베이징으로 이송됐다는 것은 사실이었다.

그러나 더 중요한 것은 군사적 해결이 준비되고 있다는 사실이었다. 5월 24일에 덩샤오핑은 중국의 7대 군구(軍區) 가운데 6개 군구의 사령원(베이징의 사령원을 포함해)과 비밀 회합을 가졌다.[16] 농성자들의 세력을 한데 모은 뒤에 궁극적으로 운동을 괴멸시키기 위한 것이었다. 그러나 5월 말이 되자 이런 조치가 필요 없는 것처럼 보이기 시작했다. 대학은 텅텅 비기 시작했고 6월 1일부터 학생들은 고향을 향해 떠났다. 사람들의 수가 줄어드는 속도보다 더 빨리 천안문 광장의 사기가 떨어져 갔다. 지배계급은 기다리기만 하면 되는 것 같았다. 이 추세가 계속된다면, 천안문은 소수의 경찰 병력만으로도 처리할 수 있을 만큼 사람들이 줄어들어 곧 텅 빌 것처럼 보였다.

그러나 학생들은 5월 29일 월요일이 되자 지금은 천안문 광장의 '자유의 여신상'으로 유명해진 동상을 세웠다. 한밤중이 되자 15만 명이 넘는 사람들이 모여들었다. 다시 새로운 단식 투쟁이 시작되어 6월 20일 전국인민대표자대회가 소집될 때까지 계속하기로 했다. 공인자치연합의 지도자들과 오토바이를 타고 바리케이드 사이를 연결시켜 주었던 사람들이 처음 체포됐다는 소식은 오히려 군중의 분노를 더 키웠을 뿐이다. 모든 것이 처음부터 다시 시작될 것처럼 보였다.

피로 물든 거리

정확히 어째서 군대가 6월 3일에 그와 같이 잔학하게 베이징에 투입됐는지는 여전히 불명확하다. 아마도 그것은 막바지에 다급하게 취해진 결정으로서, 거리로 되돌아오는 군중들을 보고서 공포에 질려 내려졌을 것이다. 필요한 병력이 그 날짜에서야 동원될 수 있었기 때문일 수도 있고, 혹은 그렇지 않으면 지배계급과 군부 내부에서의 논쟁이 전날에서야 비로소 해결됐기 때문일 수도 있다.

경위야 어떻든 간에 6월 3일의 전율할 사건은 그 전날 밤에 있었던 희극 같은 사건으로 말미암아 더욱 두드러져 보였다. 토요일 아침 이른 시각에 대부분 군복을 입지 않은 다수의 비무장 군인들이 천안문 광장 동쪽으로 통하는 간선 도로에 나타나기 시작했다. 그들은 베이징 교외에 있는 자기 부대에서부터 16킬로미터 가량을 뛰어온 것이다. 이 소식이 퍼지자 노동자들이 떼를 지어 거리로 나와 이들을 막으려고 했다. 신호등이나 울타리 또는 버스나 구급차 따위가 임시 바리케이드를 세우는 데 사용됐다.

광장 동쪽에서 지프 한 대가 한 떼의 자전거 탄 사람들을 치어서 두 사람을 즉사시켰다. 노동자와 학생들이 군인들을 조롱하고 그들에게 욕설을 퍼붓는 사이에 비웃음은 분노로 변했다. 몇몇 따로 떨어진 군인들은 붙잡혀서 무장해제를 당했고 나머지 군인들은 재빨리 무질서하게 퇴각했는데 대부분이 울고 있었다. 몇몇은 무작정 도망쳐서 군중 사이를 헤매고 다녔다. 이 사건은 정부에게 다시 한 번 굴욕을 안겨 주었다. 그것이 실패를 계산한 냉소적인 책략이었는지 또는 광장의 사람들을 평화적으로 해산시키기 위한 마지막 시도였는지 아니면 단순한 무능력의 소치였는지는 우리가 알 길은 없다. 그 이유가 무엇이었든, 그것으로 인해 병력이 철수하리라 믿었던 수많은 사람들이 길거리로 다시 나서게 됐다. 그러나 그 다음에 어떤 일이 일어날 것인가는 아무도 알 수 없었다.

일요일 아침 이른 시각에 군인들이 수천 명으로 불어나 다시 온 것이다. 장갑차와 탱크 및 대표들이 바리케이드들을 부수고 통과해 영안로(永安路)를 거쳐 천안문을 통해 '인민의 영웅탑' 계단 밑에까지 도착했다. 그들은 곧 발포하기 시작했다. 한 중국인 목격자는 그들이 오던 상황을 이렇게 묘사했다.

시위의 상징물인 민주주의와 자유의 여신. 1989년 5월 30일

저녁 시간 내내 학생들을 방어해 주기 위해 시민들이 자꾸자꾸 모여들었
는데 11시 30분 즈음에는 우리 주위에 약 1만여 명의 시민이 있었다. 죽
음을 불사한다는 표시로 검고 노란 무늬가 새겨진 띠를 팔에 두른 사람
들이 조를 이루어 군인들을 저지하기 위해 시내 중심가로 향하는 간선
도로로 가서 방비를 했다. 새벽 1시에 학생 100여 명으로 구성된 우리 조
는 서부 시단 지역으로 갔는데 우리는 거기서 곧바로 군대와 직면했다.
앞줄에는 폭동 진압을 위한 특수 경찰들이 늘어서 있었고 그 뒤에 군대
가 버티고 있었다. 경찰은 곧바로 우리를 해산시키려고 최루탄을 사용하
기 시작했다. 우리는 자전거 탈 때 쓰는 마스크로 가릴 수밖에 없었으며
몇몇 사람은 기절하기까지 했다. 우리는 달아나면서 이 운동이 시작된
이래 처음으로 총소리를 들었다. 처음에 우리는 군대가 우리를 향해 발
포하고 있다는 사실을 믿을 수가 없었으나, 더 많은 사람들이 쓰러짐에
따라 그 사실을 실감할 수밖에 없었다. 그들이 진짜 총알을 사용하고 있
다는 것도 알 수 있었다. 이에 우리는 부상자들을 데리고 시시난 거리를
향해 남쪽으로 후퇴했다. 우리는 총알을 피하려고 엎드렸는데, 그때 군인
들을 잔뜩 실은 탱크와 장갑차들이 창안로를 지나 천안문으로 향하는 것
이 눈에 들어왔다. 그 대열은 한 시간 동안이나 지속됐다.[17]

　수만 명의 노동자들이 믿을 수 없는 이 사실에 분노와 공포에 가득 차
서 거리로 쏟아져 나오자, 무장 군인들이 이들을 향해 무차별 사격을 가
하기 시작했다. 천안문에서는 학생들이 군대와 협상을 해 충돌을 피하고
자 했다. 새벽 5시가 조금 지나서 광장에 끝까지 남은 약 2,000명의 학생
들은 회합을 갖고 철수하기로 의견을 모았다. 그들이 떠날 때에도 군대
는 다시 그들을 향해 사격을 가했다. 부상당한 학생 하나는 자신의 피로
땅바닥에 이런 글을 써 놓았다. "리펑, 너는 결코 편안하게 살지 못할 것

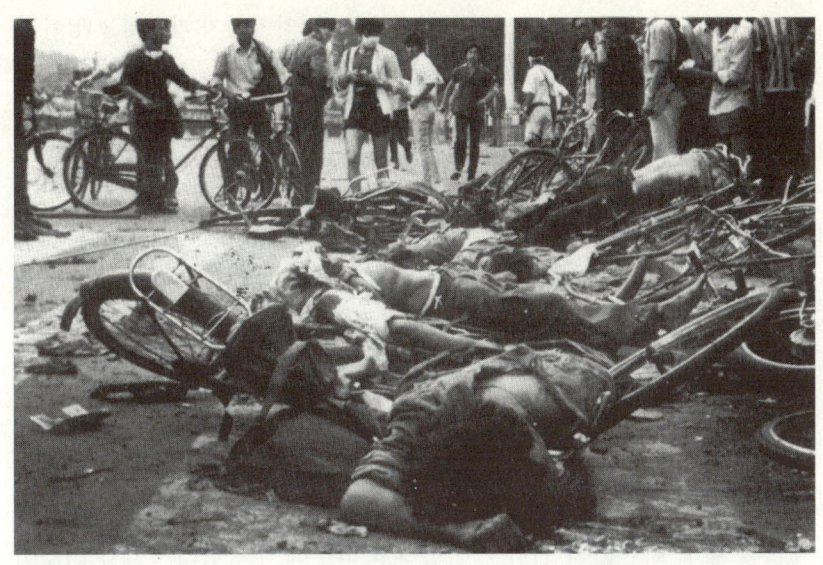

베이징에서 일어난 대학살. 수만 명의 중무장한 인민해방군이 천안문 광장과 다른 베이징 지역의 시위를 진압하면서 700명 이상의 시위자들을 죽였다. 1989년 6월 3~4일

이다."

　시시각각으로 총에 맞은 사람들이 병원으로 후송됐는데 군인들이 구급차에도 사격을 가하기 시작함에 따라 희생자의 수는 더 늘어났다. 한 작은 병원은,

　　…… 마치 도살장 같았다. 긴 의자든, 침대든, 바닥 위의 피에 흠뻑 젖은 매트리스에든, 어디나 사상자들이 널려 있었다. 대다수가 가슴이나 다리 또는 머리에 크게 총상을 입고 있었다. 어느 의사는 감정이 격앙돼 쉰 목소리로 부상자 300명이 입원했다고 우리에게 말해 주었다. "대부분은 상태가 너무 안 좋아 우리는 그들을 다른 곳으로 보냈습니다. …… 목에 총상을 입은 아홉 살 소녀를 포함해 4명이 죽었습니다." …… 근처에 있는 우체국에 딸린 보건소에서도 상황은 마찬가지였다. …… 다른 의사 한

사람은 자기 앞에서 12명이 죽었으며 300명의 부상자 가운데 30명이 죽었다고 말했다. 수도 베이징의 주요 병원 스무 군데에서 각각 50명씩은 죽었다고 그는 생각했다.[18]

그 날 밤이 새도록 시내 곳곳에서 이와 똑같은 폭력이 자행됐다. 천안문의 학생 지도자들은 그들의 운동이 평화적인 것이라 주장하면서 저항을 계속하는 데에 반대했다. 노동자들과 몇몇 학생들이 무기를 들어야 한다고 계속 주장해 큰 논쟁이 벌어졌으나, 학생 지도부는 꼼짝도 하지 않았으며 오히려 그들이 노획한 무기를 군대에 되돌려주기까지 했다. 학생 지도부 중 한 사람인 리루는 무기는 모두 사용할 수 없는 것이었고 학생들을 덫에 빠뜨리기 위한 것이었다고 나중에 주장했다.[19] 설사 이것이 사실이라고 하더라고 천안문의 지도부가 어떠한 저항도 조직하기를 거부했을 뿐 아니라 어떤 형태의 자위도 중지시키려고 했다는 사실은 여전히 남는다.

베이징의 노동자들은 이제는 거의 실추된 영웅주의로 맞섰다. 그들은 버스에 불을 붙여서 바리케이드로 사용했다. 군중은 군인들을 향해 돌이나 벽돌 또는 화염병 따위를 비 오듯 퍼부었다. 고립되어 남은 몇몇 군인들은 붙잡혀서 무장해제를 당했을 뿐 아니라 교수형에 처해지기까지 했다. 노동자들이 겨우 노획한 몇 자루의 총들은 군대에게 되겨눠졌다. 탱크와 병력 수송 차량들은 포위당해 불에 태워지거나 파괴됐으며, 곳곳에서 군인들이 군중에게 항복하거나 총부리를 서로에게 겨누기도 했다. 그러나 이런 개별적인 폭동 행위가 군인들의 대대적 항명 파동으로 전환될 수 있으리라는 기대는 없었다. 군인들이 운동이 승리하리라고 믿을 만큼 운동의 힘이 강하지는 못했던 것이다.

이 단계에서도 몇몇 소대는 설득을 통해 등을 돌리게 만들 수 있었다.

1936년 스페인에서 프랑코가 군사 쿠데타를 일으켰을 때, 스페인의 노동자들은 몇몇 주요 도시의 병영을 습격했으며 수많은 군인들을 동지로 만들기도 했다. 1956년의 헝가리 혁명 때에도,

> 부다페스트(Budapest)와 나중에는 지역에서도, 군인들 사이에는 두 가지 의견이 있었다. 하나는 중립을 지키자는 주장이었고 다른 하나는 인민에 가담해 그들과 함께 싸우자는 주장이었다. 중립을 주장하는 군인들(아마 소수였을 것이다)도 노동자와 학생들에게 자기 무기를 건네주어 그들이 자신들과 함께 AVH(비밀경찰)에 맞서 싸울 수 있도록 할 준비가 되어 있었다. 다른 한편의 군인들은 자신들의 무기를 가져와 혁명에 가담했다.[20]

그러나 어떤 경우에도 중요한 전제 조건이 있는데, 그것은 무기를 들고 최후까지 싸울 각오가 되어 있어야 한다는 점이었다. 이로 인해 군인들은 자신들이 항명 파동을 일으켰다 해서 총살당하지 않고 오히려 승리할 수도 있다는 믿음을 갖게 되는 것이다. 그러나 그들이 그렇게 결심하지 않았기 때문에 개별적인 영웅주의적 행동이 운동 진압을 거부하는 움직임으로 널리 퍼지는 변화는 결코 오지 않았다.

다음 날 아침, 베이징의 상황은 1956년의 부다페스트나 1982년의 베이루트(Beirut)와 같았다. 거대한 장막과 같은 연기가 시내 전역을 뒤엎었고 어느 곳에서나 탱크와 군인들이 보였으며 총성이 멈추지 않았다. 중국 적십자사는 사망자가 2,600명이라고 발표했고(이것은 나중에 부인됐다), 한 익명의 적십자사 직원은 기자들에게 다음과 같이 말했다. "수천 명에 이릅니다. 아직 확실하게 알 수는 없습니다."[21] 그러나 저항은 계속됐다. 노동자와 학생들로 이루어진 군중은 천안문 광장 외곽에 모여

군대를 향해 고함을 질렀다. 군인들이 발포하기 시작하자 그들은 물러났으나, 곧바로 다시 집결해 군인들을 계속 조롱했다. 그 날 밤에도 산발적인 싸움이 벌어지곤 했다. 병력 수송 차량들이 간선 도로를 이리저리 질주하면서 군중과 노동자 주거 지역을 향해 무차별 사격을 가하곤 했다.

군대가 투쟁을 최종적으로 진압한 것은 그 다음 날도 다 지나서였다. 그러나 저항 의식과 증오는 계속 쌓여 있었으니, 이것은 그 당시의 베이징 사태에서 생각나는 가장 잊기 어려운 한 사건이 잘 나타내 주었다. 화요일 아침, 한 공장 노동자의 열아홉 살 먹은 아들 왕웨이린이 용감하게 군대와 대결해 반란이 일어나는 것을 가능케 한 것이다. 열을 지어 밀려오는 탱크들 앞에 서서 그는 그 탱크들에게 비켜가라고 소리쳤다. 그러자 탱크들이 멈추어 섰고 그가 선두에 있는 탱크 위로 올라가자 친구들이 그를 끌어내렸다. 나중에 그는 비밀리에 처형당했으나 그 사건은 쉽사리 잊혀지지 않았다.

대학살 이후

6월의 대학살은 결코 무차별한 야만적 행위나 개별 군인들이 미쳐 날뛴 결과로 벌어진 일이 아니다. 그것은 자기 권위를 회복시킬 다른 방법이 없었던 지배계급이 아주 깊은 계산 속에서 내전을 선언한 것이었다. 전국에 걸쳐 항의 시위가 잇따랐다. 청두(成都)에서는 가두 투쟁이 이틀 밤 계속된 결과 300명의 사망자가 발생했다. 상하이와 난징(南京)에서는 십만 명 이상이 항의 행진을 벌였고, 곳곳의 다른 도시들에서도 수천명의 사람들이 거리를 장악하곤 했다. 무엇보다 중요한 것은 많은 도시들에서 학생들이 파업 행동을 조직하려고 나선 일이다. 광저우(廣州)에

천안문 광장으로 향하는 탱크대열을 정지시키고 있는 한 중국 시민. 1989년 6월 5일

서 한 학생은 이렇게 주장했다.

> 전면적인 파업을 일으켜야 한다. 단식 투쟁은 더 이상 필요가 없다. 그것
> 은 아무 의미도 없다. 노동자들이 철강 생산이나 발전소 또는 철도에서
> 파업을 일으켜야만 우리는 저놈들을 파멸시킬 수 있다. 중국에 군인들이
> 아무리 많아도 기간 산업을 계속 가동시킬 만큼 많은 것은 아니다. 노동
> 자들이야말로 힘을 갖고 있으니, 그들에게 그들 스스로 할 말을 다 하도
> 록 하자. 이것만이 우리가 가야 할 단 하나의 길이다.[22]

허페이(合肥)에서는,

시내를 가로질러 장례식이 6시간 동안이나 진행되면서, 공장과 노동자들의 숙소를 방문해 소식들을 전하고 파업을 부추기고 다녔다. …… 화요일, 중국과학기술대학교 학생들은 안후이(安徽) 철강 회사의 모든 문 앞에서 피켓 시위를 하며 30퍼센트의 파업 참여를 요구했다. 그들은 노동자들이 일하러 가는 것을 막기 위해 시내 중심가의 6개 주요 교차로를 통제했다. 바리케이드 주위에는 많은 군중이 몰려 있었고 길을 막는 데 버스가 사용됐다.[23]

우한(武漢)과 란저우(蘭州) 및 창사(長沙) 등지의 중심가가 며칠 동안이나 봉쇄됐던 반면에 수백만의 노동자들은 일터에서 벗어나 있거나 공장에서 태업을 하고 있었다. 그러나 저항은 정권에 대한 증오의 깊이와 그 힘이 폭력에만 의존한 정도만을 보여줄 뿐, 그것이 싸움을 승리로 이끌 수는 없었다

6월 7일 오후, 베이징에 남아 있던 학생 지도자들은 텔렉스와 전화를 통해 더 이상의 유혈 참극을 피하기 위해 도로 봉쇄를 그만두고 활동가들은 지하로 들어가 투쟁을 계속 이끌라고 전국에 요청했다.

그것은 현재의 지도부를 보존하기 위한 것이었는데 모든 도시에서 그 요청이 받아들여졌다. 운동이 가장 강력하게 진행됐던 상하이만은 예외였다.

그 곳의 학생들은 그 뒤 사흘에 걸쳐 아주 교묘하게 철수했다.[24]

대학살 이후 며칠 동안 학생들이 몇 가지 방법을 통해 철수할 수 있었을 때 정권은 완전한 혼란에 빠진 듯이 보였다. 소문은 눈덩이처럼 점점

불어났다. 대학살을 자행한 군인들을 공격하기 위해 또 다른 병력이 베이징을 향해 오고 있으며, 덩샤오핑은 상하이 병원에서 암으로 죽어 가고 있고, 리펑의 명령으로 자오쯔양(趙紫陽)이 총에 맞았을 뿐 아니라 군 장성 한 사람이 리펑을 암살하려 했다는 소문들이었다. 지배계급은 승리했음에도 불구하고 오히려 혼란에 빠졌으니, 그 뒤에 할 일을 너무 무모하게 계획하려 했기 때문이다는 등.

주말이 될 즈음, 그 동안의 소문이 모두 헛소문이었음이 드러났다. 리펑과 덩샤오핑은 텔레비전에 다시 나타남으로써 그들이 여전히 지배권을 장악하고 있음을 과시했다. 그러나 그 두 사람은 나타날 때마다 군 장교들에게 둘러싸여 있었으며, 6월 9일 금요일 덩샤오핑은 연설을 할 때 준비된 원고를 읽었으며 두 번은 연설 내용을 고쳐야 했고 또 화면 뒤의 딴 사람이 내용을 읽어 주기도 했다. 6월 24일, 자오쯔양은 (수많은 지지자들과 함께) 모든 지위에서 물러나야 했다. 대신에 상하이 공산당 서기를 지냈던 장쩌민(江澤民)이 공산당 총서기에 올랐다.

1989년 말까지 3만여 명이 체포됐으며 이들 대부분은 비밀리에 총살당했다. 홍콩 신문 ≪명보 明報≫지에 따르면, 6월 7일에서 6월 12일 사이에 베이징에서만 1,700명 이상이 체포됐으며 이들 가운데 400명 가량이 비밀리에 총살당했는데 대부분이 노동자들이었다는 것이다.[25] 산둥(山東)성의 성도 지난(濟南)에서는 6월 21일, 17명은 공개적으로 사형이 집행됐고 다른 9명에게는 사형 선고가 유예됐다.[26] 대학살 이후 몇 주 동안, 중국의 텔레비전은 노동자와 학생들이 끊임없이 체포되어 손에는 수갑이 채워지고 고개는 강제로 숙여진 채 아주 심하게 얻어맞은 티가 확실한 모습으로 끌려가는 상황을 방영하곤 했다. 체포와 살해는 그 해 내내 그리고 1990년까지도 계속됐다. 그 사이에 언론과 텔레비전에서는 문화 혁명 이후 가장 큰 규모로 자행된 대학살에 대해 거짓말을 늘어놓기 시작했다.

진압은 믿기 힘들 정도로 잔학한 것이었지만, 저항 세력을 절멸시키지는 못했다. 체포됐거나 살해당한 사람들에 대한 가장 나쁜 소문조차 사실이라고 하더라도, 희생자 수는 훨씬 적은 수의 사람들이 '민주벽' 운동에 가담해 활동했던 1982~83년 당시 법과 질서라는 이름으로 자행된 탄압에서의 희생보다는 훨씬 적었다. 게다가 많은 지도적 활동가들이 검거를 피할 수 있었다는 고무적인 조짐도 있었다. '1급 수배자' 명단에 오른 21명의 학생 지도자들 가운데 7명만이 1989년 말에 체포됐다(이 가운데 3명은 가족에 의해 경찰에 신고됐다)고 정부는 발표했다. 적어도 5명은 서방으로 탈출했다. 베이징 공인자치연합 지도자들 가운데 6월 4일 학살 이후 체포된 사람들은 모두 베이징에서 멀리 떨어진 곳에서 붙잡혔다. 한 사람은 청두에서 2주 가량 숨어 지낼 수 있었다. 이들의 사진은 모든 신문마다 게재되고 날마다 텔레비전에 등장했다. 하위의 활동가들은 도피할 기회가 확실히 더 많았을 것이다.

그들이 도망칠 수 있었다는 것이 과거의 탄압 사건과 다른 중요한 차이점이다. 1976년의 천안문 소요가 있은 뒤에는 경찰이 체포하려는 사람의 집에 찾아가기만 하면 됐다. 일상 생활에 대한 국가의 통제가 너무 심했던 까닭에 도피란 생각조차 할 수 없었다. 1989년에 아직 도피에는 엄청난 위험이 뒤따르기는 하지만(수배자에게 은신처를 제공하다 잡힌 사람은 수배자와 같은 운명에 빠진다), 아무튼 가능하기는 했다. 위르케쉬 다올레트라든가 차이링(柴玲)과 리루 또는 그 밖의 많은 지도자들이 홍콩으로 탈출할 때 밟은 여행 일정은 정교한 지하 조직망이 있다는 것을 증명해 준다.

적어도 베이징에서는 저항이 완전히 사그라드는 데 오랜 시간이 걸렸다. 6월 마지막 주에는 목이 졸려 숨진 군인의 시체 두 구가 하수구에서 인양됐다. 그리고 보고에 따르면, 총성이 실제로 매일 밤마다 들리곤 했다는 것이다. 한 작가는 지배계급의 공포가 어느 정도인지 아주 생생하게 묘사하고 있다.

계엄령이 아직 발효 중인 베이징에서 낮 동안에는 상황을 잘 알 수 없을 것입니다. 그러나 중국 북부의 시골처럼 베이징도 적막에 싸이고 거의 텅 빈 상태가 되는 밤이 오면, 사태는 전혀 달라집니다. 어둠이 깔린 뒤부터 다음 날 아침 이른 시각까지, 거리거리마다 희미한 불빛 아래에 그림자들처럼 군인들이 근무를 서고 있습니다.

AK-47 반자동 소총을 팔에 받쳐든 군인들이 어둠 속의 나무 밑에서 나타나서는 통행자들을 세워 놓고 신분증을 검사하는가 하면 야간 수송 트럭의 짐들을 검색하기도 하고 또 여행객들과 그들의 여행 가방을 자세히 들여다보기도 할 뿐 아니라 지나다니는 차마다 세워서 그 안까지 조사합니다.[27]

대학가에서는 천안문에서 죽은 사람들을 위한 공개적인 거상(居喪) 행사가 적어도 한 번 이상은 치러졌다. 학생들이 이번 운동을 비판하고 자신들의 실수를 고백하는 자아비판 회의에 참석해야 한다는 요구가 있었으나 학생들은 이에 대해 대놓고 비아냥거렸다. 한 대학에서는, 관이 회의를 주도해 덩샤오핑의 연설문을 거듭 읽으라는 요구에 대해 "더 이상 실수하지 않기를 다짐한다!"[28]는 말 외에는 일절 하지 않은 그룹도 있었다.

학살에 대한 국제적 반발로 인해 다수의 서방 정부들은 중국에 대한 부분적 제재를 가하지 않을 수 없었다. 일본, 서독, 프랑스, 덴마크, 네덜란드, 캐나다 그리고 오스트레일리아는 모두 세계은행과 아시아개발은

행을 따라 차관 계획을 동결했다. 그러나 학살이 있고 나서 베이징을 떠났던 사업가들은 모두 서둘러 되돌아왔다. 일본 정부는 심지어 해외의 자국인들에게 "시체를 파헤쳐 먹는 귀신들"처럼 보이지 않도록 조심하라고 경고를 보내지 않으면 안 됐다. 7월 초에 베이징에 지점을 두고 있는 대부분의 일본 상사들은 사무실을 다시 열었다. 영국 상사들도 반 정도가 다시 사무실을 개설했다.

그러나 사업을 평상시처럼 재개하려는 그들의 열망은 경제 정세 — 중국 최악의 무역수지 적자가 7월에 발표됐다 — 에 관한 두려움 때문에 자제됐다. 한 익명의 미국인은 사업가의 곤혹스러움을 다음과 같이 냉소적으로 설명했다.

> 한편으로 자기들의 사업을 보호하는 것과 다른 한편으로 도살자들과 장사하는 데 열심인 것으로 비쳐지는 것이 그들의 기업 이미지에 미치는 부정적인 효과를 재 보는 것 사이에서 사업가들은 갈팡질팡하고 있다. 500만 달러 어치의 사업을 위해 2,000만 달러 어치의 안 좋은 명성을 얻는다면 그게 무슨 소용인가?[29]

8월에 차관은 다시 한 번 흘러들어 왔고, 제재는 대부분 흐지부지 됐다. 세계의 지배자들로부터 학살에 대한 위선적인 비난은 전혀 부족함이 없었다. 아마도 가장 구역질나는 것은, "당신들은 탱크를 가지고 사상을 짓밟을 수는 없다"고 한 조지 부시(George Bush)의 선언이었다. 미군이 파나마를 침공해서 7,000명 이상을 살해한 것이 꼭 여섯 달 전이었다. 그러나 그 수사(修辭)의 뒤에서는 평상시처럼 비즈니스가 진행됐다. 영국, 오스트레일리아, 프랑스 그리고 미국은 모두 연대 운동에 가담해 활동했던 중국인 학생들에게 정치적 망명처를 제공하기를 거부했다. 1990년에 영국은 파나마를 거쳐 탈출한 30명의 활동가들을 추방하려 하기까지 했다. 학생들이 그리도 희망을 두었던 '서구 민주주의'는 그것이 정녕 누구 편인지를 실로 신속하게 보여주었다.

학살이 있은 다음 월요일에 베이징 라디오는 "베이징에서는 질서가 회복됐다"고 방송했다. 70년 전 독일에서 노동자들의 봉기가 실패한 뒤에 로자 룩셈부르크(Rosa Luxemburg)는 오늘날에도 되풀이할 가치가 있는 답변을 해 주었다.

> "바르샤바는 질서가 정연하다!", "파리는 질서가 정연하다!", "베를린은 질서가 정연하다!" 이렇듯 50년마다 '질서' 수호자들의 보도가 세계사적 투쟁의 한 중심에서 다른 중심으로 퍼져 나갔다. 그리고 기쁨에 찬 '승리자'들은 유혈 학살극에 의해 일시적으로만 유지될 수밖에 없는 '질서'라는 것이 그들의 역사적 숙명, 즉 파멸로 나아가고 있다는 점을 깨닫지 못하고 있다.[30]

로자는 계속해서 다음과 같이 말했다.

> 혁명적 투쟁에 관한 한, 사회주의의 모든 노정은 완전한 패배로 점철되어 왔다. 하지만 바로 이러한 역사가 한 걸음 한 걸음, 불가항력적인 궁극적인 승리를 향해 나아가고 있는 것이다. 우리들이 그로부터 역사적 경험과 지식과 힘과 이상주의를 얻어내는 그러한 '패배'가 없었다면 우리는 오늘날 어디에 있었을 것인가! …… 우리는 명백히 그러한 패배 위에 서 있으며, 그것들 가운데 하나라도 없었다면 살아갈 수 없었을 것이다. 그것들은 하나하나가 우리의 힘이 되고 있으며 또 우리의 목적을 뚜렷하게 해 주고 있다.[31]

1989년에 중국을 휩쓴 혁명적 열기는 어떠한 탄압으로도 없앨 수 없는 영속적인 유산을 남겨 놓았다. 수백만의 노동자와 학생들은 자신들의 지배자들에게 도전해 그들을 굴복시킬 힘이 있다는 것과, 경찰이나 관료들이 없이도 자신들의 삶을 꾸려나갈 힘이 있다는 것을 깨달았다. 이를 깨닫기까지 수천 명이 목숨을 바쳐야 했고 또 아직도 바치고 있지만, 이들의 영웅주의는 다음 세대의 투사들을 위한 본보기로 남아 있을 것이다. 로자 룩셈부르크의 결론은 그들이 죽어 가면서도 간직했던 희망에 대해 적절한 찬사가 될 것이다.

대중은 그러한 임무를 수행하기에 적합했다. 그들은 이러한 패배를, 국제 사회주의의 긍지와 힘을 만들어 낸 그러한 역사적 패배의 한 부분으로 승화시켰다. 이 때문에 이러한 패배가 미래의 승리를 위한 씨앗이 되는 것이다.

"베를린은 질서가 정연하다!"고? 이 어리석은 아첨꾼들 같으니라고! 너희들의 질서는 사상누각이다. 혁명은 격렬한 소리를 내며 다시 일어설 것이다. 그리고는 너희들이 두려워 떨게끔 나팔 소리에 맞춰 크게 외쳐 댈 것이다. "나는 과거에도 그러했고 지금도 그러하며 앞으로도 변치 않을 것이다"라고.[32]

9장

다음은 무엇이?

9장
다음은 무엇이?

천안문 광장 학살이 있고 난 다음 6개월도 안 되어 동독과 체코슬로바키아와 루마니아에서 정권들이 몰락했고, 불법으로 금지됐던 연대노조의 지도자들이 폴란드 정부에 입각했다. 1989년 말의 '평화적 혁명'이 비폭력 대중 항의 운동을 통해 인기 없는 정권들을 무너뜨리고 민주화의 과정을 시작할 수 있음을 입증하는 듯이 보였다. 추방당한 중국의 많은 저항 운동 지도자들은 이를 그들의 전략이 옳았음을 입증하는 증거로 삼았다. 즉 동유럽에서 효과를 본 것이 다음 번 중국에서도 다시 일어날 수 있다는 것이다.

그러나 이러한 비교는 오류였다. 첫째로, 1989년의 동유럽 혁명들은 그들이 현재 묘사하고 있는 것보다 훨씬 덜 평화적이었다. 루마니아에서는 차우셰스쿠를 타도하기 위해 1956년의 헝가리 반란 이래 유럽에서 있었던 가장 맹렬한 가두 투쟁이 2주 동안 전개됐다. 동독과 체코슬로바키아에서는 지배계급이 애초에 가두의 저항 운동에 대해 군대를 동원해 사격을 가하려고 생각했다. 그러나 두 가지 문제가 이것을 중지시켰다. 즉 군대가 명령에 복종하기를 거부할 것이라는 두려움과 동유럽에서 천안문 광장의 어떠한 재판(再版)도 반대한다는 고르바초프의 입장 표명이었다.

그러나 좀더 깊은 차이가 있었다. 동유럽의 지배자들은 국내의 계속되는 경제적 정체와 서방으로부터의 증대되는 경쟁 압력 속에 사로잡혀 있었다. 세 나라 모두에서 지배계급의 상당 부분이 기존의 중앙 지령 경제 방식으로는 위기를 해결할 수 없음을 깨닫게 됐다. 경제 방향의 근본적인 변화가 필수적이었고, 그리하여 그들은 아래로부터의 항의를 이용해 보수파들에게 변화를 위한 압력을 가할 태세가 되어 있었다. 동유럽에서의 저항 운동은 반쯤 열린 문을 밀고 나가고 있었던 것이다.

중국 지배계급은 그들이 이미 그렇게 한 바 있다는 단순한 이유 때문에 같은 경로를 취할 수 없었다. 1976년과 1978년 사이에 동일하게 아래로부터의 대중 압력과 변화의 필요에 대한 지배계급의 인정이 결합해 덩샤오핑을 권력에 앉혀 경제 개혁에 착수하게 했다(중국에서는 사태가 아주 다른 속도로 전개되기는 했지만, 루마니아와 체코슬로바키아와 동독에서처럼 지배자들을 강제해 내는 결정적인 아래로부터의 압력이 있었다).

1989년의 반란은 시장 개혁이 중국에서 야기한 경제적·정치적 위기로부터 터져 나왔다. 이 위기 때문에 중국 지배계급은 어떤 실질적인 경제적 또는 사회적 변화도 가져다 줄 수 없었다. 그들은 항의 운동에 조금이라도 양보하면 훨씬 더 폭발적인 사태를 낳을까 봐 두려워했다. 진퇴유곡 속에서 그들은 단기적으로 유일한 해결책으로서 학살을 택한 것이다. 그러나 그것은 급한 불은 끌 수 있었을지 모르지만, 그들의 위기를 악화시킬 뿐이었다.

학살 1주년에 베이징 시내는 어떠한 공개적 시위도 막기 위한 군대와 경찰로 뒤덮였다. 그러나 여러 대학에서 수백 명의 학생들이 동료의 죽음을 애도하기 위해 캠퍼스를 행진했고, 심지어 천안문 광장에서는 용기 있는 수많은 개인들이 경찰에 맞서 개인적인 항의를 감행하기도 했다.

공안 기구들의 활동 범위는 바로 정권의 강력함이 아니라 취약함을 드러내는 증거였다. 1990년대에 들어서자 1989년 봄의 반란을 낳은 긴장은 이전보다도 더 악화됐다. 경제 위기가 심화되는 가운데 활동가들에 대한 체포와 살해는 지배계급의 고립을 더욱 가중시킬 뿐이었다. 1989년 12월에 루마니아 혁명의 소식에 놀란 중국 지배자들은 베이징의 텔레비전 방송국 주변에 병력 주둔을 명했다. 부쿠레슈티(Bucharest)의 사례가 중국에서도 뒤따를지도 모른다는 두려움 때문이었다. 그러나 이러한 가능성이 현실화되기에는 탄압의 기억이 여전히 강하게 남아 있고 저항 운동은 너무 파편화돼 있었다. 하지만 루마니아 사태가 많은 이들을 고무시킨 것은 확실하다. 중국 동북부에서 교직에 있던 한 서구인은 그의 학생들과 동료 선생들이 '차우셰스쿠 — 부쿠레슈티 — 티미쇼아라[1989년 루마니아 혁명의 발원지]'에 관해 끊임없이 이야기하는 것을 듣는다고 전했다.[1]

농촌에서는 1988년에 시작된 긴축 조치가 계속해서 실질적인 어려움을 야기했다. 정부는 37만 개 이상의 향진 기업이 1989년에 원료나 자금의 결핍으로 문을 닫았고, 거의 180만 명이 일자리를 잃었다는 것을 시인했다.[2] 실제 숫자는 더 높았음이 틀림없다. 이에 덧붙여, 도시에서는 임시직마저도 잃은 수백만 명의 노동자들이 농촌으로 돌아갔다. 한편 긴축 조치와 시장 작용으로 인해 여전히 농사를 짓고 있던 사람들은 더욱더 빈곤해졌다.

공식 통계에 따르면, 1989년에 농민 소득은 3퍼센트 이상이나 하락했다.[3] 농촌에서의 엄청난 불평등을 염두에 둘 때, 이 수치는 더 낙후된 지역에서의 훨씬 더 열악한 생활 수준을 은폐하고 있다. 비록 1989년의 곡물 수확이 풍작을 거두었지만, 그것은 사태를 더 악화시켰을 뿐이다. 자유 시장 곡물 가격은 상당 정도 하락했고, 국가 수매 대행 기관은 증가된 수확량에 대해 지불할 충분한 돈을 가지고 있지 못했다. 면화와 같은 필수적인 공업용 작물의 수확량이 또한 하락해 국가가 수입을 늘리지 않으면 안 됐다.

그러나 도시의 노동자들이야말로 위기의 대가를 가장 크게 지불했다. 공공연한 임금 삭감이 1989년 9월에 시작됐는데, 예를 들어 임금의 10퍼센트 가량을 의무적으로 정부 채권에 투자하도록 하는가 하면 상여금의 경우 많은 공장에서 삭감되거나 아예 폐지됐다. 1,500만 내지 2,000만 명의 노동자 — 도시 노동인력의 약 7분의 1 — 가 1989년 말에 해고됐다.

그러나 노동자 계급의 저항은 분쇄되지 않았다. 이에 대한 하나의 증거는 1989년 동안 보고된 노동생산성의 현저한 하락인데, 그 가운데 가장 큰 폭의 하락은 베이징에서 있었다. 청두(成都)와 우한(武漢) 그리고 다른 도시들에서 노동자들은 임금 삭감에 반대하는 항의 시위를 벌였고, 수많은 단기적 파업이 있었다. 정부는 상여금을 완전히 폐지하지는 않을 것이며 해고 수당을 봉급의 70퍼센트에서 100퍼센트로 인상하겠다고 발표해야만 했다.[4] 거의 보도되지 않은 이들 항의 시위의 규모는 대대적인 것이었다. 한 보도에 따르면,

> 30여 개의 도시에서 노동자들은 총 50만 명 이상의 노동자가 참가하는 합법적 시위를 개최하겠다며 정부에 허가를 요청했다. [중국 공산당의] 소식통은 그 수치를 확인해 줄 수 없었지만, 그러나 노동자의 불만은 광범위하게 퍼져 있고 대부분의 성(省)을 망라하고 있다고 말했다.[5]

1989년 말에 긴축 조치는 중국 산업에 혹독한 타격을 가해, 국가가 공장들이 세금을 납부할 수 있도록 공장들한테 돈을 빌려주지 않으면 안

됐다! 그러나 신용 대부에 대한 엄격한 통제가 1990년 초에 점차적으로 완화되자 경제의 오랜 문제들 — 경기 과열, 원료와 에너지의 부족 그리고 과다한 투자 — 이 다시 나타나기 시작했다.

중국의 새 지배자들은 마오쩌둥의 경제 전략을 폐기했다. 왜냐하면, 그것이 경제적 정체와 기술의 낙후함을 가져왔기 때문이다. 그들이 보기에, 베이징으로부터의 중앙집권화된 통제를 폐지하는 것만이 중국 경제를 좀더 효율적이고 경쟁력 있게 만드는 유일할 길이었다. 국제 경쟁의 현실이 시키는 바, 중국이 발전하기 위해서는 세계 경제 속으로 들어가지 않으면 안 됐다. '일국사회주의'는 죽었다.

이것이 그들이 사적 자본주의를 선호해 국가자본주의를 포기하는 것이라는 의미는 아니었다. 사적 자본주의는 중국에 되돌아왔다. 특히 농촌에서. 그러나 그것은 전체 경제로 볼 때 여전히 아주 작은 비율이었다. 개혁은 지배계급 내에서의 세력 균형과 지위의 변동에 관련한 개혁이라고 하는 편이 맞을 것이다. 경제에 대한 직접적인 통제권은 베이징에 있는 200~300명의 최고위 관리들로부터 상당수의 하위 관리들과 공장 경영자들에게로 이전됐다. 국가가 여전히 경제에 대해 지령하는 권한을 거머쥐고 있었다. 그러나 이제 공장이나 시 또는 성에서 실질적인 권한을 가지고 있는 것은 지배계급 내 최전방에 있는 성원들이었다.

그 전략은 중국 역사상 가장 빠른 경제 성장을 가져왔다. 1980년대에 중국은 세계 어느 곳보다도 높은 비율의 경제 성장을 구가했다. 그러나 경제가 급성장하면 할수록 지배계급은 그 성장의 속도와 방향에 대한 통제력을 더욱더 상실해 갔다. 지방 관리들에게 경제적 권한이 이전되는 가운데 이들은 지방화되고 부문적인 수만 개의 정책 결정 중심지들을 창출했는데, 이들의 이해관계가 전체 지배계급의 이해관계와 일치하리라는 보장은 전혀 없었다. 이러한 사태 발전은 그 자신의 운동 논리를 취하면서 전국적 수준의 계획에 더욱더 큰 불균등성과 탈구 현상을 가져왔다.

같은 식으로, 중국이 세계 경제 속으로 더 깊숙이 빨려들어 감에 따라 세계 경제의 리듬은 중국이 세계 경제로 통합되는 방향과 조건을 점점 더 일방적으로 지시하는 상황이 됐다. 거듭 되풀이해, 장기적 수출 전략과 경제의 우선 순위는 세계 시장이 예기치 않게 변동될 때마다, 수정되거나 폐기됐다.

그러나 지배계급의 권력은 다름 아닌 경제를 통제하고 지시할 수 있는 능력에 기반을 둔 것이었다. 현대화 전략은 마오쩌둥이 했던 것보다 훨씬 더 큰 것을 해낼 수 있는 능력을 요구했다. 계획과 '시장력' 사이의 모순은 국가가 자신의 통제력을 재관철하기 위해 끊임없이 개입해야 한다는 것을 의미한다. 그러나 그러한 재관철은 한계를 가질 수밖에 없었다. 지배계급의 일부 성원들이 바라는 것이 무엇이든지 간에 그들은 포위 경제로 되돌아갈 수 없다. 왜냐하면 모든 실제적인 목적들 때문에 개혁의 많은 부분들이 되돌릴 수 없는 것이기 때문이다. 농촌의 경우, 토지의 집단화를 다시 강요할 수 있을 정도로 큰 세력이 없다. 도시의 경우, 지배계급이 지방 관리들과 경영자들을 규율에 묶어둘 수는 있지만, 그들을 완전히 중앙 통제에 복속시킬 수는 없다. 한편, 중국의 세계 경제로의 통합은 이제 너무 멀리 진척되어 괴멸적인 경제 손실이 없는 한 반전되지 못할 것이다.

그리하여 지배계급은 내재적으로 불안정한 경제를 안정화하려고 노력하지 않으면 안 되는 상태이다. 그들이 경제에 개입할 때마다 언제든지 그들은 상황을 훨씬 더 불규칙적이고 예견할 수 없게 만드는 위험을 짊어지게 된다. 그것은 민족 국가 내에는 — 중국 같은 거대한 민족 국가의 경우에조차도 — 탈출구가 없는 악순환이다.

지배계급이 직면해 있는 문제들 중 어떤 것도 중국에 고유한 것이 아니다. 통제 불가능한 세계 체제 속에서 그들의 민족 경제를 이끌려고 시도하는 모든 자본가 계급이 이러한 같은 문제들에 직면해 있다. 중국에서 문제가 더 심각한 것은 경제의 후진성과 그것을 극복하려는 마오쩌둥의 파멸적이었던 시도 때문이다. 그러나 새로운 전략은 옛 전략보다 근본 문제를 해결하는 능력에서 조금이라도 우월함을 입증하는 데 실패했다. 그러한 실패의 뿌리는 중국 지배계급의 오류나 부적절함에 있는 것이 아니라, 이제 경제 발전에 가로막는 장애물이 되기에 이른 민족 국가를 한 고리로 포함하고 있는, 생산의 세계 체제로서의 자본주의의 본성에 있다.

실로, 세계 경제가 다시 한 번 불황으로 빠져듦에 따라, 현대화 전략은 주민 대중에게 더 어려운 상황을 가져다 주게 될 것이다. 세계은행은 1980년대 초에 중국 경제에 대한 주요 조사 연구를 끝맺으면서 지금 예언처럼 들리는 다음과 같은 경고를 한 바 있다.

> 시장과 경쟁의 역할을 확대하는 것은 비록 그것이 의심할 여지없이 효율성을 향상시키고 기술 진보를 가속화시킨다고 할지라도, 잠재적으로는 실업, 받아들일 수 없는 낮은(혹은 높은) 임금, 기업의 도산, 노동자들의 해고 그리고 가난하고 낙후된 주민들을 더 한층 뒤처지게 만드는 것 …… 등, 바람직하지 못한 사회적 · 경제적 결과를 가져올 수 있다. 빠르고 효율적인 성장을 가져올 수 있는 방식으로 국가와 시장 규제를 결합시킨 나라는 극히 소수에 불과하며, 주민의 상당 부분이 견딜 수 없는 빈곤을 겪는 그러한 상황을 피할 수 있었던 나라는 더욱더 극소수였다.……[6]

244

해방이라는 장엄한 약속을 한 지 40년이 지난 지금, 그것은 냉엄한 결론이다. 그러나 대안이 존재한다. 그것은 1925~27년의 혁명에서 처음 나타났다. 새로 떠오른 노동자 계급은 당시 군벌과 제국주의 세력의 권력에 도전해 농민 대중을 그들에 대한 억압과 착취를 일소할 수 있었던 투쟁 속으로 끌어들였다. 이 대안이 분쇄되지 않았다면, 궁극적으로 마오쩌둥의 승리도 불가능했을 것이다.

그 대안은 1989년의 반란에서 다시 나타났다. 노동자들이 베이징과 여타 도시들의 거리에서 학생들에게 가담했을 때, 항의 운동으로 시작된 투쟁은 중국 지배계급이 이제껏 경험한 가장 큰 위협으로 전화했다. 비극적이게도, 노동자 대중으로 하여금 그들의 진정한 힘을 자각케 하고 투쟁을 최종 결말까지 가져가게 할 진정한 노동자 계급의 당이 존재하지 않았다. 그러나 그들 자신의 힘에 대한 경험은 다음 번 중국이 폭발할 때 그와 같은 세력을 만드는 것을 좀더 쉽게 해 줄 것이다. 잠시나마 베이징을 해방시켰던 바리케이드에 수백만 명이 운집한 그 날, 베이징 공인자치연맹이 썼듯이,

노동자 계급은 가장 선진적인 계급이다. 그리고 이 민주주의 운동에서 우리는 노동자 계급의 거대한 힘을 드러낼 준비가 되어 있어야 한다. 중화인민공화국은 노동자 계급이 소위 지도한다고 말해지고 있으며, 우리는 독재자들을 내몰 모든 권리를 가지고 있다. …… 중국에서 독재와 전체주의를 타도하고 민주주의를 이룩하는 것은 우리들의 부인할 수 없는 책임이다. …… 우리가 잃을 것은 사슬밖에 없다. 우리에게는 쟁취할 세계가 있다![7]

참고 문헌

중국 현대사에 관해서는 방대한 문헌이 존재한다. 여기서 나는 각 시기에 관해 가장 중요하거나 가장 구하기 쉬운 책들을 선정했다. 반복을 피하기 위해 출판 관련 사항들은 본문 주에서 언급하지 않은 책들로만 한정해 명기했다.

1장
제1차 중국 혁명의 역사에 대한 결정판은 Harold Isaacs의 *Tragedy of the Chiness revolution*이다. Leon Trotsky의 *On China*도 필독서이다. Jean Chesneaux의 *The Chinese Labour movement 1919~1927*은 저자의 스탈린주의 정치로 인해 중국 공산당의 전략을 제대로 평가하고 있지 못한 흠이 있긴 하지만, 당시 노동자 투쟁의 역사서로는 가장 낫다.

2장
Lucien Bianco의 *Origins of the Chinese revolution*은 그 분석이 너무 무비판적이기는 하지만, 마오쩌둥의 권력 장악에 대한 가장 읽기 쉬운 기록을 담고 있다. Edgar Snow의 *Red star over China*(Penguin, London, 1971) [≪중국의 붉은 별≫(두레)로 국역]는 친(親)마오쩌둥주의적 시각에서 씌어진 표준적인 저작이다. 저자 스노우는 1970년대 초에 그 책의 몇 부분을 다시 써서 홍군에게 린뱌오가 한 역할을 격하시켰으므로,

비판적으로 읽을 것이 요구된다. 그러나 그 책에는 흥미 있는 자료가 많이 실려 있다. Harrison Salisbury의 *The Long March*는 마오쩌둥을 둘러싸고 있는 몇 가지 신화에 빛을 던져주고 있다. Wang Fan-Hsi의 *Memoirs of a Chinese revolution*은 어떻게 중국 트로츠키주의자들이 그들에게 혹독한 상황에도 불구하고 1930년대와 1940년대에 혁명적 전통을 살아 있게 했는가를 보여주는 고무적인 기록이다.

3장

Nigel Harris의 *The mandate of heaven*은 1949년 이래 중국에 관한 가장 읽기 좋은 책으로서, 1978년에 이르기까지 중국의 새로운 국가에 대한 혁명적 사회주의적 분석이다. 본서의 핵심적인 부분은 나이젤 해리스의 이 책에서 많은 도움을 받았다. 마찬가지로 도움 받은 책이 Tony Cliff의 *Deflected permanent revolution*이다. Cliff의 *Mao's China*(Ygael Gluckstein이라는 이름으로 씌어졌다)는 마오쩌둥이 사회주의자라는 주장을 세부적인 측면까지 논파하고 있다.

4장

Simon Leys의 *The Chairman's new clothes*는 문화 혁명에 관한 필독서이다. Liang Heng과 Judith Shapiro의 *Son of the revolution*은 과거 홍군이었던 저자가 문화 혁명에 관해 그 내부자로서 본 시각이 우리에게 유용하다. Anne Thurston의 *Enemies of the people*은 그 책이 내리고 있는 심리학적 결론이 문제가 있지만, 당시 문화 혁명 희생자들의 회상을 모은 가장 훌륭한 책이다. Stanley Karnow의 *Mao and China*는 과장된 부분이 있지만, 조사 연구가 잘 되어 있고 꼼꼼히 읽어 나갈 만한 가치가 있다. Bill Brugger의 *China : radicalism to revisionism*은 1970년대 초에 관한 훌륭한 사실적 기록이다. 그러나 그 시기의 분위기는 Simom Leys 의 *Chinese shadows and Broken images*에서 가장 잘 포착되어 있다.

5장

마오쩌둥 사후의 변화에 대해서는 아직까지 좋은 개설서가 없다. 출간된 것 중 가장 나은 것은 Lynn Pan의 *The new Chinese revolution*(제목 자체가 이 책의 본질적 약점을 드러내 주고 있다)와 John Gittings의 *China changes face*이다. Orville Schell의 *To get rich is glorious*는 변화의 속도에 대한 현실감을 가져다 주는 훌륭한 인상주의적 저널리즘이다. Zhang Xinxin과 Sang Ye가 쓴 *Chinese Lives*(Penguin, London, 1989)는 '평범한 중국인들'과 인터뷰한 내용들을 모아 놓은 책으로, 덩샤오핑의 초창기 인기에 대한 유익한 통찰을 제공해 준다. Margery Wolf의 *Revolution postponed*는 중국의 여성해방 신화를 허물어뜨리고 있고, 농촌 생활의 실상을 특히 날카롭게 파헤치고 있다. William Hinton의 *The great reversal*(Monthly Review Press, New York, 1990)은 마오쩌둥 하에서보다 사정이 더 나았다는 단정 때문에 흠이 있긴 하지만, 농업의 쇠퇴에 관한 상세한 상을 주고 있다.

6장

Gregor Benton의 *Wild lilies, poisonous weeds*는 민주벽 운동과 그 이후의 역사에 관한 탁월한 저작이다. Jonathan Spence의 *The gate of heavenly peace*에도 훌륭한 설명이 있다. David Goodman이 편집한 *Beijing street voices*는 저항 운동 측에서 나온 그들을 모든 대표적인 선집이다. Fox Butterfield의 *Alive in the bitter sea*는 덩샤오핑 하에서의 탄압의 실상을 잘 기술하고 있다. Beverly Hooper의 *Youth in China*는

특히 청년들의 체제로부터의 소외에 대해 상세히 묘사하고 있다. 1980년대 저항 운동의 발전에 관한 가장 훌륭한 설명으로는 앞에서 언급한 John Gittings의 책과 Andrew Nathan의 *Chinese democracy*와 Orville Schell의 *Discos and democracy* 등이 있다. 티베트에 관한 대부분의 저작들은 너무 파당적이라서 신뢰하기 어렵다. Tom Grunfeld의 *The making of modern Tibet*은 주요한 예외이다.

7장 및 8장

천안문 학살 이후 '인스턴트 서적들'이 쏟아져 나왔다. 읽을 만한 유일한 책은 Michael Fathers와 Andrew Higgins가 쓴 *Tiananmen* (Doubleday, London, 1989)이다. 베이징에는 *The Independent*지의 기자들이 상주하는데, 그들이 남긴 훌륭한 보도문들이 있다. 저항 운동 측이 남긴 글들을 모은 두 개의 선집으로 *Cries for democracy*(Han Minzhu 편)과 *Voicies from Tiananmen Square*(Mok Yu Chiu와 Frank Harrison 편)이 있다. 이 두 책에는 중복되는 부분이 많다. 전자가 수록 범위는 더 넓지만, 후자는 다수의 노동자들의 글을 싣고 있는데, 이 책이 아니었으면 그 글들을 우리가 영어로 읽을 수 없었을 것이다.

후주

편집자 서문

1. *Far Eastern Economic Review* 11 June 1992, p.55
2. 수치는 *China Brieefing 1992*, W Joseph (ed.) (Westview Press, Boulder, Colorado, 1993) pp.37~38에서 인용.
3. *October Review* (Hong kong) 1992. 6. 15.에서 인용.
4. *The pro-democracy protests in China*, Jonathan Ungar (ed.) (MESharpe, New York, 1991)

한국어판 출간에 부쳐

1. Richard Baum, *Burying Mao : Chinese Politics in the age of Deng Xioping* (Princeton Univ. Press : Princeton, New Jersey, USA, 1994) p.378
2. John Gittings, *Real China : from cannibalism to Karaoke* (Simon and Schuster, London, 1996) p.43
3. 이 수치는 내가 관변 통계에서 발견한 최저치와 최고치이다. 중국 정부는 얼마나 많은 사람들이 현재 이런 식으로 이동하고 있는지 전혀 알고 있지 못할 뿐 아니라 알아낼 방법도 없다.
4. J. Gittings, 앞의 책, p.271
5. *Business Week*, 1994년 6월 6일.
6. William A. Joseph (ed.), *China Briefing 1994* (Westview Press : Boulder, Colorado, USA, 1994) p.54
7. 특히 다음을 보시오. Jonathan Unger (ed.), *The pro-democracy protests in China* (M. E. Sharpe ; New Jersey, USA, 1991).

1장 제1차 중국 혁명

1. Lucien Bianco, *Origins of the Chinese revolution* (Stanford University Press, California, 1971) p.7
2. Chow Tse-Tung(周策從), *The May Fourth Movement* (Stanford University

250

Press, California, 1967) p.85

3. Chow Tse-Tung, p.158

4. Jean Chesneaux, *The Chinese labour movement 1919~1927* (Stanford University Press, California, 1968) p.157

5. Jean Chesneaux, p.209

6. Benjamin Schwartz, *Chinese communism and the rise of Mao* (Havard University Press, Cambridge, Massachussets, 1979) p.40에서 인용.

7. Theses, *manifesto and resolutions of the first four congresses of the Communist International* (InkLinks, London, 1983) p.40

8. Schwarz, p.41에서 인용.

9. Harold Isaacs, *The tradedy of the Chinese revolution* (Stanford University Press, California, 1961) p.66에서 인용.

10. Richard W. Rigby, *The May 30th Movement* (Dawson and Sons, London, 1980) p.42 (강조는 저자)

11. Chesneaux, pp.292~3

12. Isaacs, p.72

13. Leon Trotsky, *On China* (Monad Press, New York, 1976) p.161

14. Isaacs, p.87

15. Isaacs, pp.221~2

16. Robert C. North, *Moscow and Chinese communists* (Stanford University Press, California, 1963) p.90.

17. Isaacs, p.215에서 인용.

18. Isaacs, p.103에서 인용.

19. Chesneaux, p.325

20. Chesneaux, p.329

21. Isaacs, p.158에서 인용.

22. North, p.96에서 인용.

23. Trotsky, *On China*, pp. 305~6

2장 권력으로 가는 길

1. Trotsky, On China, p.207~8

2. Isaacs, p.236에서 인용.

3. Isaacs, p.251

4. Michael Reiman, *The birth of Stalinism* (I. B. Tauris, London, 1987) pp.27~28

5. Isaacs, p.292

6. Schwartz, p.128에서 인용.

7. Mao Zedong, *Selected Works*, vol. 1 (Foreign Languages Press, Beijing, 1967) p.65

8. Elizabeth J. Pery, *Rebels and revolutionaries in north china 1845~1945* (stanford University press, California) p.154

9. Harrison Salisbury, *The Long March* (Pan, London, 1986) pp.9~12를 보시오.

10. Salisbury, p.52

11. R. H. Tawney, *Land and labour in China* (Allen & Unwin, London, 1932) p.71

12. Tawney, p.77

13. Mao, *Selected Workers*, vol. 2, p.41

14. Perry, p.15와 pp.183~4

15. Chalmers A. Johnson, *Peasant nationalism and Communist power* (Stanford University Press, California, 1962) p.31

16. Johnson, p.69 (강조는 저자)

17. Mao, *Selected Workers*, vol. 3, pp.14~15 화그베이의 농민들은 조그마한 자영 경작지와 소작을 결합시켜 생활해 나갔기 때문에 지대나 부채에 대한 이자 문제는 모두 중요했다.

18. Schwartz, p.136

19. E. H. Carr, *The twilight of the Comintern 1930~35* (Macmillan, London, 1982, pp.373~4

20. Bianco, p.203

3장 1949년 : 과연 사회주의 혁명이었나?

1. Bianco, pp.83~4

2. New China News Agency, 1949. 5. 3, Tony Cliff, *Deflected permanent revolution* (Socialist Workers Party, London, 1983) p.9에서 인용.

3. Jack Belden, *China Shakes the world* (Penguin, London, 1973), p.616

4. Leon Trotsky, *The permanent revolution* (Pathfinder, New York, 1969) p.194

5. Leon Trotsky, *The Permanent revolution*, p.278

6. 중국 트로츠키주의의 발전에 관해서는 Wang Fan-hsi, *A Chinese revolutionary* (Oxford University Press, 1980)을 보시오.

7. 이 설명에 관한 탁월한 저서는 Cliff, *Deflected permanent revolution*을 보시오.

8. Ygael Gluckstein(Tony Cliff), *Mao's China* (Allen & Unwin, London, 1957) pp.24~6

9. Nigel Harris, *The mandate of Heaven* (Quartet, London, 1978) p.188에서 인용. 1958~9년의 수치들은 대부분 과대 평가됐지만 (대약진 운동이 낳은 혼란 때문에) 그러나 그 수치들은 지배계급의 목적이 무엇인지를 얼마간 엿볼 수 있게 해준다.

10. Harris, p.40

11. Jonathan Spence, *The gate of heavenly peace* (Penguin, London, 1982) p.379

12. Micheal Kidron, *Capitalism and theory* (Pluto, London, 1974), p.122

13. Mao, *Selected Workers*, vol. 5. (1977) p.315. 1931년에 스탈린이 한 그 유명한 연설과 비교해 보라. "동지들 속도를 늦추어서는 안 된다. 오히려 우리는 우리의 힘과 가능성이 허용하는 만큼 속도를 빨리 해야 한다. 속도를 늦춘다는 것은 뒤처진다는 것을 의미하고, 뒤처진 자들은 짓밟힐 것이다. 우리는 선진국보다 50년 내지 100년 뒤처져 있다. 그러나 우리는 10년 안에 따라잡아야 한다."(Isaac Deutscher, *Stalin*, Penguin, London, 1966, p.328에서 인용) 마오쩌둥이 설정한 기간이 더 긴 것은 그가 1950년대의 장기 호황기에 연설했다는 점과 1931년의 소련과 서방과의 격차보다 중국과 미국의 격차가 더 컸다는 점을 반영한다.

14. Harris, p.51

15. Anne Thurston, *Enemies of the people* (Harvard University Press, Cambridge, Massachusetts, 1988) p.80

16. *Far Eastern Economic Review*, 1990년 7월 26일.

17. Thurston, p.78

18. Edward Rice, *Mao's way* (University of California Press, Berkeley, 1974) p.179

19. Rice, p.181

20. Gluckstein, pp.394, 401

21. E. L. Wheelwright와 Bruce McFarlane, *The Chinese road to Socialism* (Penguin, London, 1973) p.70

4장 *"반란을 일으키는 것은 정당하다"* – 문화 혁명

1. *Resolution on CPC history 1949~81* (Foreign Languages Press, Beijing, 1981) p.32

2. Thurston, p.154

3. 문화 혁명에 대한 대부분의 회고록들은 이처럼 지식인들에 의해 쓰여졌다. 가장 가슴 아픈 내용의 책 중 두 권이 Nien Chieng, *Life and death in Shanghai* (Grafton, London, 1986)과 Carolyn Wakeman, *To the storm* (University of California Press, Barkeley, 1985)이다.

4. A Tom Grunfield, *The Making of modern Tibet* (Zed Books, London, 1987) p.181

5. Simon Leys, *The Chairman's new clothes* (Allison & Busby, London 1977) p.130에서 인용.

6. Thurston, p.100에서 인용.

7. Leys, *The Chairman's new clothes* p.98에서 인용.

8. Stanley Karnow, *Mao and China* (Penguin, London, 1984) pp.251~2

9. Leys, *The Chairman's new clothes*, p.77

10. Liang Heng과 Judith Shapiro, *Son of the Revolution* (Fontana, London, 1983) p.137

11. Karnow, p.386

12. Liang과 Shapiro, p.133

13. Neale Hunter, *Shanghai Journal* (Oxford University Press, 1988) p.216

14. 좀더 상세한 설명은 Leys, *The Chairman's new clothes*, pp.76~81을 보라.

15. *International Socialism*, 1:37, 1969년 6~7월, p.27에 발표된 발췌문을 인용. 그 자료는 ≪칠십년대≫가 편집한 *The revolution is dead-long live the revolution* (Black Rose, Montreal, Canada, 1977) pp.153~70에 전문이 실려 있다. (≪칠십 년대≫는 홍콩에 기반을 두었던 자유주의적 전(前) 홍위병 그룹이었다)

16. 농촌에 보내진 사람 수는 각기 다른 수치로 인용되어 왔다. 이 책의 수치는 정부 선 전 잡지인 *Beiljing Review*, 1982. 9. 27. 에서 취했는데, 거기서는 이렇게 기술하고

있다. "1977~81년에 총 3,700만 명이 중국의 도시와 읍들에서 일자리를 배정받았다. 그들 중 절반은 문화 혁명 기간 동안 농촌에 보내진 사람들이었다."

17. Leys, *The Chairman's new clothes*, p.205 ; Karnow, p.438

18. Leys, *The Chairman's new clothes*, pp.192~5에서 인용.

19. Yao Wenyuan, *On the social basis of the Lin Biao anti-party clique* (Foreign Languages Press, Beijing, 1975) p.2

20. Simon Leys, *Chinese shadow* (Penguin, London, 1978), p.180은 "좀더 최근 [1974년]의 믿을 만한 보고에 따르면 린뱌오는 베이다헤[최고위 관료들의 여름 피서지]에서 암살당했다"고 인용했다. 더 나중에 Yao Mingle은 *The conspiracy and murder of Mao's heir* (Collins, London, 1983)에서 린뱌오가 베이징의 한 연회장을 떠난 후 암살자에게 저격당했다고 주장했다.

21. 4인방이라 함은 아래와 같다. 장칭(江靑) : 마오쩌둥의 세 번째 아내, 야오원위안(姚文元) : 마오쩌둥 사상을 옹호하는 주요 비판가가 된 중상 기사를 주로 쓰던 기자. 장춘차오(張春橋) : 공산당 상하이지부 비서, 왕훙원(王洪文) : '모범 노동자로' 발탁된 전(前) 상하이 시 경찰관.

22. Bill Brugger, *China : radicalism to revisionism 1962~79* (Croom Helm, London, 1981) pp.185~6

23. Harris, pp.128~30

24. Thurston, p.14

25. *Minus Eight* (Hong Kong) 1976. 6~7, pp.10~11. *Minus Eight*는 ≪칠십년대≫에 의해 간행됐다.(후주 15를 보라) ; 그 제목의 숫자는 1984년으로 카운트다운 된다.

26. 여러 지역 라디오 방송을 함께 수집한 *China News Analysis* (CNA), 1976. 6.4.에 따르면. CNA는 우익이지만, 홍콩에서 발행되는 여러 면에서 권위 있는 잡지이다. 그 보고들은 *Peking Review* 1978. 11. 24.에서도 확인됐다.

27. Neil Bruton, in Charles Bettelheim과 Neil Bruton, *China after Mao* (Monthly Review Press, New York, 1978) p.11

5장 '시장 사회주의' – 마오쩌둥 사후의 중국 경제

1. Michael Yahuda, *China's foreign policy after Mao* (Macmillan, London, 1983) p.133

2. Lynn Pan, *The new Chinese revolution* (Sphere, London, 1988) p.85

3. *Far East Economic Review*, 1990. 1. 18.

4. *Far East Economic Review*, 1990. 3. 29.

5. *Far East Economic Review*, 1988. 6. 23.

6. Feuchtwang, Hussain과 Pairault, *Transforming China's economy in the Eighties*, vol. 1. (Zed Books, London, 1988) p.88에서 인용.

7. World Bank, *China : long-term development issues and options* (John Hopkins University Press, Baltimore, Maryland, 1987) p.30

8. *Far East Economic Review*, 1990. 7. 26.

9. World Bank, *China : long-term development*, p.30

10. Margery Wolf, *Revolution postponed* (Methuen, London, 1987) p.129

11. Wolf, pp.268~9

12. *National Abrotion Campaign News* (London) 1986 여름호, p.14에서 인용.

13. *Far East Economic Review*, 1985. 11. 26.

14. World Bank, *China : long-term development*, p.29

15. Ni Er, 'The irresponsibility system', *Inside Asia*, 1986년 4~5월호.

16. *Beijing Review*, 1986. 2. 10.

17. *Far East Economic Review*, 1986. 1. 16.

18. *Beijing Review*, 1986. 4. 21.

19. World Bank, *China: long-term development*, p.51

20. *Far East Economic Review*, 1986. 6. 5.

21. *Beijing Review*, 1986. 2. 10.

22. John Gittings, *China Changes face* (Oxford University Press, 1990), p.140

23. *Far East Economic Review*, 1989. 3. 2.

24. *Beijing Review*, 1989. 1. 18.

25. *Beijing Review*, 1986. 2. 24.

26. *Far East Economic Review*, 1986. 4. 3.

27. *Xinhua Daily News Bulletin* (Xinhua) 1986. 5. 7.

28. *Beijing Review*, 1986 3. 3.

29. N Lardy, 'Consumption and living stardards in China 1978-83', *China Quarterly*, 1984. 12.

30. *Financial Times*, 1987. 7. 18.

31. *Financial Times*, 1987. 12. 18.

32. Feuchtwang, Hussain과 Pairault, Vol. 2, p.13

33. *Xinhua Daily News Bulletin* (Xinhua), 1985. 9. 24.

6장 개혁을 기다림 – 1978~1988년의 저항 운동

1. Roger Garside, *Commimg alive : china after Mao* (New American Libravy, New York, 1981) pp.91~92

2. Tony Cliff, *Russia : A marxist analysis* (International Socialism, London, 1964), p.202

3. Christian Bourgeois (ed.), *Un bol de nids d'hirondelles ne fait pas le printemps de pekin* (한 사발의 죽이 베이징에 봄을 가져다 주지는 않는다), (10/18, Paris, 1980) pp.9~10

4. Andrew J Nathan, *Chinese democracy* (I. B. Tauris, London, 1986) p.7. 1983년에 이 과정은 약 2,500만 명으로 확대됐는데, 이 사람들은 1950년대와 1960년대 초에 이 운동 때문에 박해를 당했다. 이 운동에 대한 후야오방(胡耀邦)의 책임은 그가 자유주의적 개혁주의자의 명성을 얻는 데 크게 기여했다.

5. Simmon Leys, *Broken images* (Allison and Busby, London, 1979) pp.77~8

6. *Beijing Review*, 1981. 6. 15.

7. 영어로 된 가장 흥미 있는 소설이나 단편들 가운데는 다음과 같은 것들이 있다. Bei Dao, *Waves* (Heinemann, London, 1987) ; Lu Wenfu, *The gourmet* (Readers International, London, 1987) ; Wang Anyi, *Baotown* (Penguin, London, 1990) ; Yu Luojin, *A Chinese Winder's tale* (Renditions, Hong Kong, 1986) ; Zhang Jie, *As long as nothing happens, nothing will* (Virape, London, 1988) ; Zhang Xianliang, *Half of man is woman* (Penguin, London, 1988). 최근의 중국 시 가운데서 번역된 것은 거의 없다. 입수할 수 있는 가장 좋은 책으로는 Bei Dao, *The August sleepwalker* (Anvil, London, 1988). Geremie Barme와 John Minford가 편집한 *Seeds of fire* (Bloodaxe, Newcastle, 1989)는 좀더 공공연하게 반체제적인 글들을 모은 가치 있는 작품이다.

   많은 중국 영화들이 최근에 영국에서 상영됐다. 그 가운데서도 가장 좋은 것으로는 *Yellow earth, red sorghum, The last day of winter, Swan song, Horse thief and*

King of the children 등이 있다. 현대 중국 영화에 대한 가장 좋은 입문서로는 Chen Kaige와 Tony Rayns, *King of the children and the new Chinese cinema* (Faber, London, 1989)가 있다.

8. 이 수치들은 Orville schell, *Discos and democracy* (Pantheon, New York, 1988), p.89와 Nathan, p.157에서 인용한 것이다.

9. Chen 과 Royns, p.45

10. Chris Harman과 Andy Zebrowski, 'Glasnost-before the storm' *International Socialism* 2:39, pp.26~27

11. 그 운동에 관한 이러한 설명은 C. Bourgeois의 책 서문과 Nathan의 책 pp.3~44에서 참조한 것이다.

12. Clande Widor, *The Samizdat press in China's provinces. 1979~81 : an annotated guide* (Hoover Institute, Stanford, California, 1987). Nathan(p.24)은 적어도 45개 대학 출판물뿐 아니라 26개 도시에서 나온 127개의 매체 제목을 기록하고 있다.

13. Gregor Benton, *Wild lilies, poisonous weeds* (Pluto Press, London, 1982) p.33 ~34

14. Benton, p.47에서 인용.

15. *Far East Economics Review*, 1979. 5. 11.

16. *Far East Economic Review*, 1980. 10. 31.

17. Nathan, p.220

18. Benton, pp.113~119

19. Benton, p.85 및 pp.120~121

20. 러시아어 stilyagi와 똑같은 함축이 중국어 단어에도 담겨 있다. '거리 문화'의 성장에 대한 설명으로는, Fox Butterfield, *China : alive in the bitter sea* (Coronet, London, 1983)을 보시오.

21. Andy Williams, 'Repression in China', *Socialist Review* 62 (1984. 2.)

22. John Gittings, p.197

23. S. Robert Ramsey, *The languages of China* (Princeton University Press, New Jersey, 1989), pp.167~8과 p.243

24. Ramsey, p.215

25. Karnow, p.135

26. Tizano Terzani, *Behind the forbidden door* (Unwin-Hyman, London, 1987) p.224

27. *Far East Economic Review*, 1990. 7. 5.

28. Gittings, p.172

29. BBC, *Survey of World Broadcasts*, FE/0458, 1989. 5. 16.

30. BBC, *Survey of World Broadcasts*, FE/0460, 1990. 5. 18.

31. *Far East Economic Review*, 1989. 8. 3.

32. *Far East Economic Review*, 1990. 4. 19과 5. 3.

33. Grunfeld, pp.207 및 213

34. 여행자들의 이야기를 담은 대부분의 책들이 이를 잘 보여주고 있다. 이 중 가장 좋은 책 두 권은 Vikram Seth, *From heaven lake* (Sphere Books, London, 1984)와 Charles와 Jill Hadfield, *A Winter in Tibet* (Impact Books, London, 1988).

35. Grunfeld, p.212

36. Chirs Harman, *The fire last time : 1968 and after* (Bookmarks, London, 1988) p.42

37. Schell, p.257. 4대 원칙이란 다음과 같다. 우리는 사회주의적 길을 고수해야 한다. 우리는 프롤레타리아 독재를 견지해야 한다. 우리는 공산당의 지도력을 견지해야 한다. 우리는 마르크스-레닌주의와 마오쩌둥 사상을 견지해야 한다.

38. Gittings, p.172

39. 1935년 12월 9일은 국민당과 공산당 간에 항일 연합전선을 결성할 것을 요구하는 학생 운동이 시작된 날이다.

40. Schell, p.32에서 인용.

41. Nathan, p.44에서 인용.

42. Schell, p.159에서 인용.

43. 항의 시위에 관한 보다 상세한 기술은 Schell, pp.223~241을 보시오.

44. *Far East Economic Review*, 1988. 6. 16.

45. *Far East Economic Review*, 1988. 11. 3.

46. 이 정보를 제공해 준 몬트리올 International Socialists 그룹의 Cameron Haynes 에게 감사한다.

47. *Socialist Worker Review*, 1989년 1월.

7장 "우리는 여전히 늑대들에게 지배받고 있다" – 1989년의 반란

1. 안후이성의 어느 현은 계약액의 반만 현금으로 지불할 수 있었다. 나머지는 은행 지불 보증서로 지불됐다. (*Far East Economic Review*, 1989. 3. 2.)

2. *Beijing Review*, 1989. 4. 10. 그 기사에 따르면, "지역 규율 감독위원회[이들은 사기단이다!]는 관리 한 명 당 그 친척들에게 3톤의 비료를 요구했다. 그러나 이들은 단지 3분의 2 헥타르의 토지만 소유하고 있었다." 이 기사는 힘없이 애절하게 끝을 맺고 있다. "부패가 중국의 농업 정책을 훼손하고 있기 때문에 이 나라는 이러한 부패를 일소할 조치를 취할 지도자를 기다리고 있다."

3. BBC, *Survey of World Broadcasts*, FE/0458, 1989. 5. 16.

4. *Far East Economic Review*, 1988. 10. 27.

5. *Far East Economic Review*, 1988. 11. 3.

6. *Far East Econoomic Review*, 1988. 9. 29.

7. *Beijing Review*, 1989. 3. 13.

8. *Far East Economic Review*, 1989. 1. 5.

9. BBC, *Survey of World Broadcasts*, FE/0458. 1989. 5. 16.

10. Mao Zeodong, *Selected Works*, vol. 1. (Foreign Languages Press, Beijing, 1965) p.121

11. Han Minzhu, *Cries for democracy* (Princeton Univ. Press, New Jersey, 1990) pp.15~19. 특별한 경우 아니면 출처를 밝히지 않은 인용문들은 이 자료에 실린 것이다. 이 자료는 베이징에서의 운동에 대해 가장 포괄적인 보고를 담고 있는 자료이다.

12. *The Guardian*, 1989. 4. 22.

13. *The Guardian*, 1989. 4. 20.

14. *The Observer*, 1989. 4. 23.

15. *The Independent*, 1989. 4. 28.

16. *International Herald Tribune*, 1989. 4. 28.

17. 목격자의 증언. 1989년 6월에 나는 중국에서 온 목격자와 인터뷰했다. 내가 다음 장에서 주로 썼던 내용을 말해 주었다. 나는 이것들 모두에 대해 커다란 감사를 표시한다.

18. *The Independent*, 1989. 5. 9.

19. Li Lu, *Moving the Mountain* (Macmillan, London, 1990), p.130

20. BBC, *Survey of World Broadcasts*, FE/0462, 0467의 May 1989. 5. 20, 인용문과 수치들은 여러 지역 라디오 방송국에서 수집한 것이다. 분명히 그 수치(인용된 다른 모든 것과 마찬가지로)는 정확한 것이라기보다는 추정치이다. 그러나 공식 언론이 이러한 수치를 과장하는 데 관심을 갖지는 않았을 것이다.

21. BBC, *Survey of World Broadcasts*, FE/0472, 1989. 6. 2.

22. 이 인터뷰의 테이프를 녹취해 준 어지 콘토고리스에게 감사한다.

23. 위구르 소수 민족 출신인 그는 대부분의 언론 보도에서는 그의 이름을 중국식으로 번역한 우에카이시(Wuerkaixi)로 알려졌다. 그러나 1989년 7월 10일자 *Der Spiegel* 지와의 인터뷰에 따르면, 그는 자신의 위구르 이름으로 알려지는 데 중요성을 두고 있다. 번역을 해준 Einde O'Callaghan에게 감사한다.

24. *South China Morning Post* (Hong Kong), 1989. 5. 19.

8장 혁명과 반혁명

1. *Financial Times*, 1989. 5. 20~21.

2. *Socialist Worker*, 1989. 5. 27.

3. Leon Trotsky, *1905* (Penguin, Harmondsworth, 1973), pp.411~412

4. *The Guardian*, 1989. 5. 24.

5. 목격자 증언.

6. 목격자 증언.

7. '인민의 소유'라는 말은 중국에서 국가 소유 산업에 대해 사용한 용어이다.

8. Mok Yu Chiu와 J. Frank Harrisson (ed.) *Voices from Tiananmen Square* (Black Rose Books, Montreal, 1990) p.110~111

9. 처음의 네 도시에 대해서는 Amnesty International press releases ASA 17/33/89, 17/37/89, 17/41/89(순서대로 날짜는 1989년 6월 15, 16, 17 그리고 21일)를 보시오. 광둥(廣東)과 베이징은 *Octorber Review* (Hong Kong Fourth Internationalist magazine), 1989. 6. 25.를 보시오.

10. Friends of Chinese Minzhu[민주], c/o Hong Kong Trade Union Education Centre, 57, Peking Road, 3/F Kowloon, Hong Kong이 출판한 *Echoes from Tiananmen*, No. 1, pp.12~13

11. *Echoes from Tiananmen*, p.14

12. 1989년 6월 14일 의류 일반노조의 사무총장인 리척얀과의 인터뷰에서 인용. 이 인

터뷰의 테이프에 대해 나이젤 파라머(Nigel Paramour)에게 감사한다. (홍콩의 독립노조는 베이징을 지지하지도 대만을 지지하지도 않는 노조이다)

13. BBC, *Survey of World Broadcasts*, FE/0471, 1989. 6. 1.

14. BBC, *Survey of World Broadcasts*, FE/0467, 1989. 5. 21. 현(縣)은 대체로 영국의 군(county)과 같고 자치현은 주로 소수 민족들이 거주하는 곳이다.

15. 리척얀과의 인터뷰 및 목격자 증언.

16. 이 7대 군구(나머지는 심양, 지난, 난징, 광저우, 청두, 란저우)의 사령원들은 야전군 작전 지휘관들이며, 군부 내 가장 중요한 정치적 인사들이다. 그들의 군사적 · 정치적 지지는 학생들에 대한 정면 공격에 필수적이었다.

17. 한 지방 학생의 목격 증언.

18. *The Guardiian*, 1989. 6. 5.

19. Li Lu, p.193

20. Peter Fryer, *Hungarian Tragedy* (New Park, London, 1986), p.39 (AVH는 헝가리 비밀경찰의 약자이다)

21. Amnesty International, *Death in Beijing* (London, 1989) p.51

22. *The Guardian*, 1989. 6. 5.

23. 목격자 증언.

24. 목격자 증언.

25. Amnesty International press release, ASA/17/36/89. 1989. 6. 16

26. ASA/17/49/89, 1989. 6.28

27. *International Herald Tribune*, 1989. 6. 27.

28. 목격자 증언.

29. *The Independent*, 1989. 7. 11.에서 인용.

30. Rosa Luxemburg, 'Order reigns in Berlin', *Selected political writings* (Monthly Review, New York, 1971), p.410

31. Luxemburg, pp.413~414

32. Luxemburg, p. 415

9장 다음은 무엇이?

1. 개인적 전언.

2. *Beijing Review*, 1990. 6. 25.

3. *Far Eastern Economic Review*, 1990. 6. 14.

4. *Far Eastern Economic Review*, 1990. 1. 25.

5. *International Herald Tribune*, 1990. 1. 8.

6. World Bank, *China : Long-term development*, pp.181~182.

7. Mok Yu Chiu와 Harrison의 저서에서 인용. p.115